第二步　0元进群参与带练　手把手教你

- **如何进群？**　搜索下方 QQ 群号即可添加进群 (各群服务相同，

- **群内有什么？**　❶33篇热点话题每日一讲　❷每日发放内部电子版讲义　❸写作助教驻群答疑

- **从四大环节入手，摆脱写作困境**

01 审题立意	02 拟定标题	03 结构框架	04 范文分析
老吕将近13年写作命题 归纳为3大方向 覆盖所有命题可能	重视首要环节 观点明确有态度 简洁有力少用修辞	给出5种万能结构框架 颠覆传统 去模板化 一学就会写	178段纯原创范文素材 语言精炼 素材新颖 紧抓判卷人眼球

- **33 天每日带练**

第1天	论说文热点话题(1):规则
第2天	论说文热点话题(2):诚信
第30天	论说文热点话题(30):粗放式发展与高质量发展
第31天	论说文热点话题(31):公平与效率
第32天	论说文热点话题(32):高税负与减税降费
第33天	论说文热点话题(33):垃圾分类处理与集中处理

考前写作，
1书8课+讲练
有这一套就够了！

QQ群

1群: 746278430　　2群: 744376984　　3群: 746082061　　4群: 729672675　　5群: 746880058

6群: 747163436　　7群: 730299158　　8群: 730255442　　9群: 642338662　　10群: 641081860

(各群服务相同，添加1个即可)

想要精准押题
就用写作救命九大篇

5H 写作考前点睛课
管理类/经济类联考命题全覆盖

- ✓ **范围精**　结合最新热点，缩小范围仅密押 9~14 个话题
- ✓ **预测准**　近9年7次押中联考论说文，今年押中概率极大
- ✓ **教你写**　押中不会写？给范文并教你万能写法，会背就拿分

近9年7次押中联考论说文
今年等你来见证

2014 年押中证据	2015年押中证据	2016年押中证据	2017年押中证据
押中"选择与风险"话题	老吕直接押中话题"义利之辨"	老吕押中近似话题"个性与共性"	老吕直接押中话题"创新与风险"

2019年押中证据	2020 年押中证据	2021 年押中证据
老吕押题班讲义给出2019真题范文	2020老吕课上多次讲授真题原话题"危机意识"	2021《老吕写作33篇》押中396写作真题

去年售价 499 元
今年双11只要 99 元

5 小时点睛课+配套内部押题讲义，扫码抢购>>

MBA MPA MPAcc
MEM MAud MLIS MF MI

管理类、经济类联考

老吕写作
考前必背母题

33篇

编著 吕建刚

中国政法大学出版社
2021·北京

声　明　1. 版权所有，侵权必究。
　　　　2. 如有缺页、倒装问题，由出版社负责退换。

图书在版编目（CIP）数据

管理类、经济类联考·老吕写作考前必背母题 33 篇/吕建刚编著.—北京：中国政法大学出版社，2021.11
ISBN 978-7-5764-0163-9

Ⅰ.①管… Ⅱ.①吕… Ⅲ.①汉语－写作－研究生－入学考试－自学参考资料 Ⅳ.①H15

中国版本图书馆 CIP 数据核字(2021)第 216134 号

出 版 者	中国政法大学出版社
地　　址	北京市海淀区西土城路 25 号
邮寄地址	北京 100088 信箱 8034 分箱　邮编 100088
网　　址	http://www.cuplpress.com（网络实名：中国政法大学出版社）
电　　话	010-58908285(总编室) 58908433（编辑部） 58908334(邮购部)
承　　印	鑫县天德印务有限公司
开　　本	787mm×1092mm　1/16
印　　张	19
字　　数	446 千字
版　　次	2021 年 11 月第 1 版
印　　次	2021 年 11 月第 1 次印刷
定　　价	59.80 元

写作真题的命题趋势与破解之道

1. 论说文真题的 3 大类型

从历年真题来看，联考论说文的真题可分为三种类型：

（1）反面现象类

题干中直接给出反面现象，或者现实生活中存在大量与题干话题相关的反面现象。

例1.（2009年管理类联考真题）

论说文：以"由三鹿奶粉事件所想到的"为题，写一篇700字左右的论说文。

【分析】题干中有反面现象"三鹿奶粉事件"。

例2.（2010年管理类联考真题）

论说文：根据下述材料，写一篇700字左右的论说文，题目自拟。

一个真正的学者，其崇高使命是追求真理。学者个人的名利乃至生命与之相比都微不足道，但因为其献身于真理就会变得无限伟大。一些著名大学的校训中都含有追求真理的内容。然而，近年学术界的一些状况与追求真理这一使命相去甚远，部分学者的功利化倾向越来越严重，抄袭剽窃、学术造假、自我炒作、沽名钓誉等现象时有所闻。

【分析】题干中有反面现象："部分学者的功利化倾向越来越严重，抄袭剽窃、学术造假、自我炒作、沽名钓誉等现象时有所闻。"

（2）正面提倡类

题干中给出一个正面事件、正面决策、正面案例等，需要我们提倡相应的做法。

例3.（2018年管理类联考真题）

论说文：根据下述材料，写一篇700字左右的论说文，题目自拟。

有人说，机器人的使命，应该是帮助人类做那些人类做不了的事，而不是代替人类。技术变革会夺取一些人低端烦琐的工作岗位，最终也会创造更高端、更人性化的就业机会。例如，历史上铁路的出现抢去了很多挑夫的工作，但又增加了千百万的铁路工人。人工智能也是一种技术变革，人工智能也将促进未来人类社会的发展。有人则不以为然。

【分析】对于人工智能，虽然材料中看起来有争议。但其实，在当年考试前，人工智能被写在了政府工作报告中，是一项国家推荐的重点项目。因此，这其实是一个正面提倡型的话题。

例 4.（2020 年经济类联考真题）

论说文：根据下述材料，写一篇 700 字左右的论说文，题目自拟。

2018 年，武汉一名退休老人向家乡木兰县教育局捐赠 1000 万元，引起了广泛的关注。这笔巨款是马旭与丈夫一分一毫几十年积攒下来的，他们至今生活简朴，住在一个不起眼的小院里，家里没有一件像样的家具。

马旭 1932 年出生于黑龙江省木兰县，1947 年参军入伍，在东北军政大学学习半年后，成为解放军第四野战军的一名卫生员，先后参加过解放战争、抗美援朝战争，期间多次立功受奖。20 世纪 60 年代，她被调入空降兵部队，成为一名军医，后来主动要求学习跳伞，成为新中国第一代女空降兵。此后 20 多年里，马旭跳伞多达 140 多次，创下空降女兵跳伞次数最多和年龄最大两项记录。如今，马旭事迹家喻户晓，许多地方邀请她参加各类活动，她大多婉拒。

她说："我的一生都是党和部队给的，我只是做了我力所能及的事。只要活着，我们还会继续攒钱捐款，把自己的一切献给党和国家。"

【分析】材料中马旭通过攒钱捐款，为当地的教育做出了贡献，这显然是正面提倡类话题。

（3）AB 二元类

材料中出现两个主题、两种方案等，就称为 AB 二元类真题。

例 5.（2011 年管理类联考真题）

论说文：根据下述材料，写一篇 700 字左右的论说文，题目自拟。

众所周知，人才是立国、富国、强国之本，如何使人才尽快地脱颖而出，是一个亟待解决的问题。人才的出现有多种途径，其中有"拔尖"，有"冒尖"。"拔尖"是指被提拔而成为尖子，"冒尖"是指通过奋斗、取得成就而得到社会的公认。有人认为我国当今某些领域的管理人才，"拔尖"的多而"冒尖"的少。

【分析】材料中出现"拔尖"与"冒尖"两种选人方式，因此，本题是 AB 二元类题目。

例 6.（2015 年管理类联考真题）

论说文：根据下述材料，写一篇 700 字左右的论说文，题目自拟。

孟子曾引用阳虎的话："为富，不仁矣；为仁，不富矣。"(《孟子·滕文公上》)这句话表明了古人对当时社会上"为富""为仁"现象的一种态度，以及对两者之间关系的一种思考。

【分析】材料中出现"为富"与"为仁"两个话题，因此，本题是AB二元类题目。

2. 论说文真题的命题统计

接下来我们统计一下管理类、经济类联考真题是不是只考了这三大类。

（1）管理类联考历年论说文真题的命题类型

年份	材料	主题	类型
2009年	"由三鹿奶粉事件所想到的"	诚信	反面现象类
2010年	一个真正的学者，其崇高使命是追求真理。学者个人的名利乃至生命与之相比都微不足道，但因为其献身于真理就会变得无限伟大。一些著名大学的校训中都含有追求真理的内容。然而，近年学术界的一些状况与追求真理这一使命相去甚远，部分学者的功利化倾向越来越严重，抄袭剽窃、学术造假、自我炒作、沽名钓誉等现象时有所闻。	学者功利化	反面现象类
2011年	众所周知，人才是立国、富国、强国之本，如何使人才尽快地脱颖而出，是一个亟待解决的问题。人才的出现有多种途径，其中有"拔尖"，有"冒尖"。"拔尖"是指被提拔而成为尖子，"冒尖"是指通过奋斗、取得成就而得到社会的公认。有人认为我国当今某些领域的管理人才，"拔尖"的多而"冒尖"的少。	"拔尖"与"冒尖"	AB二元类
2012年	中国现代著名哲学家熊十力先生在《十力语要》(卷一)中说："吾国学人，总好追逐风气，一时之所尚，则群起而趋之途，如海上逐臭之夫，莫名所以。曾无一刹那，风气或变，而逐臭者复如故。此等逐臭之习，有两大病。一、个人无牢固与永久不改之业，遇事无从深入，徒养成浮动性。二、大家共趋于世所矜尚之一途，到其余千途万途，一切废弃，无人过问。此二大病，都是中国学人死症。"	学术跟风	反面现象类

年份	材料	主题	类型
2013年	20世纪中叶，美国的波音与麦道两家公司几乎垄断了世界民用飞机的市场，欧洲的飞机制造商深感忧虑。虽然欧洲各国之间的竞争也相当激烈，但还是采取了合作的途径，法国、德国、英国和西班牙等决定共同研制大型宽体飞机，于是"空中客车"便应运而生。面对新的市场竞争态势，波音公司和麦道公司于1997年一致决定组成新的波音公司，以此抗衡来自欧洲的挑战。	合作	正面提倡类
2014年	生物学家发现，雌孔雀往往选择尾巴大而艳丽的雄孔雀作为配偶，因为雄孔雀尾巴越大越艳丽，表明它越有生命活力，其后代的健康越能得到保证。但是，这种选择也产生了问题：孔雀尾巴越大越艳丽，越容易被天敌发现和猎获，其生存反而会受到威胁。	冒险	正面提倡类
2015年	孟子曾引用阳虎的话："为富，不仁矣；为仁，不富矣。"（《孟子·滕文公上》）这句话表明了古人对当时社会上"为富""为仁"现象的一种态度，以及对两者之间关系的一种思考。	富与仁	AB二元类
2016年	亚里士多德说："城邦的本质在于多样性，而不在于一致性。……无论是家庭还是城邦，它们的内部都有着一定的一致性。不然的话，它们是不可能组建起来的。但这种一致性是有一定限度的。……同一种声音无法实现和谐，同一个音阶也无法组成旋律。城邦也是如此，它是一个多面体。人们只能通过教育使存在着各种差异的公民，统一起来组成一个共同体。"	多样性与一致性	AB二元类

年份	材料	主题	类型
2017年	一家企业遇到了一个问题：究竟是把有限的资金用于扩大生产呢，还是用于研发新产品？ 有人主张投资扩大生产，因为根据市场调查，原产品还可以畅销三到五年，由此可以获得丰厚的利润； 有人主张投资研发新产品，因为这样做虽然有很大的风险，但风险背后可能有数倍于甚至数十倍于前者的利润。	扩大生产与研发新品	AB二元类
2018年	有人说，机器人的使命，应该是帮助人类做那些人类做不了的事，而不是代替人类。技术变革会夺取一些人低端烦琐的工作岗位，最终也会创造更高端、更人性化的就业机会。例如，历史上铁路的出现抢去了很多挑夫的工作，但又增加了千百万的铁路工人。人工智能也是一种技术变革，人工智能也将促进未来人类社会的发展。有人则不以为然。	人工智能	正面提倡类
2019年	知识的真理性只有经过检验才能得到证明。论辩是纠正错误的重要途径之一，不同观点的冲突会暴露错误而发现真理。	论辩	正面提倡类
2020年	据报道，美国航天飞机"挑战者号"采用了斯沃克公司的零配件。该公司的密封圈技术专家博易斯乔利多次向公司高层提醒：低温会导致橡胶密封圈脆裂而引发重大事故，但是，这一意见一直没有受到重视。1986年1月27日，佛罗里达州卡纳维拉尔角发射场的气温降到零度以下，美国宇航局再次打电话给斯沃克公司，询问其对航天飞机的发射还有没有疑虑之处。为此，斯沃克公司召开会议，博易斯乔利坚持认为不能发射，但公司高层认为他所持理由还不够充分，于是同意宇航局发射。1月28日上午，航天飞机离开发射平台。仅过了73秒，悲剧就发生了。	危机意识、细节、听取建议等	反面现象类

年份	材料	主题	类型
2021年	我国著名实业家穆藕初在《实业与教育之关系》中指出，教育之重点在道德教育（如责任心和公共心之养成、机械心之拔除）和科学教育（如观察力、推论力、判断力之养成）。完全受此两种教育，实业界中坚人物可成。	道德教育与科学教育	AB二元类

(2) 经济类联考历年论说文真题的命题类型

年份	材料	主题	类型
2011年	自2007年以来，青年学者廉思组织的课题组对蚁族进行了持续跟踪调查。廉思和他的团队撰写的有关蚁族问题的报告多次得到中央领导的批示和高度重视。在2008年、2009年对北京蚁族进行调查的基础上，课题组今年在蚁族数量较多的北京、上海、广州、武汉、西安、重庆、南京等大城市同事展开调查，历时半年有余，发放问卷5 000余份，回收有效问卷4 807份，形成了第一份全国范围的蚁族生存报告。此次调查有一些新发现，主要有：随着高校毕业生就业形势的日趋严峻，蚁族的学历层次上升；蚁族向上流动困难，"三十而离"；五成蚁族否认自己属于弱势群体等。	蚁族现象	反面现象类
2012年	中国大陆500毫升茅台价格升至1 200元，纽约华人聚居区法拉盛，1 000毫升装的同度数茅台价格为220至230美元，500毫升约合670元人民币。因海外茅台价格便宜，质量有保证，华人竞相购买，回国送人。 这些年，中国游客在海外抢购"MADE IN CHINA"商品的消息已不是什么新鲜事了。服装、百货、日用品，中国造的东西，去了美国反而更便宜。有媒体报道Levi's 505牛仔裤，广东东莞生产，在中国商场的价格是899元人民币，在美国的亚马逊网站的价格是24.42美元，合人民币166元，价格相差5.4倍。	国货价格问题	反面现象类

年份	材料	主题	类型
2013 年	被誉为清代"中兴名臣"的曾国藩，其人生哲学很独特，就是"尚拙"，他曾说"天下之至拙，能胜任天下之至巧，拙者自知不如他人，自便会更虚心。"	尚拙	正面提倡类
2014 年	我懂得了，勇气不是没有恐惧，而是战胜恐惧。勇者不是感觉不到害怕的人，而是克服自身恐惧的人。——南非前总统纳尔逊·曼德拉	勇气	正面提倡类
2015 年	孔子云："求其上者得其中，求其中者得其下，求其下者无所得。"由此，如何确定你的人生目标？	目标	正面提倡类
2016 年	自从国家拟推出延迟退休政策以来，就受到了社会各界的广泛关注，同时也引起激烈的争论。为什么要延长退休年龄？赞成者说，如果不延长退休年龄，养老金就会出现巨大缺口；另外，中国已经步入老年社会，如果不延长退休年龄，就会出现劳动力紧缺的现象。反对者说，延长退休年龄就是剥夺劳动者应该享受的退休福利，退休年龄的延长意味着领取养老金时间的缩短；另外，退休年龄的延长也会给年轻人就业造成巨大压力。	延长退休年龄	正面提倡类
2017 年	国家是否应该对穷人提供福利存在较大的争论。反对者认为：贪婪、自私、懒惰是人的本性。如果有福利，人人都想获取。贫穷在大多数情况下是懒惰造成的。为穷人提供福利相当于把努力工作的人的财富转移给了懒惰的人。因此，穷人不应该享受福利的。 支持者则认为：如果没有社会福利，穷人则没有收入，就会造成社会动荡，社会犯罪率会上升，相关的合理支出也会增多。其造成的危害可能大于提供社会福利的成本，最终也会影响努力工作的人的利益。因此，为穷人提供社会福利能够稳定社会秩序，应该为穷人提供福利。	为穷人提供福利	正面提倡类

年份	材料	主题	类型
2018年	近日有报道称，某教授颇喜穿金戴银，全身上下都是世界名牌，一块手表价值几十万，所有的衣服、鞋子都是专门订制、造价不菲。他认为对"好东西"的喜爱没啥好掩饰的："以前很多大学教授都很邋遢，有的人甚至几个月都不洗澡，现在时代变了，大学教授应多注意个人形象，不能太邋遢了。"	教授穿金戴银	反面现象类
2019年	法国科学家约翰·法伯曾做过一个著名的"毛毛虫实验"。这种毛毛虫有一种"跟随者"的习性，总是盲目地跟着前面的毛毛虫走。法伯把若干个毛毛虫放在一只花盆的边缘上，首尾相接，围成一圈。他在花盆周围不远的地方撒了一些毛毛虫喜欢吃的松叶。毛毛虫开始一个跟一个，绕着花盆，一圈又一圈地走。一个小时过去了，一天过去了，毛毛虫们还在不停地、固执地团团转。一连走了七天七夜，终因饥饿和精疲力尽而死去。这其中，只要任何一只毛毛虫稍稍与众不同，便立刻会吃到食物，改变命运。	跟风	反面现象类
2020年	2018年，武汉一名退休老人向家乡木兰县教育局捐赠1000万元，引起了广泛的关注。这笔巨款是马旭与丈夫几十年一分一毫积攒下来的，他们至今生活简朴，住在一个不起眼的小院里，家里没有一件像样的家具。 马旭1932年出生于黑龙江省木兰县，1947年参军入伍，在东北军政大学学习半年后，成为解放军第四野战军的一名卫生员，先后参加过解放战争、抗美援朝战争，期间多次立功受奖。上世纪60年代，她被调入空降兵部队，成为一名军医，后来主动要求学习跳伞，成为新中国第一代女空降兵。此后20多年里，马旭跳伞多达140多次，创下空降女兵跳伞次数最多和年龄最大两项记录。如今，马旭事迹家喻户晓，许多地方邀请她参加各类活动，她大多婉拒。 她说："我的一生都是党和部队给的，我只是做了我力所能及的事。只要活着，我们还会继续攒钱捐款，把自己的一切献给党和国家。"	回报社会	正面提倡类

年份	材料	主题	类型
2021年	巴西热带雨林中的食蚁兽在捕食时，使用灵活的带黏液的长舌伸进蚁穴捕获白蚁，但不管捕获多少，每次捕食都不超过三分钟，然后去捕食下一个目标，从来不摧毁整个蚁穴。而那些未被食蚁兽捕食的工蚁就会马上修复蚁穴，蚁后也会开始新一轮繁殖，很快产下更多的幼蚁，从而使蚁群继续生存下去。	可持续发展	反面现象类/正面提倡类

综上所述，无论是管理类联考，还是经济类联考，所有论说文都可以分为三种类型：反面现象类、正面提倡类、AB 二元类，那么，我们学好了这三类文章的写法，能到考场上应付自如，是不是就可以拿到高分了？

为了让你拿到高分，老吕会做三件事：

1. 教会你三大类文章的写法。
2. 尽量穷尽命题可能，争取押中题目。
3. 赠送论证有效性分析的写作套路。

为了让你拿到高分，老吕要求你做到三件事：

1. 扫码听课，听老吕具体讲解写作母题的思路。
2. 背本书的范文和素材。
3. 跟着老吕写文章，打卡。

听配套课程 >

写作 33 篇打卡服务 QQ 群 <
746278430 744376984
746082061 729672675

目录

第一部分　反面现象类母题

1. 什么是反面现象类题型　　　　　　　　　　　　　　　　　1
2. 反面现象类题型的推荐结构：现象分析式　　　　　　　　　1
3. 现象分析式的具体写法　　　　　　　　　　　　　　　　　2
3.1 摆现象　　　　　　　　　　　　　　　　　　　　　　　2
3.2 析原因　　　　　　　　　　　　　　　　　　　　　　　2
3.3 谈危害　　　　　　　　　　　　　　　　　　　　　　　3
3.4 提方案　　　　　　　　　　　　　　　　　　　　　　　4

母题 1 规则　　　6　　　　母题 2 诚信　　　14
母题 3 危机　　　21　　　　母题 4 互联网乱象　27
母题 5 环保　　　33　　　　母题 6 知识产权　　40
母题 7 核心技术　49　　　　母题 8 文化自信　　57

第二部分　正面提倡类母题

1. 什么是正面提倡类题型　　　　　　　　　　　　　　　　64
2. 正面提倡类题型的推荐结构：利大于弊式　　　　　　　　64
3. 利大于弊式的具体写法　　　　　　　　　　　　　　　　65
3.1 有好处　　　　　　　　　　　　　　　　　　　　　　65
3.2 有必要　　　　　　　　　　　　　　　　　　　　　　68
3.3 有问题 / 困难 / 风险　　　　　　　　　　　　　　　　69
3.4 提方案　　　　　　　　　　　　　　　　　　　　　　70

母题 9 合作	71	母题 10 定位	77
母题 11 变通	83	母题 12 细节	90
母题 13 冒险	98	母题 14 用人	104
母题 15 异见	112	母题 16 匠心	118
母题 17 口碑	125	母题 18 责任与担当	132
母题 19 企业文化	141	母题 20 新型经济	149

第三部分 AB 二元类母题

1. 什么是 AB 二元类题型	156
2. AB 二元类题型的推荐结构	157
2.1 ABAB 式结构	157
2.2 A 上加 B 式结构	159
2.3 非 A 推 B 式结构	160

母题 21 短视与远见	163	母题 22 计划（战略）与执行	170
母题 23 过程与结果	177	母题 24 授权与激励	183
母题 25 空降与内部提拔	190	母题 26 治标与治本	198
母题 27 扬长与补短	205	母题 28 专业化与多元化	210
母题 29 创新与借鉴	217	母题 30 粗放式发展与高质量发展	225
母题 31 效率与公平	231	母题 32 高税负与减税降费	237
母题 33 垃圾集中处理与分类处理			243

| 附录 论证有效性分析全文技巧 | 251 |

第一部分

反面现象类母题

1. 什么是反面现象类题型

反面现象类题目可以分成两类，如下表：

题干给出反面现象	现实生活中有反面现象
例如： "由三鹿奶粉事件所想到的"这个题目中，直接出现了"三鹿奶粉事件"这一反面现象。	例如： 经济类联考考过"要贯彻可持续发展"。材料中的素材是一个正面材料，但现实生活中，涸泽而渔、焚林而猎等破坏环境、违反"可持续发展"原则的现象屡见不鲜。

2. 反面现象类题型的推荐结构：现象分析式

第 1 种写法，当材料中出现明显的值得分析的反面事件时（如快递小哥超速送餐），可以只摆材料中的现象，只分析这一个现象的原因和危害，并针对这一个现象提出解决方案。

第 2 种写法，当材料中的现象并不值得深入分析时，我们必须要摆出生活中的类似现象，然后分析这一类现象的原因和危害，并针对这一类现象提出解决方案。

因此，我们可以得出如下结构：

层次	结构	写法 ❶ 分析一个现象	写法 ❷ 分析一类现象
第 1 层	摆现象	第 1 段： 引材料，并提出论点。这时引材料就相当于摆现象。	第 1 段： 引材料 + 提出论点。 第 2 段： 列举现实生活中与材料类似的典型事例。
第 2 层	析原因	第 2 段： 分析这一个现象产生的原因。	第 3 段： 分析这一类现象产生的原因。

1

第3层	谈危害	第3段： 分析这一个现象产生的危害。	第4段： 分析这一类现象产生的危害。
第4层	提方案	第4段： 针对这一个现象提出解决方案。	第5段： 针对这一类现象提出解决方案。
最后一段		总结全文。	总结全文。

说明：以上段落安排并不是绝对的，比如原因有很多，也可以用两段分析原因；如果方案很多，可以分两段提建议，等等。

3. 现象分析式的具体写法

3.1 摆现象

摆现象的两种写法如下表：

	写法 ❶ 分析一个现象	写法 ❷ 分析一类现象
写作公式	第1段： 引材料→过渡句→论点句	第1段： 引材料→过渡句→论点句 第2段： 过渡句（生活中，类似的现象屡见不鲜）+ 事例
示例	三鹿奶粉事件曝光，举国震惊（**摆现象：引材料**）。此事件之所以酿成灾难性的后果（**过渡句**），丧失诚信、见利忘义是其中一个重要的原因（**论点句**）。	三鹿奶粉事件曝光，举国震惊（**摆现象：引材料**）。此事件之所以酿成灾难性的后果（**过渡句**），丧失诚信、见利忘义是其中一个重要的原因（**论点句**）。 其实，类似的见利忘义之举，在生活中屡见不鲜（**过渡句**）。假疫苗、地沟油、瘦肉精、苏丹红、加洗衣粉的油条、加漂白剂的面粉，一轮又一轮地"洗礼"着中国人的肠胃（**联系生活中事例**）。

3.2 析原因

反面现象为什么发生呢？原因是什么？我们可以从内因和外因两个方面去分析。

❶ 内因

内因不能脱离利益二字。这也符合经济学的基本假设——经济人假设。亚当·斯密认为，人都是天然的利己者，人们经济生活的原动力是人的利己主义行为，即把人当作"经济动物"来看待。

比如：

为什么有些渔船在捕鱼时会换用小网眼的渔网呢？因为这样可以捞起更多的鱼，从而赚取更多的利润。

为什么有人不愿意遵守规则呢？因为不守规则，好像总能得到各种"好处"。比如：排队要等半天，插队却只用几秒；复习考试要很久，一张小抄成绩就更好；等红绿灯几分钟，直接过马路方便又快捷……

对企业来讲，追求利润是企业的天然动机。利润又等于收入减去成本，因此，当企业明明知道一件事情不对，但它仍然要干时，那么就说明这件事情的收入大于成本。

以环保问题为例：

环境污染问题屡禁不绝，原因不难理解。尤其是对企业而言，在环保方面节省一些成本，就能获得更多的利润，但偷排乱放造成的污染，却不用企业来治理，而是让全社会来买单。利益获取方与成本承担方的不对等，就极易形成道德风险。

② 外因

反面现象的外因，我们常常可以从两个方面进行分析。

一方面，信息不对称使人产生侥幸心理。 信息不对称在生活中确实是普遍存在的，这一现象会使当事人觉得自己的不良行为未必会被发现，让其认为自己的不良行为不会受到处罚。以三鹿奶粉事件为例，三鹿集团在牛奶中添加三聚氰胺的事，消费者并不知情，而一些童叟无欺的好产品，消费者也未必能了解，反而可能因为其蛋白质检测含量低而被消费者淘汰。这就使得三鹿集团铤而走险。

另一方面，违规成本低使人不畏惧处罚。 当一个不良行为面临的处罚较轻时，当事人可能就不在乎这种处罚。有些同学认为这是由于我国法律不健全，这是不恰当的，其实我国的法律一直在不断的健全之中，比如《民法典》的颁布就解决了社会生活中的很多问题。但有一个不容忽视的问题是，法律的健全总是滞后于问题的出现的，尤其是对于一些新兴事物而言，更是如此。以直播带货为例，这几年，直播带货出现了种种乱象，但对其制裁却并不是很有力度，其中一个原因就是因为这是新兴事物，对新兴事物进行规范需要一些时间。

3.3 谈危害

危害可以分为两种：

第一种，对当事人（或当事企业）有危害。 此类危害我们一般直接指出危害对其进行恶果吓唬就可以了。

第二种，对当事人有利，对他人、社会有危害。 这一类危害，经济学上称为"负的外部性"。如果一件事对当事人有利而对他人有危害，那么仅靠当事人的自觉有时候很难解决问题，因此，我们一般要告诉他这样做有法律风险，他的行为可能会受到法律的严惩。

以三鹿奶粉事件为例：

类似三鹿奶粉的事件，往往会给企业带来严重的后果。一是，随着微博、公众号、朋友圈等互联网传播媒介的发展，一次不良行为就可能上热搜、成热点，企业会面临来自消费者的自发抵制；二是，随着我国法律法规的不断健全，类似的行为逃脱法网的可能性也越来越小，当事企业往往要面临来自法律的严惩。

3.4 提方案

提方案有以下几种相对万能的写法：

❶ "软""硬"兼施

"软"是指宣传教育。法律监管不可能面面俱到，也不可能监督到每个人的所有行为，尤其是对于一些"小事"，仅靠外力解决可能会事倍功半。要通过宣传教育，让大家由不愿到甘愿、由自发到自觉地守规则、做好事。

"硬"是指法规监管。对于那些不良行为者，要重拳出击，当罚则罚，不能手软。要让守规者得甜头，违规者吃苦头。当违规成本高于违规收益时，人们就失去了违规的动机。

❷ "标""本"兼治

"标本兼治"原是中医术语，用来阐明病变过程中矛盾的主次关系。

"治标"就是用"头痛医头，脚痛医脚"的方式尽快解决眼前问题；"治本"就是挖掘问题的根源、机制，从根本上解决问题；而标本兼治，意指既要解决问题的表象，又要根除问题产生的源头。

❸ 主体划分

主体划分，就是要看事件的参与者有哪几方，这几方分别应该怎么办。

以"直播带假乱象"为例。直播带货的参与方有：带货主播、消费者、直播平台、政府。带货主播应诚信经营，不能知假售假，以次充好；消费者要对不良主播零容忍，"用脚投票"淘汰不良主播；直播平台应完善带货规则和流程，不给不良主播可乘之机；政府则要尽快制定行政法规或出台行业规范，从而震慑不良主播。

④ **流程控制**

所谓流程控制就是事前做好计划和预防,事中做好执行,事后进行监督和改进。

例如我们可以这么写危机意识:

事后补救不如事中控制,事中控制不如事前预防。如果我们在祸患发生之前就加以预防,"治未病""治欲病""早发现""早治疗",将问题扼杀在摇篮阶段,就可以收到事半功倍的效果。《淮南子》中有一句话,"良医者,常治无病之病,故无病;圣人者,常治无患之患,故无患也",说的正是这个道理。

⑤ **思想上重视,行动上落实**

思想上重视是前提,因为人的行为是由思想决定的,思想不到位,行动不可能到位;行动上落实是关键,如果没有好的行动,再好的思想也只能是空想。

例如我们可以这么写集思广益:

要想做到集思广益,一要抓思想,二要抓行动。

一方面,思想上重视是集思广益的前提。集思广益的行为主体往往是管理者,如果管理者思想上不到位,没有一颗容纳异见的心、没有接受建议的空杯心态,集思广益就会流于形式、成为空谈。

另一方面,行动上落实是集思广益的关键。要搭建讨论平台、顺畅沟通渠道、营造宽松氛围。这样才能让人人敢于提意见、善于提建议,从而达到集思广益的效果。

母题 1 规则

1. 命题方向

"矩不正，不可为方；规不正，不可为圆。"规则与我们的生活息息相关，从企业到国家，从个人到社会，任何决策都受规则的约束，同时也受规则的保护——规则能够保护我们的利益不受他人的侵犯，也能约束我们不去侵犯他人的利益，规则保障了社会的正常运转。管理类联考真题中，"原则"与"原则上"（2008年）、三鹿奶粉事件（2009年）、学术造假（2010年）等真题都可融入规则进行探讨。

2. 解题思路

2.1 规则的三种用法

（1）用于析外因。一个反面现象之所以发生，往往与规则的不完善有关。

（2）用于提建议。任何措施想有效，都需要建立和完善相应的规则。

（3）直接立意为文章的主题。

2.2 规则的解题思路

当材料中出现反面现象时，常可将"规则"立意为全文的主题。例如"八达岭野生动物园的老虎伤人事件""高铁霸座事件"、疫情期间违反疫情防控规定的各种行为等。

遇到这类题目，可使用现象分析式进行解题：摆现象——析原因——做劝说（恶果吓唬/利益诱惑）——提建议。

3. 结构导图

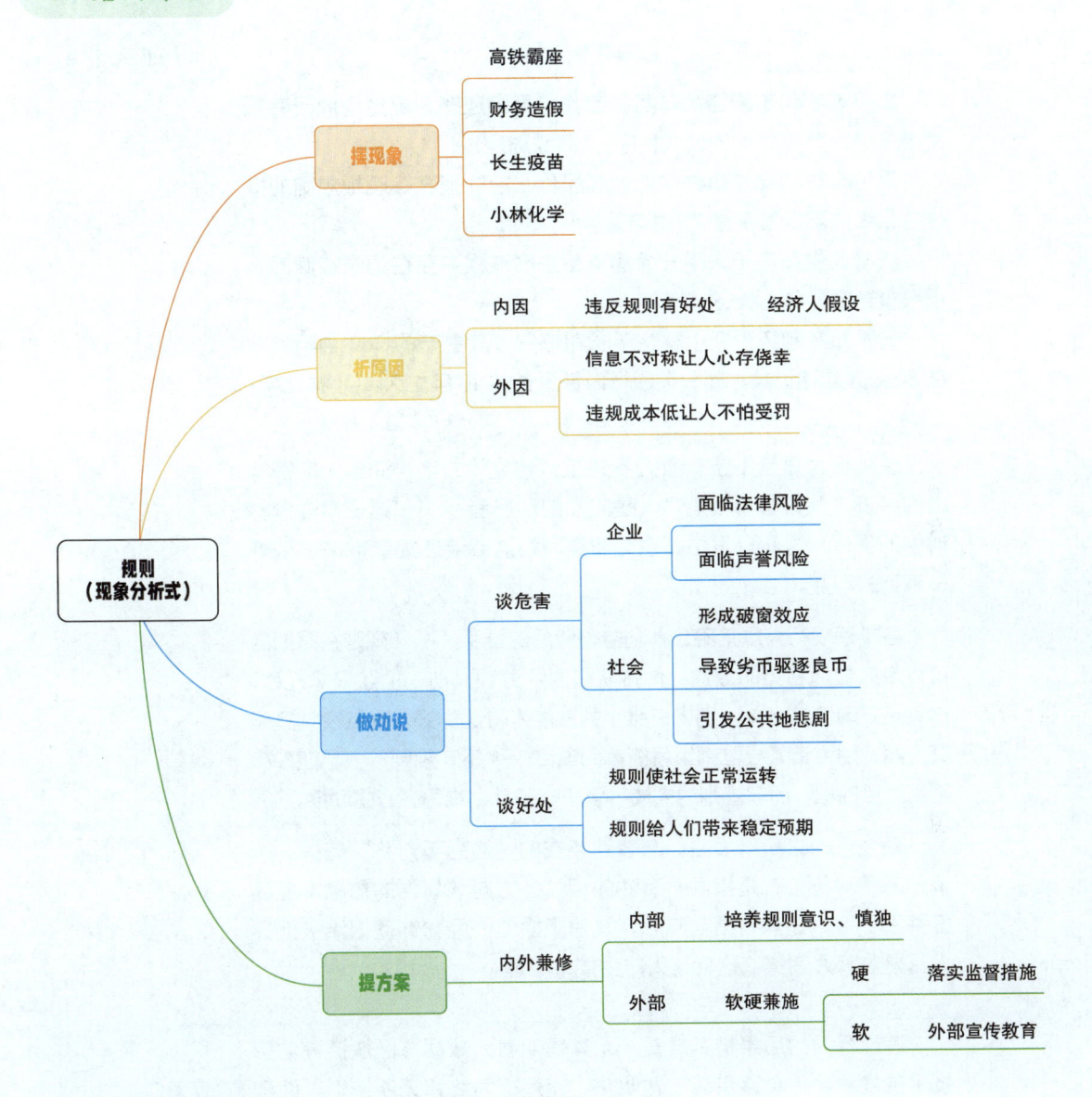

规则（现象分析式）

- 摆现象
  - 高铁霸座
  - 财务造假
  - 长生疫苗
  - 小林化学

- 析原因
  - 内因：违反规则有好处 —— 经济人假设
  - 外因：
    - 信息不对称让人心存侥幸
    - 违规成本低让人不怕受罚

- 做劝说
  - 谈危害
    - 企业
      - 面临法律风险
      - 面临声誉风险
    - 社会
      - 形成破窗效应
      - 导致劣币驱逐良币
      - 引发公共地悲剧
  - 谈好处
    - 规则使社会正常运转
    - 规则给人们带来稳定预期

- 提方案
  - 内外兼修
    - 内部：培养规则意识、慎独
    - 外部：软硬兼施
      - 硬：落实监督措施
      - 软：外部宣传教育

4. 母段

结构	段落	母理或要点
摆现象	霸座者不但不配合列车员的工作，拒绝还座，更当场放起哀乐胡搅蛮缠，严重扰乱了公共秩序。（高铁霸座） 震惊全球的安然事件中，炒高股价、粉饰报表等藐视规则的操作在公司内部稀松平常。（财务造假） 长春长生在冻干人用狂犬病疫苗生产过程中存在记录造假等多项严重违规操作。（长生疫苗） 日本知名制药企业小林化学长期造假，其生产的500种药物存在80%的欺诈记录，部分造假行为甚至长达40年之久。（小林化学）	反面现象
析原因	违规行为屡禁不止，原因不外乎"利益"二字。亚当·斯密提出的经济人假设告诉我们，人是天然的利己者。……这一事件（材料中的事件）之所以发生，也无非是因为这会给违规者带来……等一系列的利益。	内因： 经济人假设
	各类违规行为屡禁不止，利益是背后的推手。不守规则在短期内可以带来显而易见的效益：你排队需要几分钟，别人插队只需几秒；你刻苦复习了这么久，别人一张小抄就能考得比你好；你熬夜认真研究方案，别人请领导吃顿饭就能拿到项目……不守规则的人总能抄小路到达目的地，而守规则的人成了傻子吃了亏，难免会心生动摇。	内因： 经济人假设
	违规行为之所以发生，与普遍存在的"信息不对称"有关。所谓信息不对称，就是指同一事件的相关各方对该事件的信息掌握程度并不一致。违规者站在暗处，其违规操作一经粉饰便很难被外界尤其是监管方察觉，这就让人产生侥幸心理。	外因： 信息不对称
做劝说	违规行为的后果极其严重。尤其是随着大数据、区块链等信息技术的发展，信息逐步趋于透明化，违规行为终将无所遁形。而事情一旦败露，当事人/当事企业就会面临极其严重的法律处罚。《老子》中那句"天网恢恢，疏而不漏"逐渐成为事实。	谈危害（内）： 法律风险
	对企业而言，违反规则虽易获得一时之蝇头小利，却也容易造成严重的后果。这是因为，随着微信公众号、朋友圈等自媒体的发展，信息变得越来越透明化。企业任何一个细小的污点，都有可能在互联网上引起轩然大波，给企业的声誉带来严重损害。对于确实有违规行为的企业，消费者往往会自发抵制企业的产品，从而让企业遭受严重损失。	谈危害（内）： 声誉风险

结构	段落	母理或要点
做劝说	如果我们对破坏规则的行为置之不理，将会导致严重的后果。打破一项规则就像打破一扇完好的窗，"破窗效应"告诉我们，没有人会珍惜一扇被打破的窗户，破窗的存在只会招致更多的破坏。若不在违规行为发生的第一时间加以制止，反而让违规者获利、守规者吃亏，长此以往，规则将形同虚设，造成"逆向淘汰"的不利局面。	谈危害（外）：破窗效应
	违反规则，很容易造成"劣币驱逐良币"的恶果。"潜规则""关系户"等现象层出不穷，不仅是因为违规能带来更大的利益，更是因为遵守规则反而会导致自己的利益受到侵害。在这种情况下，趋违规之"利"，避守规之"害"就会成为很多人的必然选择，劣币驱逐良币的乱象在所难免。	谈危害（外）：劣币驱逐良币
	失去规则的约束，极易造成"公共地悲剧"。规则看似是"束缚"，实则是"保护"——它让我们每个人都能享受到有权享受的公共资源。人天生具有趋利性，每个人都希望从免费的资源中获取更多，"及时捞一把""不拿白不拿"的心态若不能被规则约束，便会加剧人们对公共资源的侵占，进而对有限资源无限争夺，损害所有人的利益。	谈危害（外）：公共地悲剧
	规则可以使社会正常运转。利益是有限的，但人的欲望却是无尽的。有限的利益遇上无限的需求，如果没有人人认可并愿意去遵循的分配方法，那么利益的争夺将变得残酷血腥。而规则作为一种行为规范，既保护你的个人利益不被人侵犯，也约束你不要去侵犯他人的利益。	谈好处：使社会正常运转
	规则的另一个重大意义，是能够给人们带来稳定的预期。上高铁不用抢座，因为大家都会对号入座；看演出不用过早入场，因为到了演出时间才会开场；在公司可以安心工作，因为到月底就可以拿到对应的薪酬……这种稳定的预期是我们幸福感的重要来源，在降低我们心中的不确定性的同时，可以极大激发我们的能动性与创造力。	谈好处：给人们带来稳定预期
提方案	想要根治违规之不良风气，要"内外兼修"。 "内修"是指小至个人，大至企业，都应自觉培养规则意识，努力实现自我约束。常修为政之道，常怀律己之心，常思贪欲之害，常弃非分之想，做到台上台下一个样，人前人后一个样，始终不放纵、不逾矩、不越轨，恪守规则。	内部

结构	段落	母理或要点
提方案	"外修"是指落实监管措施。对于在规则边缘反复试探的违规者,应建立健全相关的法律机制,缩小"灰色地带",并加强惩罚力度,让违规成本高于违规收益,拳拳到肉方能震慑四方。	外部:硬
	"外修"是指注重宣传教育。这是因为法律监管很难面面俱到,也很难监督到每个人的所有行为,尤其是对于一些破坏规则的"小事",动用强制手段反而可能事倍功半。积极进行宣传教育,能与法律监管相辅相成,让大家由不愿到甘愿,自发自觉地成为规则的践行者。	外部:软

5. 母题应用

(1) 高铁霸座事件

论说文:根据下述材料,写一篇 700 字左右的论说文,题目自拟。

2018 年 8 月 21 日上午,在山东开往北京的 G334 高铁上,一名中年男子霸占了一个女学生的座位不愿意起身,而且还态度傲慢地声称:"谁规定一定要按号入座?要么你自己站着,要么去坐我那个座位,要么自己去餐车坐。"无奈之下女学生就找乘务员反映,尽管列车长和乘警都过去劝,但直到列车到达终点站该男子都没有起身,一副流氓耍赖的本性暴露无遗。

参考范文

高铁霸座事件叩问规则意识

吕建刚

材料+点明主题

高铁霸座现象引人愤慨,背后折射的是规则意识的匮乏。我认为,提高一些人的规则意识,势在必行。

摆现象

生活中,类似的现象并不鲜见:小到乱闯红灯、横穿马路,大到偷税漏税、违法乱纪,其实都从某些侧面体现出来了人们规则意识的缺失。

> **经济人假设**:认为经济人具有理性,即个人追求利益最大化,完全为利己主义。

这些现象为何发生?原因无非是"利益"二字。一方面,亚当·斯密提出的**经济人假设**告诉我们,人是天然的利己者。当违反规则的行为能给

1 规则

人带来利益时，这些行为发生就不足为奇了。以高铁霸座事件为例，坐在椅子上舒舒服服度过一程，显然好过一路舟车劳顿。另一方面，像高铁霸座事件这样的"小事"，权利被侵害者通常也觉得占座事小，往往倾向于采取息事宁人的态度。你看，破坏规则者有利可图，也无需付出违规成本，他们当然乐此不疲。

如果我们对破坏规则的行为置之不理，将会产生严重的后果。破坏规则者获利，而守规则者吃亏，长此以往，人们就倾向于不再遵守规则，规则无人遵守、形同虚设，将会造成劣币驱逐良币的后果。而且，由于利益是有限的，而人的欲望却是无穷尽的。若没有行之有效的规则约束，利益的争夺就将变得残酷血腥，我们的社会也有可能变成人人争抢、互相戕害的丛林社会。

因此，提高国人的规则意识势在必行。具体方法上，要"软""硬"兼施。"软"是指宣传教育。法律监管不可能无孔不入，也不可能监督到每个人的所有行为，尤其是对于一些破坏规则的"小事"，仅靠外力解决事倍功半。积极进行宣传教育，能与法律监管相辅相成，让大家由不愿到甘愿，自发自觉地成为规则的践行者。

"硬"是指法规监管。对于在规则边缘反复试探的违规者，应建立健全相关的法律机制，缩小"灰色地带"，并加强惩罚力度，让违规成本高于违规收益，拳拳到肉方能震慑四方。

"矩不正，不可为方；规不正，不可为圆。"方其矩、正其规，方可使"高铁霸座者们"绝迹。

—— 全文共 734 字

析原因
有利可图
① 破坏规则者有利可图
② 无需付出违规成本

谈危害
产生严重后果
① 规则形同虚设
② 利益人人争夺

劣币驱逐良币：
泛指一般的劣胜优汰现象。

提方案
软硬兼施
① "软"：宣传教育
② "硬"：法规监管

两句结尾
引用句＋总结句

（2） 海底捞插队事件

论说文：根据下述材料，写一篇 700 字左右的论说文，题目自拟。

据媒体报道，有网友爆料西安海底捞印象城店可以付费插队。这位网友爆料称，通过网购付费插队服务（5元／人），本来要等两个小时，只等了半个小时。记者经过调查发现，有不少卖家在网络平台销售海底捞门店等位号码。

11

参考范文

"插队乱象"应遏制

吕建刚

引材料＋点明主题

海底捞"付费插队"乱象盛行的背后,反映出的是人们规则意识的薄弱。想要减少、杜绝此类现象,提高人们的规则意识,势在必行。

析原因
利益

① 违规有收益
② 违规行为难被发现

信息不对称[1]

在市场经济活动中,各类人员对有关信息的了解是有差异的。

为何"付费插队"等现象屡见不鲜?究其原因,是因为不守规则在短期内可以带来显而易见的收益。你排队需要几分钟,别人插队只需几秒,违反规则可以使插队者们通过付出较低的成本换取额外的利益。此外,由于信息不对称的存在,那些傻傻排队的消费者甚至都无从得知自己的权利已被侵害。你看,在"暗处"花五块钱就能拥有提前享受美食的"快乐",何乐而不为呢?

做劝说
谈危害

① 排队号码价格水涨船高
② 商家信誉受损

"付费插队"事件,最终会带来严重的后果。一方面,付费插队给违规者带来了收益,而排队者反而因为守规则导致利益受损。两相比较,就会有越来越多的人选择付费插队。这会让排队号码的价格水涨船高,"一号千金"伤害的只能是我们自己;另一方面,"付费插队"的真相暴露后,会给商家带来信誉损失,让商家最终失去顾客。

做劝说
谈好处

① 稳定预期
② 提升幸福感

其实,像先来后到、排队买票这样的小规则,可以带来大收益。它能够给人们带来稳定的预期。上高铁不用抢座,因为大家都会对号入座;看演出不用过早入场,因为到了演出时间才会开场;在公司努力工作,因为工作就能拿到应得的薪水……这种稳定的预期是我们幸福感的重要来源,在降低我们心中的不确定性的同时,可以极大激发我们的能动性与创造力。

---

[1] 掌握信息比较充分的人员,往往处于比较有利的地位;而掌握信息比较贫乏的人员,则处于比较不利的地位。

要想提高公民的规则意识，做好以下两点至关重要。

一要"硬"，就是要对那些不守规则的行为进行处罚。尤其对于那些屡教不改者，更要加重处罚。当违规成本大于违规收益时，就会减少违规的发生。

二要"软"，就是要通过教育让遵守规则成为自觉行为。因为仅靠外在约束难以面面俱到，而且存在一定的监督成本；而教育带来的自觉行为可事半功倍。

总之，"欲知乎直，则必准绳；欲知方圆，则必规矩。"方其矩、正其规，才能让"插队者们"无处遁形。

------------------全文共 736 字

提方案
1 硬：加大处罚
2 软：教育

两句结尾
引用句 + 总结句

母题 2 诚信

1. 命题方向

"诚信"是联考的重要命题方向。诚信之所以重要，是因为：

一方面，在市场主义浪潮的冲击下，向"钱"看的思想会让一些人或企业迷失自己，走上见利忘义的歧途。

另一方面，我国的诚信体系，如失信人员黑名单、个人及企业的征信系统等正在完善过程中，但尚不完美。

诚信系统的建设是一项复杂的系统工程，至少要在三个方面努力：一是法治的健全，这是诚信经营的底层支撑；二是诚信思想的教育宣传，这是诚信行为的精神保障；三是诚信体系的打造，这是诚信监督系统的有效基础。

此外，"诚信"主题中的实例素材和万能句式，通常可以广泛应用于"责任""义利""规则""慎独"等其他主题写作中，大家在平日积累素材时要学会举一反三。

2. 解题思路

"诚信"这个母题的考题在进行命制时，往往伴随着负面现象，也就是存在"不诚信"的行为，如2009年的管理类联考真题"由三鹿奶粉事件所想到的"就是典型的"诚信"类考题，三鹿奶粉事件在当时就是一个举国震惊的负面事件。这类题的基本思路是：这种现象是什么？为什么会发生这种现象？这种现象有什么危害？如何解决这一问题？该主题宜使用现象分析式进行解题。

3. 结构导图

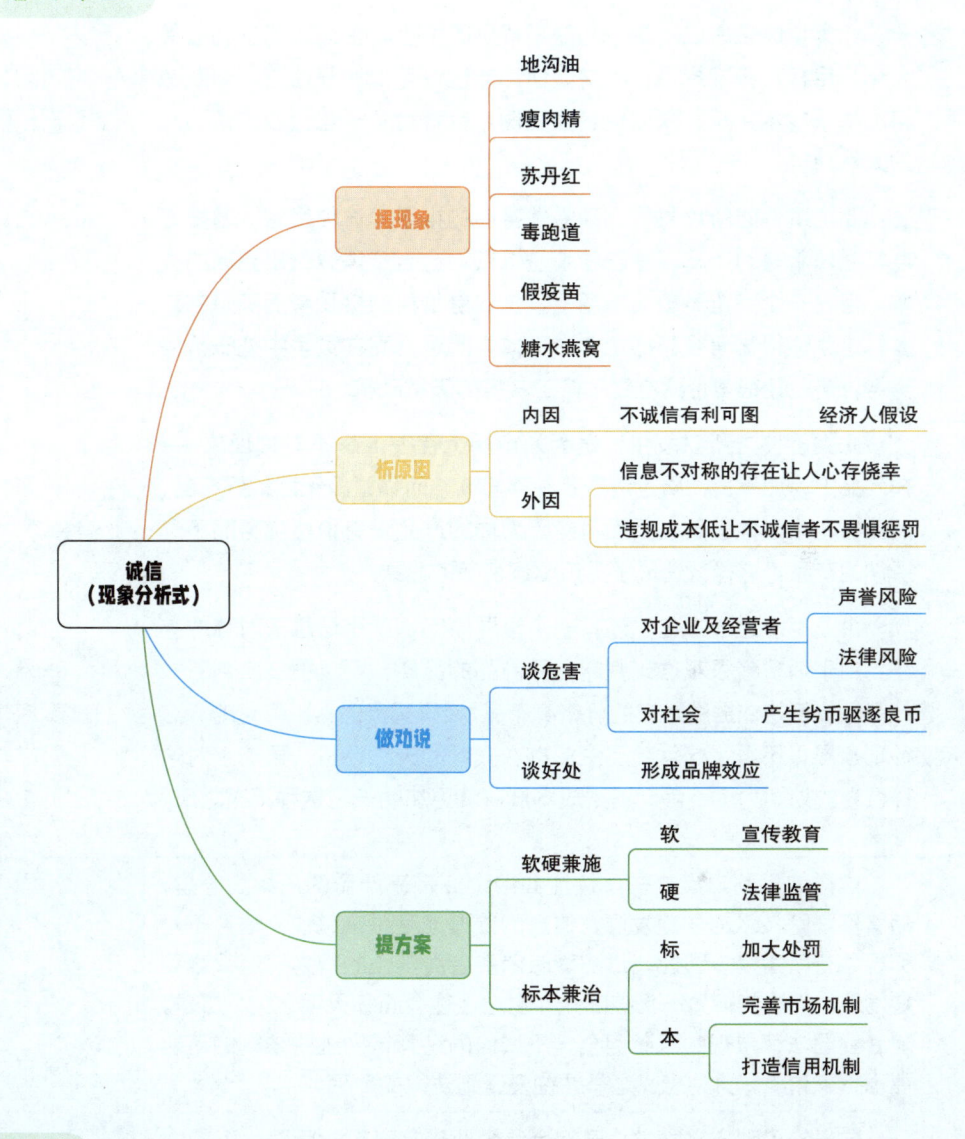

```
诚信
（现象分析式）
├── 摆现象
│   ├── 地沟油
│   ├── 瘦肉精
│   ├── 苏丹红
│   ├── 毒跑道
│   ├── 假疫苗
│   └── 糖水燕窝
├── 析原因
│   ├── 内因 ── 不诚信有利可图 ── 经济人假设
│   └── 外因
│       ├── 信息不对称的存在让人心存侥幸
│       └── 违规成本低让不诚信者不畏惧惩罚
├── 做劝说
│   ├── 谈危害
│   │   ├── 对企业及经营者
│   │   │   ├── 声誉风险
│   │   │   └── 法律风险
│   │   └── 对社会 ── 产生劣币驱逐良币
│   └── 谈好处 ── 形成品牌效应
└── 提方案
    ├── 软硬兼施
    │   ├── 软 ── 宣传教育
    │   └── 硬 ── 法律监管
    └── 标本兼治
        ├── 标 ── 加大处罚
        └── 本
            ├── 完善市场机制
            └── 打造信用机制
```

4. 母段

结构	段落	母理或要点
摆现象	生活中不守诚信、见利忘义的例子并不鲜见。"毒奶粉""地沟油""瘦肉精"、苏丹红、加洗衣粉的油条、加漂白剂的面粉，一轮又一轮地"洗礼"着中国人的肠胃。	事例

结构	段落	母理或要点
析原因	此类事件之所以发生，利益是背后的推手。企业以追求利益最大化为目标，不守规矩、不讲诚信，却往往可以避开监管，偷工减料、降低成本，从而获取更多的利润，这就给了一些企业违法违规的天然动机。	内因： 经济人假设
	此类事件之所以发生，利益是背后的推手。诚信经营、童叟无欺，意味着真材实料，意味着精益求精，这当然需要付出更高的成本。但在一个完全竞争的市场上，企业是价格的接受者而不是制定者，这就使得诚信经营的企业由于成本问题反而在竞争中处于价格劣势，这就让很多企业产生了偷工减料的天然动机。	外因： 完全竞争市场
	此类事件之所以发生，是因为市场上存在信息不对称现象——在产品中添加不良物质，消费者并不知情，而你童叟无欺的好产品，消费者也未必能了解，反而可能因为你的产品没有价格优势而不选择你的产品，这样就造成了劣币驱逐良币的后果。	外因： 信息不对称
	企业不能遵守诚信，还有一个重要原因，就是信息不对称的存在。由于消费者很难准确判断一件商品的品质，所以很多人判断一件商品价值的依据就是它的价格高不高，"只买贵的，不买对的"这种现象屡见不鲜，这就给了企业以次充好的天然动机。再加上对这种行为的处罚力度不够，违法成本低，就更加助长了这种不正之风。	外因： 信息不对称 违规成本低
做劝说	这样的见利忘义之举，往往会给企业带来严重的后果。一是，随着互联网技术的快速发展，信息的传递速度越来越快，信息不对称现象有所缓解。因此，试图蒙蔽消费者而获益的行为已经很难不被发现，而这些行为一旦被曝光，企业往往会面临灭顶之灾；二是，随着我国法律法规的不断健全，不诚信的经营行为逃脱法网的可能性也越来越小，见利忘义之举往往要受到法律的严惩。	谈危害： 声誉风险 法律风险
	这样的见利忘义之举，早晚会给企业带来严重的后果。正如中国那句老话所说："常在河边走，哪有不湿鞋？"墨菲定律也告诉我们，一个恶果如果有发生的可能性，那么它早晚有一天会发生。因此，见利忘义者不可能一直走运，出现问题是早晚的事。	谈危害： 墨菲定律
	这样的见利忘义之举，往往会给行业甚至社会带来严重的后果。如果不诚信者以成本低获得了更多的竞争优势，用以次充好的手段获得了更多的利益，而诚信经营者却无利可图，成了傻子吃了亏，那么就会造成劣币驱逐良币的恶果，诚信经营就成了空谈。以三鹿奶粉事件为例，在牛奶中添加三聚氰胺者并非只有三鹿一家，而是整个行业的普遍现象，这说明劣币驱逐良币已经发生。	谈危害： 劣币驱逐良币

结构	段落	母理或要点
做劝说	诚信经营行为，可以为企业带来更长久的利益。长期的诚信经营铸就的企业品牌价值，既是企业销量的保障，也是企业的产品能够取得溢价的原因。可见，诚信经营才是企业的发展之道。	谈好处：品牌价值
提方案	想让企业诚信经营，要做到软硬兼施。 "软"，是指宣传教育。这是因为法律监管不可能面面俱到，不可能监控到市场上每家企业的每个市场行为；而且，事事依靠外力，监管成本太高，事倍功半。而通过宣传教育让企业自发自觉地诚信经营，无疑效率更高。 "硬"，是指法律监管。对于那些屡教不改的违信者，要重拳出击，当罚则罚，当关则关，当违信成本大于违信收益时，企业就失去了违信的动机。	软硬兼施
	想让企业诚信经营，要做到标本兼治。 所谓治标之道，就是用雷霆手段，以迅雷不及掩耳之势对违法违规的企业予以处罚，从而起到震慑作用。 所谓治本之道，就是要建立和完善诚信经营的机制。一方面，要加强市场引导，尤其要加大对诸如商标权、专利权等知识产权的保护，让诚信经营者能够通过品牌和创新持续获益；另一方面，打造和完善企业征信系统，建立违规企业黑名单，打造"一处失信、处处受限、寸步难行"的失信惩戒格局，从而形成促进诚信经营的长效机制。	标本兼治

5. 母题应用

（1）网红带假事件

论说文：根据下述材料，写一篇700字左右的论说文，题目自拟。

这两年，直播带货行业发展迅猛。李子柒、李佳琦、薇娅、辛巴等大网红们一跃成为举国皆知的带货明星。与此同时，李佳琦的不粘锅事件、辛巴的糖水燕窝事件等不良现象也不时被爆出。直播带货到底该鼓励还是该限制，网友众说纷纭。

规范直播带货势在必行

吕建刚

摆现象+引出论点

近年来，直播带货蓬勃发展，但诸如"李佳琦的不粘锅事件""辛巴的糖水燕窝事件"等乱象也不时引起热议。我认为，直播带货不应野蛮生长，规范直播带货势在必行。

析原因
① 信息不对称
② 行业门槛低
③ 法律完善需要时间

直播带货中乱象频发，原因不难理解。一方面，直播带货中存在严重的信息不对称。以辛巴的糖水燕窝为例，普通消费者对燕窝并不熟悉，难以判断燕窝的品质，再加上带货主播富于煽动力的鼓吹，消费者难免上当。另一方面，直播行业门槛相对较低。知名度高的明星大腕可以带货，普通的网红主播也可以带货，颜值高的可以带货，能说会道的也可以带货，带货的人多了，难免良莠不齐。再者，直播带货是新兴事物，相关法律的健全和完善需要时间，这就给主播带货的种种乱象提供了可乘之机。

做劝说
谈危害
① 声誉受损
② 法律严惩

然而，这些乱象往往会给带货主播造成严重的影响。尤其是在自媒体高度发达的今天，主播的不良行为瞬间就可以传遍全网，给主播及其带货平台的声誉带来严重损失，甚至会让主播和平台面临法律的制裁。糖水燕窝事件之后，辛巴的复出之路十分困难；潘长江和"小兵张嘎"的扮演者谢孟伟带货翻车之后，"潘嘎之交"被网友戏谑至今。这些事件其实都告诉我们，直播带货不是法外之地，互联网上更应遵纪守法。

提方案
① 软：宣传教育
② 硬：法律约束

要想规范直播带货，"软""硬"兼施必不可少。

"软"是指要加强宣传教育。这是因为法律监管不可能面面俱到，不可能随时监控每位带货主播的每次带货行为；而且，仅靠外力，监管成本太高，事倍功半。因此，要进行行业培训，加强行业自律，让带货主播自愿、自觉地维护行业秩序，形成良好风气。

"**硬**"**是指法律约束。**对于不良带货主播，不应姑息，发现一例，打击一例，当违规收益低于违规成本时，他们就失去了违规的动机。

直播带货是互联网经济下的新兴事物，我们要支持它的发展，也要规范它的发展，只有这样，直播带货才能活得更好、走得更远。

总结全文

------------------ 全文共 730 字

（2）獐子岛造假事件

论说文：根据下述材料，写一篇 700 字左右的论说文，题目自拟。

从 2014 年到 2019 年，上市公司獐子岛反复导演"扇贝大逃亡"：多次宣称扇贝跑路和死亡，借此消化掉前一年隐藏的成本和亏损，实现了所谓的"账面盈利"，保住了上市公司地位。近日，"扇贝去哪儿"终于迎来最终季。证监会果断出手，借助北斗导航卫星破解"扇贝之谜"，依法对獐子岛信息披露违法违规案作出行政处罚及市场禁入决定。

参考范文

企业经营要以诚为本

吕建刚

獐子岛"扇贝跑路"，在让投资者蒙受了巨大损失的同时，也让自己声誉扫地。由此可见，诚实守信、见利思义，既是立人之本，也是经营之道。

引材料＋点明主题

獐子岛"扇贝跑路"绝非个例：从"李佳琦的不粘锅事件"到"辛巴的糖水燕窝事件"；从"三鹿奶粉事件"到"瑞幸咖啡造假事件"，等等。种种乱象，层出不穷。

摆现象

这类现象之所以持续发生，**利益是背后的推手**。无论是售卖不粘锅、还是售卖糖水燕窝，都是为了背后丰厚的利润；无论是"扇贝跑路"还是"瑞幸咖啡造假"，都是为了从金融市场上获益。而且，由于信息不对称的

析原因

利益
① 获得丰厚利润
② 信息不对称
③ 侥幸心理

侥幸心理：
无视事物本身的性质，违背事物发展的本质规律。而想根据自己的需要或者好恶来行事就能使事物按着自己的愿望发展，取得合意的结果。

做劝说
谈危害
① 声誉受损
② 法律风险

提方案
① 软：宣传教育
② 硬：法律监管

两句结尾
引用句+总结句

存在，以上种种行为，有时候难以被发现。于是就会有企业存在 侥幸心理，做出违法乱纪之事。

然而，这些乱象往往会给企业造成严重的后果。尤其是在自媒体高度发达的今天，企业的不良行为瞬间就可以传遍全网，给企业的声誉带来严重损失，甚至会让企业面临法律的制裁。以"扇贝跑路"为例，证监会借助北斗导航卫星破解"扇贝之谜"，依法对獐子岛信息披露违法违规案作出行政处罚及市场禁入的决定。

想让企业诚信经营，要做到软硬兼施。

"软"，是指宣传教育。这是因为法律监管不可能面面俱到，不可能监控到市场上每家企业的每个市场行为；而且，事事依靠外力，监管成本太高，事倍功半。而通过宣传教育让企业自发自觉地诚信经营，无疑效率更高。

"硬"，是指法律监管。对于那些屡教不改的违信者，要重拳出击，当罚则罚，当关则关，当违信成本大于违信收益时，企业就失去了违信的动机。

孔子说："民无信不立。"企业经营要以诚为本，切莫利欲熏心，莫让"扇贝跑路"之类的事件再次发生。

全文共 **639** 字

母题 3 危机

1. 命题方向

这两年，新冠疫情全球爆发、华为被美国制裁、TikTok 被特朗普要求强制出售……可见，"危机"无时无刻不在。正如《汉书》中所云："安不忘危，盛必虑衰。"在"危机四伏"的社会大环境下，危机意识就显得尤为重要。

2. 解题思路

"危机"这个母题的考题在进行命制时，往往伴随着负面现象或案例，如 2020 年的管理类联考真题"挑战者号航天飞机爆炸事件"就是典型的"危机"类考题。这类题宜用现象分析式结构，即：这种现象是什么？为什么会发生这种现象？这种现象有什么危害？如何解决这一问题？

3. 结构导图

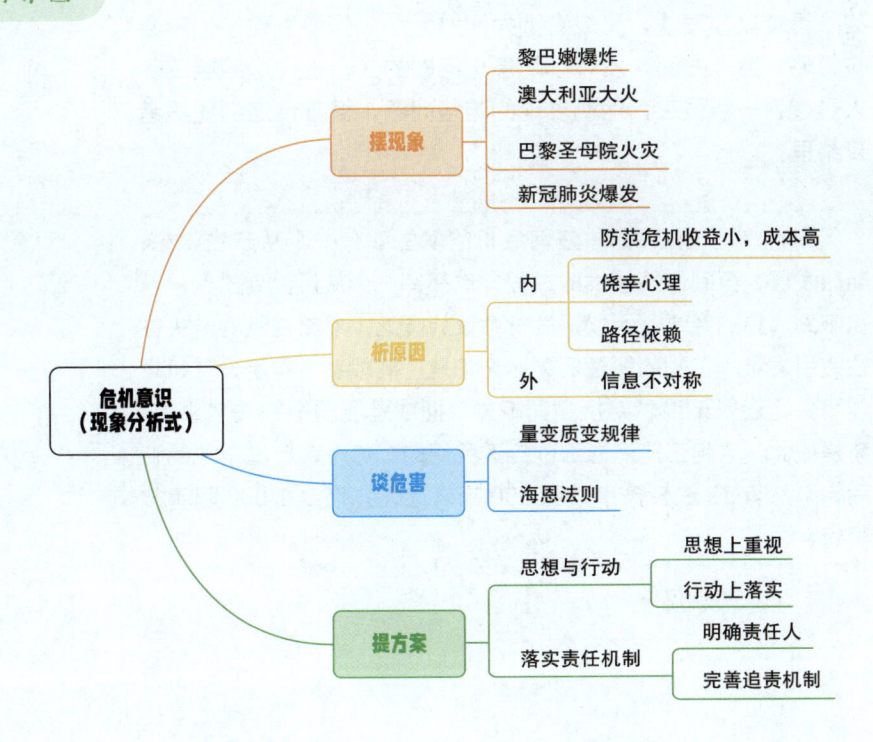

危机意识（现象分析式）

- 摆现象
  - 黎巴嫩爆炸
  - 澳大利亚大火
  - 巴黎圣母院火灾
  - 新冠肺炎爆发
- 析原因
  - 内
    - 防范危机收益小，成本高
    - 侥幸心理
    - 路径依赖
  - 外
    - 信息不对称
- 谈危害
  - 量变质变规律
  - 海恩法则
- 提方案
  - 思想与行动
    - 思想上重视
    - 行动上落实
  - 落实责任机制
    - 明确责任人
    - 完善追责机制

4. 母段

结构	段落	母理或要点
摆现象	现实生活中也有很多类似的故事上演。黎巴嫩爆炸、澳大利亚大火、巴黎圣母院火灾、新冠肺炎爆发……都是从小事故起，以大灾难终。	事例
析原因	"防患于未然"的标语嘴上说说、纸上写写、墙上挂挂，预防危机的实际行动却不见踪影。这是为何？一方面，未雨绸缪最大的成功不过是平安无事，既无赫赫之战功，亦无煌煌之美名；另一方面，在很多人眼中，所谓未雨绸缪，不过是徒增成本而已。侥幸心理让他们认为，反正危机不一定发生，我为什么要付出这么多时间、精力、金钱去做一件根本不会产生利润的事呢？因此，对于防范危机，他们往往"说起来重要、做起来次要、忙起来不要"。	内因：收益小，成本高/侥幸心理
	很多危机之所以发生，与管理者的"路径依赖"有关。管理者的决策模式和行为路径存在某种惯性，一旦做出某种决策，惯性的力量会使他们不断自我强化，轻易走不出去。因此，即使管理者的决策存在问题和隐患，在这些问题和隐患没有酿成大灾难之前，这一决策往往会沿着既定的路线执行下去，难以改弦更张。	内因：路径依赖
	危机之所以发生，信息不对称是原因之一。一方面，一些小的隐患难以被发现，又或者因为问题太小，即使发现了也容易被忽略；另一方面，发现小隐患小问题的人，往往是底层工作人员或者一线员工，他们发现的这些问题，很难传递到决策者耳朵里。	外因：信息不对称
谈危害	"祸患常积于忽微。"任何危机的发生都有一个从产生隐患、酝酿发展，再到偶然触发的过程，也都有一个从量变到质变、从微疵到大错的经过。所以，危机意识的匮乏、事前控制的缺失往往会引发难以控制的恶性后果。无论是"挑战者"号航天飞机爆炸事件，还是无锡高架桥侧翻事件，抑或是厦门地铁塌陷事件，皆是如此。这也正是海恩法则告诉我们的：每一起严重事故的背后，必然有 29 次轻微事故和 300 起未遂先兆以及 1 000 起事故隐患。	量变质变规律/海恩法则

结构	段落	母理或要点
提方案	要想预防危机，做到以下两点至关重要。 一要思想上重视。首先要树立防范危机的意识。这听起来好像是老生常谈，可实际上，思想是指导行动的依据，如果连思想上的重视都做不到，就更不可能有防范危机的行动。 二是行动上落实。想把危机预防落到实处，要建立危机预警和防范机制，也要舍得为防范危机投入资本。	思想上重视 行动上落实
	要想做好危机防范工作，责任机制是关键。一是危机防范工作要有责任人、监督人，责任明确，监督到位，才有利于执行；二是建立危机处理的事后追责机制，危机一旦发生，对相关责任人要严惩不贷，坚决杜绝"高高举起、轻轻落下""罚酒三杯式"的处罚，否则只会让更多人心生懈怠。	责任机制

5. 母题应用

（1）"新冠病毒"肆虐

论说文：根据下述材料，写一篇700字左右的论说文，题目自拟。

人类历史上曾经发生过很多次重大疫情，比如，1347—1352年在欧洲爆发的黑死病、1520年在墨西哥爆发的天花、1918—1919年遍及全球的西班牙流感等。人类在这些疫情中早就饱经痛楚，然而，在科技和医学如此发达的今天，"新冠病毒"仍然肆虐全球。

参考范文

危机意识应常记心头

吕建刚

除了中国等少数国家将"新冠肺炎"控制得较好外，多数国家的防控在"新冠肺炎"面前节节败退。这提醒我们，危机意识应该常记心头。

引材料+
点明主题

首先，在疫情尚未流行之时，防疫工作会给人一种毫无用处的错觉。尤其是防疫工作越是优秀，就越是看起来"平安无事"，防疫工作既无赫赫之战功，亦无煌煌之美名，这就不免让人懈怠。这时，防控疫情的种种措施，看起来就成了徒劳无功的沉没成本——既然疫情未必流行，我为什么

析原因

疫情流行前
1 防疫工作看起来无用
2 防疫工作需要付出成本

沉没成本：
以往发生的、已经付出且不可收回的成本，如时间、金钱、精力等。

要付出那么多的时间、精力、金钱，去防范一场可能不会发生的危机？

析原因
疫情流行后
① 防疫造成经济下滑

其次，在疫情大规模流行之后，坚持防疫措施就意味着大规模的停工、停产，这就让很多国家陷入防疫与经济发展的两难处境。毕竟，经济下滑是很多国家的"不可承受之重"，以停工、停产来防疫是要痛下决心的。可见，疫情也好，其他危机也罢，一旦到了事情爆发的那一刻才想要处理，便很难有完美的结果了。

谈危害
① 易酝酿大灾难

海恩法则：
它强调：一、事故的发生是由日常的隐患堆积而起的；二、再好的技术和制度，如果缺失人自身的责任心和能力素质，也无法完全规避风险。

"新冠肺炎"并不是一日之间席卷全球的，而是用了半年的时间，经历了一个从局部出现到社区扩散再到大规模爆发的过程。其实，不仅是"新冠肺炎"，几乎所有危机的出现都有一个从产生隐患、酝酿发展，再到偶然触发的过程，也都有一个从量变到质变、从微疵到大错的经过。这也正是海恩法则要告诉我们的：每一起严重事故的背后，必然有 29 次轻微事故和 300 起未遂先兆以及 1 000 起事故隐患。

提方案
危机意识
应该常记于心
① 处理好小问题
② 增加事前预防

可见，危机意识应该常记心头。要想避免大灾难，就要处理好小问题；要想减少事后补救，就要增加事前预防。处理任何危机，都如同防疫治病，要争取"治未病""治欲病""早发现""早治疗"，将问题扼杀在摇篮之中，就可以取得事半功倍的效果。

总结全文

总之，"新冠肺炎"的爆发给我们敲响了警钟，告诉我们，危机意识应该常记心头。

------------------ 全文共 683 字

（2）**黎巴嫩爆炸事件**

论说文：根据下述材料，写一篇 700 字左右的论说文，题目自拟。

2020 年 8 月 4 日，黎巴嫩首都贝鲁特港口区发生巨大爆炸。此次爆炸造成至少 190 人死亡，6 500 多人受伤。调查结果显示，贝鲁特港口 12 号仓库的管理存在严重疏忽，因为仓库内除了发生爆炸的 2 750 吨硝酸铵，还存放了大量的烟花和爆竹，爆炸是由于化学物质的自燃。

参考范文

危机意识不可无

吕建刚　江徕

此前，黎巴嫩爆炸事件引起了国际社会的广泛关注，此次爆炸已造成至少190人死亡，6 500多人受伤。这警醒着企业，危机意识不可无。

> 引材料+
> 点明主题

无独有偶，除了黎巴嫩爆炸事件，现实生活中也有很多类似的事故上演。上海倒楼事故、无锡高架桥侧翻、澳大利亚大火、巴黎圣母院火灾，都是从小事故起，以大灾难终。

> 摆现象

这些危机之所以发生，与管理者的"路径依赖"有关。管理者的决策模式和行为路径存在某种惯性，一旦做出某种决策，惯性的力量会使他不断自我强化，轻易走不出去。因此，即使仓库的管理存在问题和隐患，在这些问题和隐患没有酿成大灾难之前，这一决策往往会沿着既定的路线执行下去，难以改弦更张。

> 析原因
> 路径依赖：一旦进入某一路径（无论是"好"还是"坏"），就可能对这种路径产生依赖。

然而，"祸患常积于忽微。"任何危机的发生都有一个从产生隐患、酝酿发展，再到偶然触发的过程，也都有一个从量变到质变、从微疵到大错的经过。所以，危机意识的匮乏、仓库管理的疏忽往往会引发难以控制的恶性后果。无论是"挑战者"号航天飞机爆炸事件，还是无锡高架桥侧翻事件，抑或是厦门地铁塌陷事件，皆是如此。这也正是海恩法则要告诉我们的：每一起严重事故的背后，必然有29次轻微事故和300起未遂先兆以及1 000起事故隐患。

> 析原因
> 祸患常积于忽微
> ① 量变质变规律
> ② 海恩法则
> 量变质变规律：新的量变发展到一定程度又引起新的质变，如此交替，循环往复，不断转化，这就是事物变化和发展的质量互变规律。

要想预防危机，做到以下两点至关重要。

一要思想上重视。首先要树立防范危机的意识。这听起来好像是老生常谈，可实际上，思想是指导行动的依据，如果连思想上的重视都做不到，就更不可能有防范危机的行动。

> 提方案
> ① 思想上重视
> ② 行动上落实

二是行动上落实。想把危机预防落到实处，要建立危机预警和防范机制，也要舍得为防范危机投入资本。

两句结尾
引用句+总结句

千里之堤，以蝼蚁之穴溃；百尺之室，以突隙之烟焚。企业要想长久稳定地经营下去，危机意识不可无。

------------------ 全文共 658 字

母题 4 互联网乱象

1. 命题方向

互联网乱象，是指在互联网上广泛存在的诸如"隐私泄露""大数据杀熟""直播带假货"等问题。这些问题给人们造成的种种困扰持续受到公众关注。

2021年7月6日，我国数据领域中第一部基础性、综合性的法规《深圳经济特区数据条例》出台，从立法层面对互联网乱象进行了整治与规范，表明了政府要肃清互联网风气的决心，这或许能成为整治互联网乱象的一个很好的开端。

2. 解题思路

关于互联网乱象类的题目，可以采用现象分析式的结构：列举相关现象，分析背后的成因，阐述互联网乱象会造成的恶果，最后提出建议。

3. 结构导图

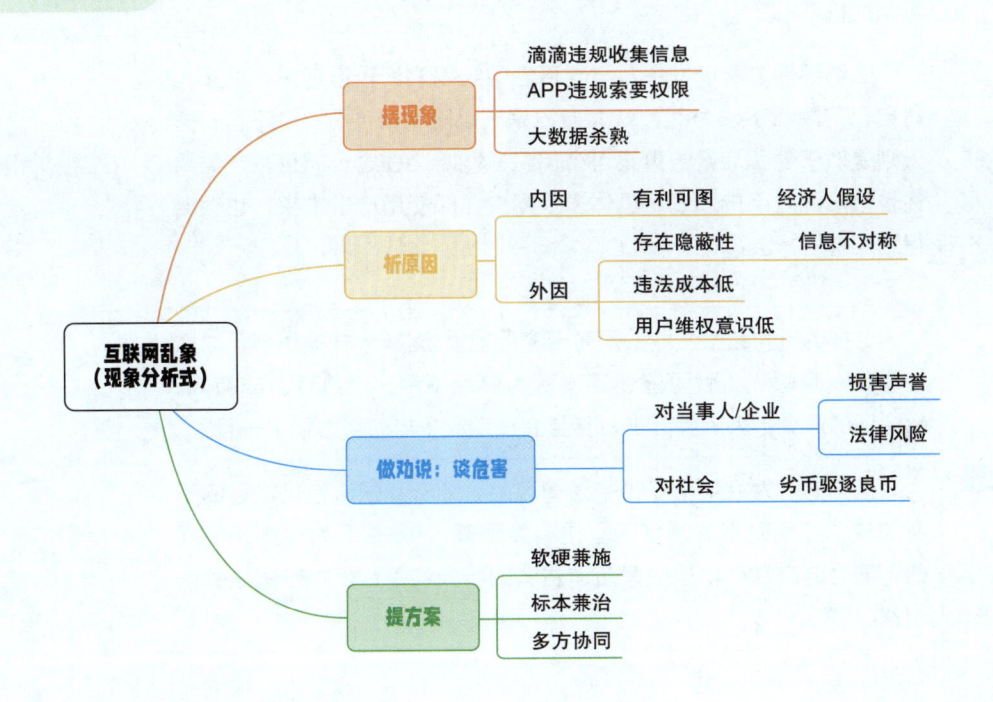

- **互联网乱象（现象分析式）**
  - **摆现象**
    - 滴滴违规收集信息
    - APP违规索要权限
    - 大数据杀熟
  - **析原因**
    - 内因
      - 有利可图 — 经济人假设
      - 存在隐蔽性 — 信息不对称
    - 外因
      - 违法成本低
      - 用户维权意识低
  - **做劝说：谈危害**
    - 对当事人/企业
      - 损害声誉
      - 法律风险
    - 对社会 — 劣币驱逐良币
  - **提方案**
    - 软硬兼施
    - 标本兼治
    - 多方协同

4. 母段

结构	段落	母理或要点
摆现象	随着互联网的快速发展，我们的个人信息以及在网络上的一举一动都被大公司拿去充实了他们的数据库，甚至被打包进行买卖。用户被迫同意授予手机应用软件各种权限，信息被泄露、被滥用，用户被"杀熟"，身处大数据时代，我们每一个人都在"裸奔"。	事例
析原因	此类事件之所以发生，利益是背后的推手。一些企业（平台）通过收集和分析用户信息，利用技术绘制用户画像，一旦充分了解用户情况，他们就可以朝着目标用户的"痛点"精准打击，从而转化为收益。这样的方式不仅能减少企业成本，还能提高效率。因此在不少企业看来，用户信息就是一笔无形的财富。	经济人假设
	此类事件之所以发生，与它的隐蔽性有关。APP"神不知、鬼不觉"地从后台调用消费者的个人数据，消费者往往难以知情，当然更难以维权。这种信息不对称现象的存在成了让违规企业有恃无恐的"保护伞"。	信息不对称
	此类事件之所以发生，与它的违规成本低有关。一方面，多数消费者没有很好的隐私意识，对自己的个人数据的去向并不是很在意，当然更谈不上维权；另一方面，诸如"大数据杀熟"等现象多是新兴事物，相关法律的建立和健全需要时间，这就给了违规企业可乘之机。	违规成本低
	此类事件之所以发生，与老百姓的维权意识较低有关。很多人对自己的隐私不以为然，认为自己是"以隐私换便利"；还有一些人则是对于隐私泄露的事无可奈何，只能听之任之。而且，此类事件也很难说对用户造成了具体多少损失，即使用户去维权，也很难得到应有的补偿。	维权意识低
做劝说	这样的行为会给企业的声誉带来严重损害。"大数据杀熟"之类的事件一旦曝光，就可能迅速发酵为热点事件，上热搜、成新闻，给企业的声誉带来沉重打击，甚至会让企业多年的努力毁于一旦。	谈危害：声誉受损
	这样的行为会给企业带来法律风险。随着我国法治化进程的不断加快，互联网相关领域的立法有序展开，"侵权行为"逃避惩罚的可能性越来越小，这些蒙蔽消费者的行为和平台，将难逃法律的制裁。	谈危害：法律风险

4 互联网乱象

结构	段落	母理或要点
做劝说	这种现象如果不加以遏制，极易造成"劣币驱逐良币"的恶果：那些侵犯用户隐私，利用"大数据"实现精准推送、精准营销的企业，获取了更高的利润；而那些遵纪守法的企业，反而因为"不够懂消费者"而浏览量走低，逐渐被淘汰。	谈危害：劣币驱逐良币
提方案	想遏制这类现象，需要软硬兼施。 　　一方面，政府要进一步完善相关法律法规，确保执法落实到位，加强对平台的监管，加大对不诚信行为的惩罚，维护公民的利益。 　　另一方面，也要加强相关的宣传教育，对于企业要加以引导，树立正确的义利观，在维护用户利益的基础上求利，不取不义之财。	软硬兼施
	要杜绝这类现象，需要标本兼治。 　　一要治标，就是对已经违法违规的企业，严惩不贷，以求产生震慑作用。 　　二要治本。首先要继续建立健全与互联网相关的法规，有法可依、执法必严。其次要打造和完善企业征信系统，建立侵权企业黑名单，打造"一处侵权、处处受限、寸步难行"的侵权惩戒格局。	标本兼治
	要杜绝这类现象，需要多方协同用力。 　　对政府来说，首先要继续建立健全与互联网相关的法规，有法可依、执法必严。其次要打造和完善企业征信系统，建立侵权企业黑名单，打造"一处侵权、处处受限、寸步难行"的侵权惩戒格局。 　　对个人而言，要建立起隐私保护意识，当个人权利被侵害时不能一笑了之，要敢于维权。	协同用力

5. 母题应用

（1）唯流量独尊

论说文：根据下述材料，写一篇 700 字左右的论说文，题目自拟。

互联网时代，流量就是产量、流量就是效益，于是，很多互联网企业唯流量独尊，由此引发了种种乱象……

29

参考范文

唯流量独尊要不得

吕建刚

引材料+点明主题

互联网时代，流量就是产量，流量就是效益。但是，唯流量独尊却容易导致种种问题，"唯流量独尊"要不得。

摆现象

唯流量独尊，已经造成种种乱象。视频网站，动辄十亿的点击量被揶揄为"8亿网民不够用"；新闻平台，标题党式的新闻屡见不鲜，甚至出现杜撰新闻的情况；更有很多无良自媒体，内容低俗、毫无下限。这些乱象，已经成为行业顽疾，给网民带来种种困扰。

析原因
有利可图
① 流量直接产收

"唯流量独尊"现象之所以发生，利益是背后的推手。无论是视频网站，还是新闻平台，抑或是自媒体账号，流量都可以直接产生收益——可以打广告，可以卖产品，可以卖服务。既然可以赚钱，那么，"常作惊人之语，多有骇人之举"就成了很多人和企业的必然选择。

做劝说
谈危害
① 难以赢得长期关注
② 走向慢性死亡

但是，这种行为危害不浅，容易伤害网站平台的长期利益。这是因为，从短期来看，博眼球之举确实容易赢得关注、增加点击量，但由于内容格调不高、低俗媚俗，它并不能为网站赢得长期关注。标题党们一次两次往往有效，三次四次就容易沦落至"狼来了"的困境。可见，没有流量虽无法生存，但"唯流量独尊"也可能会让网站平台走向慢性死亡。

提方案
① 重典治乱
② 技术手段
③ 做内容、赢口碑

破除"唯流量独尊"的"魔咒"，要从两个方面下手：

首先，政府要重典治乱、对症下药，让违规者付出代价，让他们对违规行为不敢想、不敢做、不能做。

其次，要用技术手段，增加除了点击率以外的质量评价体系，让网民"用脚投票"，以求以市场手段引导网络文化健康向上发展。

最后，企业要从内容创新上下功夫，从内容质量上做文章，生产出好内容，赢得网民长久的关注和真心的赞誉，用真口碑，赚良心钱。

总之，流量对互联网企业来说不可或缺，但流量也绝不是互联网企业的唯一指标，唯流量独尊要不得。

总结全文

------------------ 全文共 668 字

（2）APP 违规索要权限

论说文：根据下述材料，写一篇 700 字左右的论说文，题目自拟。

在 2021 年 315 晚会上，内存优化大师、智能清理大师、超强清理大师、手机管家 PRO 等几款 APP 被曝光违规收集用户信息。北京盛达讯科技有限公司、北京慧点共赢科技有限公司这两家开发其中 APP 的企业被认定存在违规索要权限、收集隐私问题的行为，北京市通信管理局对这两家公司进行了行政处罚。

参考范文

索取权限该有度

吕建刚　芦苇

手机 APP 为了提供服务、提升体验，调用一定的用户权限，这当然是合理的。但一些 APP 过度索取用户权限，侵犯用户隐私，这种现象应该予以遏制。

引材料＋点明主题

过度索取用户权限的事件为何屡次发生？利益是背后的推手。手机 APP 索取到用户权限后，就会收集用户信息，记录用户行为，通过大数据分析，绘制用户画像，从而针对其喜好和痛点进行精准营销，这样就极大地提高了营销效率。"今日头条"等新闻类 APP 逐渐从过去的"千人一面"发展到现在的"千人千面"就是一个证明。

内因

有利可图
① 实现精准营销
② 提高营销效率

而且，这种调用权限的行为具有一定的隐蔽性。APP"神不知、鬼不觉"地从后台调用消费者的个人数据，消费者往往难以知情，当然更难以

外因

侵权行为存在隐蔽性

维权。这种 信息不对称 现象的存在成了让违规企业有恃无恐的"保护伞"。

做劝说
谈危害
① 法律风险
② 劣币驱逐良币

这样的行为后果极其严重。

一方面，它会给企业带来法律风险。随着我国的法治化进程不断加快，互联网相关领域的立法有序展开，"侵权行为"逃避惩罚的可能性越来越小，这些蒙蔽消费者的行为和平台，将难逃法律的制裁。

另一方面，它极易造成"劣币驱逐良币"的恶果。那些侵犯用户隐私，利用"大数据"实现精准推送、精准营销的企业，获取了更高的利润；而那些遵纪守法的企业，反而因为"不够懂消费者"而浏览量走低，逐渐被淘汰。

提方案
① 健全法规
② 完善征信系统
③ 加强隐私保护意识

可见，过度索取用户权限的现象必须予以遏制。

首先，要继续建立健全与互联网相关的法规，实现有法可依、执法必严。

其次，要打造和完善企业征信系统，建立侵权企业黑名单，打造"一处侵权、处处受限、寸步难行"的侵权惩戒格局。

最后，消费者也要加强隐私保护意识，当个人权利被侵害时不能一笑了之，要敢于维权。

总结全文

总之，要维护数字生态健康发展，手机 APP 索取权限应该有度。

------ 全文共 **670** 字

母题 5 环保

1. 命题方向

党的十八大以来，习近平总书记反复强调，要高度重视可持续发展，正确处理生态文明建设问题，明确提出了六项重要原则：坚持人与自然和谐共生；绿水青山就是金山银山；良好生态环境是最普惠的民生福祉；山水、林田、湖草是生命共同体；用最严格制度、最严密法治保护生态环境；共谋全球生态文明建设。

从 2015 年底至今，中央环保督察已覆盖全国 31 个省份。全面督察、铁腕问责使得以往"说起来重要、做起来次要、忙起来不要"的环境保护工作上升到了其应有的位置，环境保护的压力从中央层层传导到各级地方政府，环境整治的决心广泛传递到普通群众。

2021 年的经济类联考的论说文真题就考到了"可持续发展"，可见，"环保"这个母题也是十分重要的。

2. 解题思路

近年来，从秦岭违建别墅破坏生态到浙江千岛湖违规填湖，从新疆卡拉麦里保护区"缩水"给煤矿让路再到宁夏某企业向腾格里沙漠排污，种种为了利益而视环境于不顾的事件屡见不鲜。该母题可使用现象分析式进行解题。

3. 结构导图

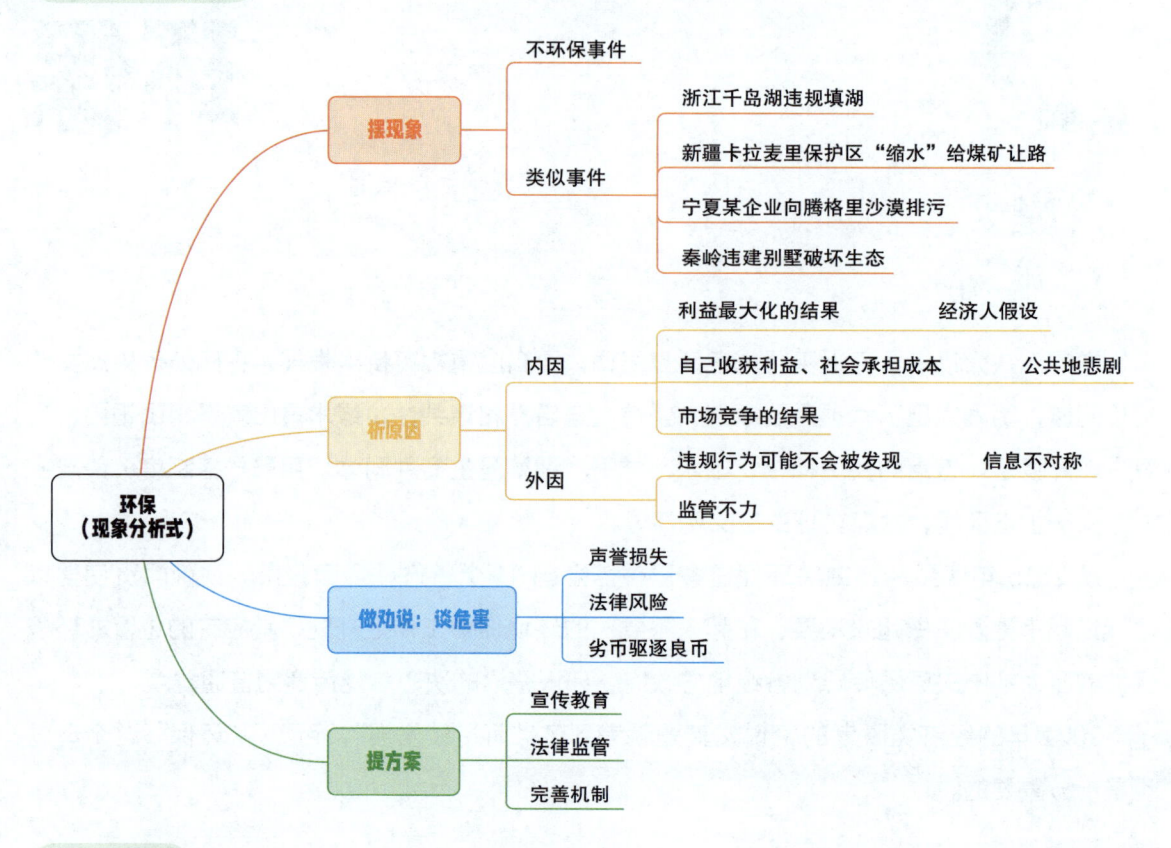

环保（现象分析式）
- 摆现象
  - 不环保事件
  - 类似事件
    - 浙江千岛湖违规填湖
    - 新疆卡拉麦里保护区"缩水"给煤矿让路
    - 宁夏某企业向腾格里沙漠排污
    - 秦岭违建别墅破坏生态
- 析原因
  - 内因
    - 利益最大化的结果 —— 经济人假设
    - 自己收获利益、社会承担成本 —— 公共地悲剧
    - 市场竞争的结果
  - 外因
    - 违规行为可能不会被发现 —— 信息不对称
    - 监管不力
- 做劝说：谈危害
  - 声誉损失
  - 法律风险
  - 劣币驱逐良币
- 提方案
  - 宣传教育
  - 法律监管
  - 完善机制

4. 母段

结构	段落	母理或要点
摆现象	破坏环境的事件并不鲜见。从秦岭违建别墅破坏生态到浙江千岛湖违规填湖，从新疆卡拉麦里保护区"缩水"给煤矿让路，再到宁夏某企业向腾格里沙漠排污，无一不破坏着我们的"金山银山"。	事例
	环境污染并不鲜见。比如中国最大的淡水湖鄱阳湖，本应予以保护，可近年却出现了"围湖造田、围湖造城、围湖造地"的"三围"现象，使鄱阳湖面积急剧缩小；再比如我国西北地区，过度放牧导致草原质量下降，甚至造成草原荒漠化，沙漠面积扩大。	事例
析原因	环境污染问题屡禁不绝，原因不难理解。对企业而言，处理废水、废气、废渣、废料都需要付出极大的成本，直接排放，就可以把这部分成本省下来，变成利润。因此，企业有排放污水废气的天然动机。	内因：经济人假设

5 环保

结构	段落	母理或要点
析原因	环境污染问题屡禁不绝，原因不难理解。尤其是对企业而言，在环保方面节省一些成本，就能获得更多的利润，但偷排乱放所造成的污染，却不用企业来治理，而是由全社会买单。利益获取方与成本承担方的责任不对等，就极易产生道德风险。最终造成"公共地悲剧"。	内因： 公共地悲剧
	很多企业排斥绿色经营，这是为何？因为绿色经营、低碳环保需要付出更高的成本。在一个完全竞争的市场上，企业是价格的接受者而不是制定者，低碳环保的企业反而会由于成本问题在竞争中处于价格劣势。这就让很多企业产生了环境污染与破坏的天然动机。	内因： 市场竞争的结果
	信息不对称的存在也是违规行为出现的诱因之一。企业大量消耗资源、偷排"红汤黄水"的违法行为，消费者并不知情，而低碳环保的良心企业，消费者也未必能了解。如此一来，极易形成劣币驱逐良币的逆向淘汰局面。	外因： 信息不对称
	法律监管不力也是一些违规行为出现的原因之一。一方面，我国对环境保护方面的立法和执法尚在完善阶段，有一些细微之处的不足难以避免；另一方面，一些地方政府为了经济发展，为了GDP数据好看，对一些企业破坏环境的行为视而不见，放任一些企业违法违规。	外因： 监管不力
做劝说	这些破坏环境之举，往往会给当事企业带来严重的后果。一方面，随着互联网的快速发展，不良事件的曝光率直线提高，偷排乱放的企业已经很难不被发现；另一方面，随着我国法律法规的不断健全，企业破坏环境的不良行为逃脱法网的可能性也越来越小，极易受到法律的严惩。	谈危害： 声誉损失 法律风险
	这些破坏环境之举，往往会带来严重的后果。如果"散乱污"企业以低成本获得了更多的竞争优势，用"竭泽而渔"的手段获得了更多的利益，而兢兢业业保护环境的企业却无利可图，成了傻子吃了亏，那么就会造成"劣币驱逐良币"的恶果，"青山绿水"就成了空谈。	谈危害： 劣币驱逐良币
提方案	法律监管不可能面面俱到，也不可能监督到每个人的所有行为。通过宣传教育，让大家由不愿到甘愿、由自发到自觉地成为环保卫士，逐渐形成文化和风气，人人参与，创建绿色家园。	宣传教育

结构	段落	母理或要点
提方案	政府要健全法律监督体系，让践行环保者得甜头，让违法乱纪者吃苦头。尤其是对于那些屡教不改者，要重拳出击，当罚则罚，当关则关。	法律监管
	对破坏生态环境、大量消耗资源的企业，绝不能心慈手软，即使是有需求的产能也要关停，特别是群众意见很大的污染产能、偷排"红汤黄水"的违法企业，更要坚决"一锅端"。	
	解决人民群众反映强烈的环境污染和生态破坏问题。只有坚持露头就打、打早打小，一抓到底，不彻底解决绝不松手，才能让制度成为刚性的约束和不可触碰的高压线，确保生态文明建设决策部署落地生根见效。	
	治理污染问题，完善机制是关键。一是要继续完善环境影响评价准入机制，重污染企业拿不到准入许可，就能从源头上减少污染；二是加快新旧动能转换，尽快淘汰高污染的落后产能，坚持走环境友好的发展之路。	完善机制

5. 母题应用

（1）守护绿水青山

论说文：根据下述材料，写一篇700字左右的论说文，题目自拟。

随着近几年的宣传，"绿水青山就是金山银山"的环保理念已经逐渐深入人心。但也不难发现，仍有一些人、一些企业，没有把环保践行到实处，偷排乱放、污染环境的新闻仍不时见于报端。

参考范文

守护绿水青山要"软""硬"兼施

吕建刚

引材料+论点句

经过多年宣传，"绿水青山就是金山银山"的环保理念已经人尽皆知。但在践行这一理念时，仍有一些人说起来头头是道，做起来缩头缩脑。我认为，保护绿水青山要"软""硬"兼施。

5 环保

保护"绿水青山"困难重重，这是因为很多人认为环保与我无关。他们认为，"我"仅仅是社会的一分子、十几亿分之一，"我"一个人的行为对环境的影响不大，乱扔个垃圾、多开几天车，没什么大不了的。况且，"我"一个人践行环保又能怎么样呢？"我"又管不了别人，别人污染了环境，"我"一样和他们一起呼吸雾霾，这就是==责任分散效应==所带来的危害。正是一个又一个这样的"我"的不当行为，给环境带来了更大的压力。

另外一方面，逐利是所有企业的天然动机。而保护"绿水青山"看起来并不符合这一动机——不论是治理污水、废气，还是改进工艺、减少排放，都需要花钱来解决，这意味着企业需要付出更高的成本，但保护环境的好处却是大家的，这就导致了==公共地悲剧==的发生。因此，有些企业想不通、想不开，于是就有了"白天轻烟随风偏、夜里黑烟直冲天""遇到检查遵纪守法，检查过了乱排乱放"等不良现象。

所以，保护绿水青山"软""硬"兼施非常重要。
"软"是指宣传教育。法律监管不可能面面俱到，也很不可能监督到每个人的所有行为，尤其是对于乱扔垃圾这样的"小事"，靠外力解决事倍功半。通过宣传教育，让大家由不愿到甘愿、由自发到自觉地成为环保卫士，逐渐形成文化和风气，人人参与，创建绿色家园。
"硬"是指法规监管。健全法律监督体系，让践行环保者得甜头，让违规排放者吃苦头。尤其是对于那些屡教不改的污染大户，要重拳出击，当罚则罚，当关则关，不能因为这些企业对地方经济有一定的贡献就听之任之，只有这样才能守住咱们的"绿水青山"。

习近平总书记说："绿水青山就是金山银山，宁要绿水青山不要金山银山"。守护绿水青山，"软""硬"兼施必不可少。

------ 全文共 764 字

析原因
责任分散效应： 在现场旁观者的数量影响着突发事件中社会反应的可能性。当旁观者的数量增加时，任何一个旁观者提供帮助的可能性减少了，即使他们采取反应，反应的时间也延长了。

析原因
逐利的动机让企业不愿意治理污染
公共地悲剧： 有限的资源因为被自由使用和缺少受限要求而被过度剥削。因为人的趋利性，每一个人都希望从免费的资源里获得更多，最终导致公共物品的过度使用或消失，进而损害所有人的利益。

提方案
① 软：宣传教育
② 硬：法规监管

两句结尾
引用句 + 总结句

（2）习主席在领导人气候峰会的重要论述

论说文：根据下述材料，写一篇 700 字左右的论说文，题目自拟。

习近平在"领导人气候峰会"上提出："保护生态环境，不能头痛医头、脚痛医脚。我们要按照生态系统的内在规律，统筹考虑自然生态各要素，从而达到增强生态系统循环能力、维护生态平衡的目标。"

📖 参考范文

保护环境应标本兼治

老吕团队　张英俊

引材料+提出论点

生态环境没有替代品，用之不觉，失之难存。面对目前生态环境中出现的问题，我们不能"头痛医头"，应标本兼治。

摆现象

近年来，我国大力加强生态环境保护，生态环境质量已得到明显改善。然而，在环境保护的过程中，也存在一些问题。比如，某些地区单纯"治标"，甚至有部分地区存在着"虚假整改"的"形式主义现象"：面对环保部门的突击检查，有的地区调水冲污，美其名曰"生态调水"；有的地区在河道里应急加药，直接把河道当成污水处理厂；更有甚者，直接对黑臭河进行加盖，眼不见心不烦。

析原因
① 节能减排成本高
② 不良官员追求虚假政绩

这些现象之所以出现，原因不难理解。一方面，对污染企业来说，节能减排、绿色经营是需要付出极大成本的，与企业追求利润的天性有冲突；另一方面，少数不良官员为了快速在环境治理上出政绩，"治理面子、不治里子"，甚至不惜弄虚作假。

谈危害
公共地悲剧

然而，这些"头痛医头"的敷衍措施，难以长久奏效。只顾末端不顾源头，污染还会源源不断产生。如果环境治理只做表面功夫，"遇到检查遵纪守法，检查过了偷排乱放，解决问题敷衍了事"，最终的结果只能是形成"公共地悲剧"，损害全人类的共同利益。

可见，想要打好环境保护的攻坚战，需要政府与企业协同用力。
一方面，企业要树立可持续发展意识。自觉把"生态优先，绿色发展"

的理念贯穿到经营活动中，扎扎实实地优化产业结构、调整能源结构，从根本上改善和保护环境。

　　另一方面，政府要继续完善法律监督体系。让践行环保者得甜头，让违法乱纪者吃苦头，对于破坏生态环境、偷排"红汤黄水"的企业，绝不能心慈手软，要坚决"一锅端"。只有打在污染防治的"七寸"，才能从根源上解决问题，真正地保护好生态环境。

　　总之，保护环境应该由表及里，标本兼治。

全文共 683 字

提方案

① 企业：树立可持续发展意识
② 政府：完善法律法规

总结全文

母题 6 知识产权

1. 命题方向

习近平总书记强调:"要加大知识产权保护执法力度,完善知识产权服务体系。"知识产权,也称"知识所属权",是人类在社会实践中创造的智力劳动成果的专有权利,是社会财富的重要来源。拥有自主知识产权的技术成果的多寡,反映着一个企业和国家综合实力的强弱。

改革开放以来,我国知识产权保护水平不断提高、知识产权事业不断发展,知识产权法规制度体系和保护体系不断健全、保护力度不断加强,越来越多的企业开始重视知识产权保护。

但与此同时,知识产权保护也面临一些挑战、存在一些不足。例如,知识产权领域仍存在"侵权易、维权难"的现象;随着新技术、新业态蓬勃发展,知识产权侵权违法行为呈现新型化、复杂化等特点;知识产权仍然存在"大而不强、多而不优"等质量问题……这都说明,知识产权保护在为高质量发展保驾护航的同时,也需要随着经济转型升级在动态调整中不断发展、完善。

2. 解题思路

如果材料中出现和知识产权保护相关的反面现象,就可以采用"现象分析式"结构来写文章,即:先摆出现象,举2~3个知识产权纠纷的例子;再分析原因,通过"内因"与"外因"两个方面分析知识产权侵权乱象频发的原因;之后做劝说,论述侵犯知识产权有什么恶果、保护知识产权会产生什么效益;最后给出建议、提出方案。

当然,"知识产权"这个母题也可以使用"利大于弊式"结构。

3. 结构导图

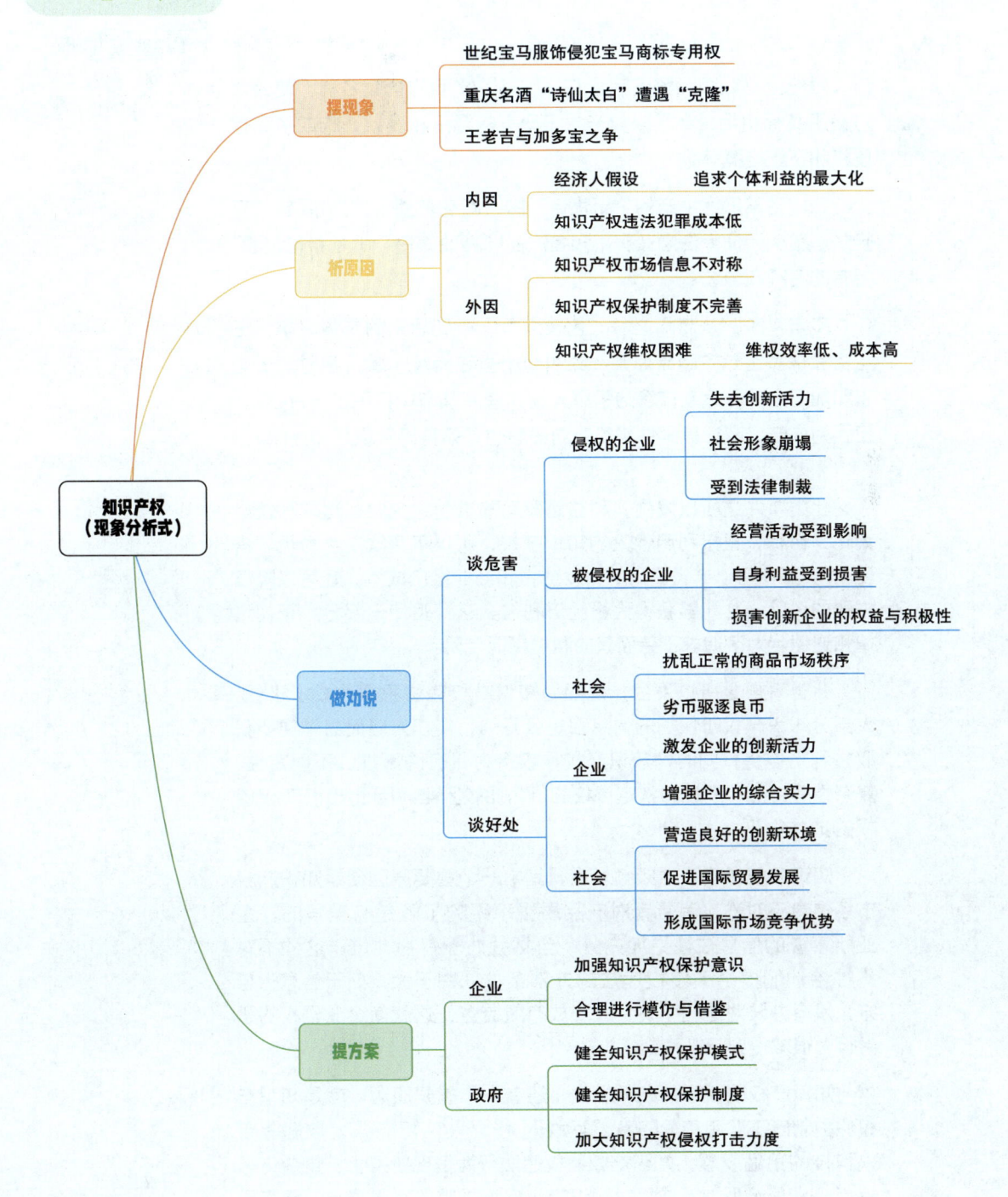

知识产权（现象分析式）

- **摆现象**
  - 世纪宝马服饰侵犯宝马商标专用权
  - 重庆名酒"诗仙太白"遭遇"克隆"
  - 王老吉与加多宝之争

- **析原因**
  - 内因
    - 经济人假设　　追求个体利益的最大化
    - 知识产权违法犯罪成本低
  - 外因
    - 知识产权市场信息不对称
    - 知识产权保护制度不完善
    - 知识产权维权困难　　维权效率低、成本高

- **做劝说**
  - 谈危害
    - 侵权的企业
      - 失去创新活力
      - 社会形象崩塌
      - 受到法律制裁
    - 被侵权的企业
      - 经营活动受到影响
      - 自身利益受到损害
      - 损害创新企业的权益与积极性
    - 社会
      - 扰乱正常的商品市场秩序
      - 劣币驱逐良币
  - 谈好处
    - 企业
      - 激发企业的创新活力
      - 增强企业的综合实力
    - 社会
      - 营造良好的创新环境
      - 促进国际贸易发展
      - 形成国际市场竞争优势

- **提方案**
  - 企业
    - 加强知识产权保护意识
    - 合理进行模仿与借鉴
  - 政府
    - 健全知识产权保护模式
    - 健全知识产权保护制度
    - 加大知识产权侵权打击力度

4. 母段

结构	段落	母理或要点
摆现象	世纪宝马公司频繁使用含有"宝马"文字的企业名称，使公众对使用商标和相关商品来源产生了严重的混淆和误认，构成了商标侵权和不正当竞争。	事例
	四川省某厂家生产的"新优诗"牌"新花瓷酒"的外包装，"克隆"了重庆诗仙太白酒业旗下知名产品"诗仙太白"牌"新花瓷酒"特有的名称和包装。	
	多年以来，从商标之争、包装之争，再到后来的广告之争，王老吉和加多宝这"两罐凉茶"的纠纷一直在持续。曾几何时，王老吉和加多宝都是凉茶市场的领军人物，在凉茶市场打下了一片江山，但因为广告、商标等案件纠纷，到最后也是落得两败俱伤的结果。	
析原因	此类事件之所以发生，利益是背后的推手。企业以追求利益最大化为目标，直接利用他人的知识产权，可以不费吹灰之力地"搭便车"，不仅可以节省高昂的研发成本和商业推广成本，还可以降低失败的风险，并能够获得大量经济利益。这就驱使一部分人无视法律和道德，为了追求不劳而获的利益铤而走险。	内因（1）：经济人假设
	此类事件之所以发生，是因为知识产权违法犯罪的成本极低。大部分知识产权所保护的信息都是公开的，侵权人轻而易举便能获取并利用信息；同时，知识产权侵权行为具有隐蔽性、不确定性、复杂性等特点，发现和认定侵权的行为比较困难，因此知识产权侵权的成本很低。	内因（2）：侵权成本低
	知识产权侵权事件频频发生，其中一个重要原因便是知识产权市场信息不对称。消费者对产品质量水平的了解是有差异的，企业所掌握的信息往往更加充分，自然就处于有利地位，这种不对称性给他们提供了侵权违法的外部条件。由于大众处于信息劣势方，没有办法对这些不良企业形成有效监督，这就使企业侵权的恶劣行为很难得到曝光和制裁。	外因（1）：信息不对称
	知识产权侵权事件频频发生，还有一个重要原因，就是知识产权保护制度不够完善。随着"互联网+"、人工智能、大数据等新兴科技的迅猛发展，知识产权侵权违法行为呈现新型化、复杂化等特点，大量新型创新成果对知识产权保护规则的完善提出了更高要求。与此同时，面对新业态、新产品、新商业模式的不断涌现，知识产权行政执法标准和裁判标准依然不够健全和统一，知识产权保护制度的更新，仍然跟不上新型知识产权发展的步伐。	外因（2）：制度不完善

6 知识产权

结构	段落	母理或要点
析原因	侵权易、维权难，是知识产权侵权乱象频发的主要因素之一。由于知识产权具有无形性、可复制性等特点，所以，与侵害有形财产权相比，权利人维护知识产权时需要付出更多调查取证、法律服务等成本，产生"举证难、周期长、成本高"等问题，无疑增大了企业在维权时的难度，也给无良无德的侵权企业提供了逃避法律责任的空隙和便利。	外因（3）：维权困难
做劝说	企业侵权的恶劣行为，往往会产生严重的后果。随着互联网技术的快速发展，信息传递的速度越来越快，信息不对称现象有所缓解。因此，试图通过抄袭、冒用他人智力成果而获利的企业已经很难不被发现，而这些行为一旦被曝光，企业不仅会面临巨额赔偿，还会直接导致社会形象崩塌。	谈危害（1）：导致侵权企业形象受损
	企业侵犯他人知识产权，会导致创新活力降低。若企业一味通过侵犯知识产权获得收益，沉浸在短期的既得利益之中，习惯了抄袭、冒用，就极易产生"路径依赖"，丧失创新的意愿和能力，也会变得愈发急功近利。	谈危害（2）：导致侵权企业创新活力降低
	企业侵权的恶劣行为，迟早会受到法律制裁。网络时代，信息透明度逐渐提高，法律法规也愈发健全，企业投机取巧、侵权冒用的恶劣行为被曝光的可能性极大，所受到的处罚也必将更为严格，终将导致消费者的唾弃和法律的制裁。	谈危害（3）：导致侵权企业受到法律制裁
	知识产权被侵害，会导致企业的经营活动受到影响。发现自己的知识产权受到侵害后，企业的研发、创新进度都可能会暂时中断，产品的宣传、销售计划等相关经营活动也可能会发生变化，这会对企业拓展产品市场产生不利影响。	谈危害（4）：导致被侵权企业经营活动受到影响
	知识产权被侵害，会导致企业的利益受到损害。一方面，在发生知识产权侵害后，企业有可能出现信誉受损、客户流失等问题；另一方面，企业需要拿出大量的人力、物力和财力应对侵权的事件，投入大量成本用于诉讼工作的开展，而这些成本都是无法预估的，这势必会导致企业利益受到损害。	谈危害（5）：导致被侵权企业利益受损
	屡见不鲜的知识产权侵权乱象，严重打击了企业的创新积极性。不法分子盗用他人的智力成果并获取利益，会导致企业创新成果被"侵蚀"，不仅无法得到预期回报，还会让竞争对手取得额外收益，最终造成知识产权所有者无法实现利益最大化，这会极大地损害企业的创新积极性。	谈危害（6）：导致被侵权企业创新积极性降低

结构	段落	母理或要点
	企业侵权乱象丛生，会扰乱正常的商品市场秩序。许多侵权企业，本身并没有过硬的实力，只想着蹭热度、搭便车，先以低成本进行复制生产，再通过低价格形成竞争优势。而由于市场信息是不对称的，面对良莠不齐的产品，大众对其质量、水平知晓度低，侵权企业的恶劣行径未必会被消费者发现。如此一来，正规厂家的产品滞销、利益受损，侵权企业却能通过误导消费者获取不菲收益，这势必会影响正常的商品市场秩序，导致市场秩序紊乱。	谈危害（7）：扰乱正常的市场秩序（社会）
	如果我们对企业侵权的行为置之不理，将会产生严重的后果。这些不良企业的违法成本低，收益却很高，难免让长久以来坚持创新、合规守法的企业心生动摇，并且引得抄袭、侵权者前仆后继。如果这种行为没有得到有效地制止，那么，长此以往，此种行为极易形成风气，最终导致"劣币驱逐良币"的后果。	谈危害（8）：劣币驱逐良币（社会）
	保护知识产权，有利于调动激发企业的创新活力。知识产权保护制度，可以有效地保护企业在科技、文化等领域的智力成果。只有对这些智力成果及合法权利给予及时全面的保护，才能调动企业的创新主动性，促进社会资源的优化配置。	谈好处（1）：激发企业创新活力
做劝说	保护知识产权，可以增强企业的综合实力。知识经济时代下，企业的核心竞争力已经由"技术"转变为"技术 + 知识产权"，企业拥有多少知识资源和知识成果，直接反映了企业的经济实力和潜力。通过加强知识产权保护，企业既可以独享知识产权带来的市场效益，又能够规避侵权和知识产权流失的风险，从而保证了企业的经营安全、增强了企业的综合实力。	谈好处（2）：增强企业综合实力
	保护知识产权，可以营造良好的创新环境。近年来，科技创新日新月异，知识产权保护已然成为创新驱动发展的"刚需"，保护知识产权就是保护创新。通过加大知识产权的保护力度，可以持续优化创新环境和营商环境，让创新创造的源泉竞相涌流。	谈好处（3）：营造良好的创新环境
	保护知识产权，可以促进国际贸易的发展。近年来，中国经济对外贸的依存度大大提高，频频爆发的国际贸易摩擦对中国极为不利，而这些摩擦产生的原因与知识产权密不可分。中国在自主知识产权方面薄弱、缺乏有竞争力的品牌，相当一部分出口产品获利极低，利润中大部分被知识产权所有者获得。因此，保护知识产权、发展知识产权，对缓解国际贸易摩擦、促进国际贸易发展有积极作用。	谈好处（4）：促进国际贸易发展

6 知识产权

结构	段落	母理或要点
做劝说	保护知识产权，可以形成国际市场的竞争优势。知识产权是国际竞争力的核心要素，也是国际争端的焦点。通过深度参与世界知识产权组织框架下的全球知识产权治理、利用知识产权保护制度开展国际合作和竞争，可以向世界讲好中国知识产权故事，向世界展示文明大国、负责任大国形象，从而提升我国的国际创新力和竞争力。	谈好处（5）：形成国际市场竞争优势
提方案	企业要增强知识产权保护意识。首先，企业在经营、贸易的过程中，要做好专利、商标、版权等知识成果的注册申请和保护措施；其次，要加强对企业员工的知识产权培训，使其尽快熟悉和掌握专利法、商标法等知识产权法律，增强其知识产权保护意识。	被侵权企业：增强知识产权保护意识
	保护知识产权，并不是彻底的不模仿、完全的不借鉴。目前，中国企业的技术水平普遍不高，企业可以充分地利用"合法仿制"，在模仿和借鉴基础上进行创新，并把它作为学习、掌握先进技术的一个重要环节，不能因噎废食，由于担心侵犯知识产权就放弃合理的模仿和借鉴。	侵权企业：合理进行模仿与借鉴
	政府要探索知识产权的保护模式。在"既严格保护，又鼓励创新"的大原则下，政府要不断探索新型知识产权保护模式，对于看得准的新生事物，要有针对性地定制知识产权保护策略；对于潜在风险大、社会风险高的领域，要严格知识产权保护和监管，消除风险隐患。	政府：探索知识产权保护模式
	除了依靠企业自身自律外，政府也需制定严格健全的法律制度来进行监管。政府要完善知识产权创新保护的法律制度，细化和完善知识产权创造、使用、交易的保护规则，建立知识产权案件的统一审理标准，为推动创新和促进知识成果市场化提供有力保障。	政府：健全知识产权保护制度
	监管部门要加大对知识产权侵权行为的打击力度。相关部门要充分利用大数据、云计算、物流网等先进技术手段，提升对知识产权侵权行为打击的精准性，降低知识产权保护成本，提高知识产权保护效率，拓宽知识产权侵权维权途径，突破知识产权维权瓶颈。只有侵权成本大于收益时，企业才能失去侵权违法的动机。	政府：加大知识产权侵权打击力度

5. 母题应用

（1）保护知识产权

论说文：根据下述材料，写一篇700字左右的论说文，题目自拟。

习近平总书记在主持中央政治局第二十五次集体学习时指出："保护知识产权就是保护创新。"对于这句话，你如何理解？

参考范文

保护知识产权势在必行

吕建刚

引材料+点明主题

习近平总书记在主持中央政治局第二十五次集体学习时指出："保护知识产权就是保护创新"。在知识经济时代，保护知识产权尤为重要。

摆现象

当今社会，侵犯他人知识产权的案例并不鲜见。无论学术界的抄袭剽窃，还是商业界的假冒伪劣，抑或是科技界的专利侵权，其实都是对他人知识产权的侵犯。

析原因
经济人假设
① 成本低
② 收益高
③ 处罚力度不够

这些现象之所以发生，利益是背后的推手。一方面，研发创新成本高、风险大，但通过抄袭、仿冒、仿制，就可以直接窃取他人的劳动成果，既不用投入研发成本，还能迅速取得收益；另一方面，前些年我们国家对知识产权的保护力度不够，侵权方面的处罚并不严重。违规收益明显大于违规成本，当然会有人乐此不疲。

谈危害
劣币驱逐良币

这些侵权行为的后果十分严重。这是因为，知识产权归底结底是一种收益独占权。我费心费力出版了著作、创建了品牌、发明了专利，是为了享有这些著作、品牌、专利的收益权，如果这样的收益权得不到保证，我就失去了创作研发的动力。如果侵权者反而能轻轻松松就赚取了收益，问题就会雪上加霜，最终形成**劣币驱逐良币**的后果。

可见，保护知识产权势在必行。具体手法上，有以下三个方面：

其一，要做好市场引导。一方面要让真正创新的企业有利可图；另一方面要继续完善知识产权的转化平台，让个人创新者也有一个知识产权转化的路径。这样一来，创新者就能有足够的回报和动力，正如林肯所说："专利制度就是给天才之火，浇上利益之油。"

其二，要提升知识产权领域的公共服务水平。搭建好知识产权应用的公共服务平台，优化知识产权的申报、审查流程和审查质量。

其三，要继续完善保护知识产权的法律法规。加强知识产权领域的执法力度，让创新者有一个坚实的后盾。

提方案
① 做好市场引导
② 提升公共服务水平
③ 完善法律法规

总之，现代竞争的关键是创新，而创新的基础是保护知识产权。保护知识产权，势在必行。

总结全文

------------------- 全文共 707 字

（2） 五粮液等企业山寨自己

论说文：根据下述材料，写一篇 700 字左右的论说文，题目自拟。

你能想象吗？五粮液集团有限公司共计注册了 2 702 个商标，除了"五粮液"之外，它还申请了"六粮液""七粮液""八粮液"，甚至还冠之以不同的姓氏，比如"邓粮液""周粮液""宋粮液"，等等。对此，有网友开玩笑说，能打败五粮液的，或许就只有传说中的"一千零一液"了！

参考范文

蹭名牌乱象应遏制

吕建刚　花爷

五粮液集团疯狂注册"六粮液""七粮液""八粮液"等商标的行为，看似荒诞，实则是保护自身品牌的无奈之举。这一事件告诉我们，对于种种蹭名牌的乱象，应该予以遏制。

引材料＋点明主题

47

摆现象

近年来，蹭名牌乱象并不鲜见。从前几年的"雷碧""康帅傅""粤利粤"等令人啼笑皆非的山寨现象，到最近的"小米卫浴"事件，蹭名牌的手段越来越高级，也越来越隐蔽。

析原因
经济人假设
① 搭便车有收益
② 侵权行为隐蔽性高
③ 被侵权者维权难
（举证难、周期长、成本高）

这些乱象之所以发生，利益是背后的推手。一方面，新创一个品牌难度高、成本大，难以在短时间内得到消费者的认可，但搭上名牌的便车、甚至直接仿冒名牌企业的产品，就能起到事半功倍的效果。另一方面，蹭名牌现象不易被发现，即使被发现，也存在"举证难、周期长、成本高"等问题，增大了名牌企业的维权难度，这就给无良的侵权企业提供了逃避法律责任的空隙和便利。

做劝说
谈危害
① 损害企业的权益与积极性

品牌效应：
由品牌为企业带来的效应，它是商业社会中企业价值的延续，在当前品牌先导商业模式中，意味着商品定位、经营模式、消费族群和利润回报。

② 劣币驱逐良币

这些侵权行为的后果十分严重。这是因为，品牌方拥有的商标权，其实也是一种收益独占权。我费心费力创建了品牌、维护声誉，就是为了享受这一品牌给我带来的品牌效应、收益能力。如果这样的收益权得不到保证，我就失去了创建品牌的动力。如果侵权者反而能轻轻松松就赚取了收益，问题就会雪上加霜，最终造成劣币驱逐良币的后果。

提方案
① 发展和完善知识产权保护制度
② 提升与商标权有关的公共服务水平

可见，蹭名牌乱象应予以遏制。具体措施上，有以下两个方面：

其一，继续发展和完善知识产权保护制度。不仅要保护专利权、著作权，也要保护好商标权。加强对侵犯商标权的行为的处罚力度，让侵权者的违法成本远高于违法收益，从而让其不再产生侵权的动机。

其二，继续提升与商标权有关的公共服务水平。与名牌相似度较高的商标申请，应予以驳回，从而减少搭名牌便车的行为。

总结全文

总之，我国要走高质量发展之路，需要高质量的品牌，这就要保护好企业的商标权，蹭名牌的乱象应该予以制止。

全文共 **699** 字

母题 7 核心技术

1. 命题方向

近年来，我国科技创新能力显著提升。作为世界第二大研发投入国和知识产出国，我国综合创新能力持续攀升，一些前沿领域开始进入"并跑""领跑"阶段，成为具有重要影响力的科技大国。然而，应当清醒地看到，我们还称不上科技强国，关键领域的核心技术受制于人的局面没有从根本上改变。关键领域的"核心技术"是国之重器，值得引起我们的注意。

2. 解题思路

如果把企业比作一座房子，那么核心技术就是企业的地基，企业若没有研发出属于自己的核心技术，只能依赖他人的技术做发展，就像在别人的墙基上砌房子，再大再漂亮也可能经不起风雨，甚至会不堪一击。但市场上真正拥有属于自己的核心技术的企业仍是少数，仍有很多企业不想、不能、不敢做技术研发。分析这类现象时可以使用"现象分析式"的结构，即通过"摆现象—析原因—做劝说—提方案"的思路解题。

当然，使用"利大于弊式"的结构也非常好。即，"拥有核心技术有好处——当然有困难——困难能克服"。

需要注意的是，"核心技术"与"创新""知识产权"之间有互通之处，要注意母题之间的融会贯通。

3. 结构导图

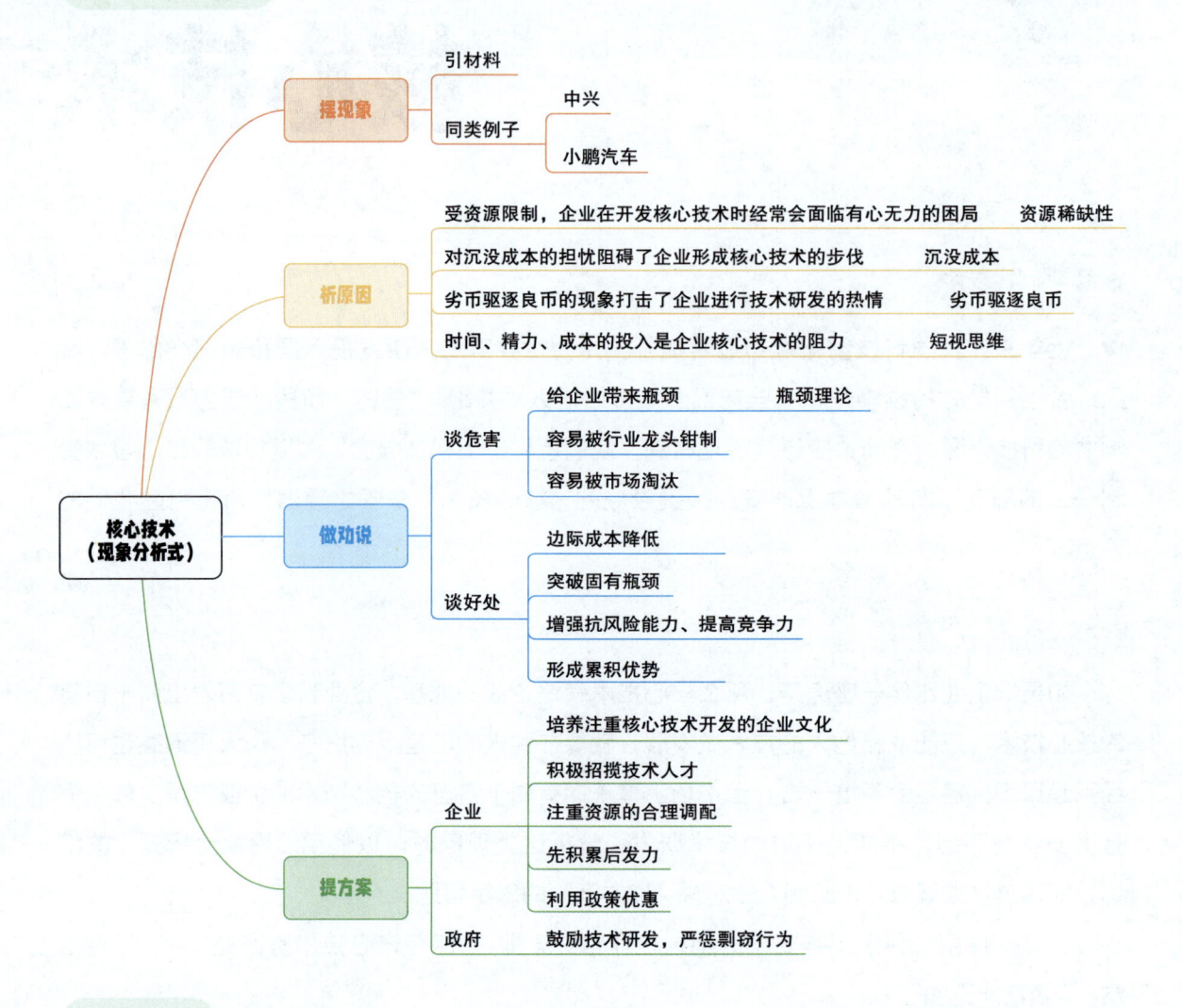

核心技术（现象分析式）

- **摆现象**
  - 引材料
  - 同类例子
    - 中兴
    - 小鹏汽车

- **析原因**
  - 受资源限制，企业在开发核心技术时经常会面临有心无力的困局 —— 资源稀缺性
  - 对沉没成本的担忧阻碍了企业形成核心技术的步伐 —— 沉没成本
  - 劣币驱逐良币的现象打击了企业进行技术研发的热情 —— 劣币驱逐良币
  - 时间、精力、成本的投入是企业核心技术的阻力 —— 短视思维

- **做劝说**
  - 谈危害
    - 给企业带来瓶颈 —— 瓶颈理论
    - 容易被行业龙头钳制
    - 容易被市场淘汰
  - 谈好处
    - 边际成本降低
    - 突破固有瓶颈
    - 增强抗风险能力、提高竞争力
    - 形成累积优势

- **提方案**
  - 企业
    - 培养注重核心技术开发的企业文化
    - 积极招揽技术人才
    - 注重资源的合理调配
    - 先积累后发力
    - 利用政策优惠
  - 政府
    - 鼓励技术研发，严惩剽窃行为

4. 母段

结构	段落	母理或要点
摆现象	中兴通讯由于缺乏对核心技术的掌握，在面临美国对其的打压时，经营受损导致公司运营休克；反观华为，它注重探索研发，建立有效的技术创新机制，不断提高自身技术创新能力，在美国不断打压之下，仍然保持着自己在 5G 核心技术上的竞争力。	事例
	小鹏汽车从创立至今，一直"死磕"核心技术的研发，终在征伐激烈的智能电动车格局中，拔得香港上市头筹。	

7 核心技术

结构	段落	母理或要点
析原因	受资源限制，企业在开发核心技术时经常会面临有心无力的困局。想要完成一项核心技术的开发，需要资本、技术与人才持久地注入企业，而很多企业在面对这种旷日持久的付出时往往难以为继，在和实力雄厚的行业龙头竞争稀缺的高技术人才时也时常败落。缺乏资源输入，企业在形成核心技术时难免会力不从心。	资源稀缺性
	对沉没成本的担忧阻碍了企业形成核心技术的步伐。形成一项核心技术需要大量人力、物力、财力的投入，但这种投入的预期并不确定，创新的结果也未必尽如人意。一旦开发失败，之前的投入可能都会成为沉没成本，而"赌徒心理"的存在，往往会诱使企业继续投入拒绝止损，进而造成难以挽回的损失。	沉没成本
	劣币驱逐良币的现象打击了企业进行技术研发的热情。企业倾囊投入方才得到的成果，或被抄袭，或被模仿，被没有投入的企业"搭便车"共享，本应收获的市场份额被跟风者挤占，甚至还会被处于信息劣势方的消费者误认为"价高物廉"，久而久之这样的"亏本买卖"谁还愿意做呢？	劣币驱逐良币
	时间、精力、成本的投入是企业核心技术的阻力。短期的投入，容易做到，但若是需要漫长不可期的打磨，将会相当困难。另外，许多企业往往想要得到"立竿见影"的效益，这种短视思维让他们抄了"近道"。既然"马虎了事"就能收获颇丰，何苦去做些"无用"的坚持？	短视思维
做劝说	企业若一味模仿而拒绝进行核心技术的开发，将会给自己带来瓶颈。在企业发展初期，通过模仿和借鉴降低学习成本，尽快追上行业领头羊的确是一种理性的选择。但企业若只知"复制粘贴"不懂"新建文件"，将会加剧市场产品的同质化，企业甚至会为了卖出产品而陷入价格战的漩涡。	谈危害：瓶颈理论
	企业不主动研发核心技术，很容易被行业龙头钳制。一些企业之所以能够成为行业龙头，不仅是因为拥有雄厚的财力、物力、人力，还因为其核心技术为自己筑起了一层技术壁垒，不断巩固着已有的竞争地位。而缺乏核心技术支持的企业通常会因为缺少这层壁垒而失去竞争优势，被行业龙头钳制。	谈危害：被行业龙头钳制
	企业放弃技术开发选择跟随战略，看似在短期内得了"小利"，但从长期来看却吃了"大亏"。企业在短期内虽然可以通过"搭便车"以较少的成本获利，但随着市场上同质化产品的增加，市场收益率也会随之减少，空有外壳没有核心，企业后期很难逃脱被淘汰的命运。	谈危害：被市场淘汰

结构	段落	母理或要点
做劝说	核心技术之所以对企业特别有价值，一个原因是因为它往往可以降低企业的边际成本。核心技术可以是全新的产品功能、独特的工艺流程等等，这些都会推动企业生产效率的提高，从而降低企业的边际成本，提升企业的利润。	谈危害：边际成本降低
	核心技术能够帮助企业提高生产效率。任何一个企业都存在制约其发展的瓶颈，瓶颈的效率决定了企业整体的效率。核心技术的形成过程就是一个不断突破固有瓶颈、优化现有流程的过程，这一过程有利于形成"解决瓶颈—提升效率"的良性循环，促进企业的高速发展。	谈好处：突破固有瓶颈
	核心技术的形成能为企业筑起一层壁垒，这层壁垒不仅能让企业在市场上拥有立足之地，还能赋予其扩张"地盘"的能力。这是因为，产品外观可能会被抄袭，设计想法或许会被剽窃，但核心技术却具有不可复制性，这不仅能让企业与竞争者区别开来，还大大降低了被他人窃取劳动成果的可能性，从而在增强抗风险能力的同时，提高自身竞争力。	谈好处：增强抗风险能力、提高竞争力
	努力研发核心技术，能够让企业形成累积优势。这是因为，开发核心技术意味着大量金钱、时间和人力的投入，企业能够胜任这项工作代表其不仅具有进取精神，还拥有雄厚的实力，这就向市场发出了积极的信号，吸引着政府的支持、人才的加入以及资本的投资。这样就使得企业比别人先一步拥有更多资源，从而拥有更多的发展机会，并利用已有资源获得更多利益。	谈好处：形成累积优势
提方案	企业自身应当培养注重核心技术开发的企业文化。管理层不仅要有支持研发的态度，更要有支持研发的行动——注重企业内部沟通，广开言路，鼓励多元化思想的碰撞；技术开发成功时不吝惜奖赏，开发失败时有容错的雅量；同时保有对市场变化的敏锐度，机会来临时锐意进取，方向错误研发失败时也要有断尾自保的胆量。	企业：培养注重核心技术开发的企业文化
	核心技术的开发想要成功，离不开技术人才的倾力付出。因此，企业除了积极招揽能人贤士，还要为这些人才提供金钱、资源和平台的支持，给予这些"专家"足够的重视，决策时积极听取专家意见，方让"金刚钻"做出漂亮的"瓷器活儿"。	企业：积极招揽技术人才

结构	段落	母理或要点
提方案	除此之外，企业也要注重资源的合理调配。技术开发虽然重要，但也不能因此而忽略已成熟技术和产品的维持，正是这些"现金牛"为我们探新路提供了支持。因此，管理者应在管理实践中总结经验，形成适合企业自身的"资源调配比率"，既稳住企业根基，又不误新方向的探索。	企业：注重资源的合理调配
	中小企业想要进行核心技术的研发虽有困难，但并非不能解决。俗话说，"巧妇难为无米之炊"，中小企业应先专注于自身已有业务的发展，尽快形成"现金牛"产品，同时紧密关注行业发展趋势和消费者需求变动，为日后的技术开发做好资源积累和信息储存，厚积方能薄发。	企业：先积累后发力
	"好风凭借力，送我上青云"。企业也要懂得利用政策优惠，抓住政府提供的与其他平台进行合作的机会，申请国家提供的扶助资金，帮助完成核心技术的开发。	企业：利用政策优惠
	政府应当与企业打好配合。一方面，政府应当鼓励技术研发，吹起"政策东风"，为符合条件的企业提供更快捷的融资渠道；同时予以政府补助、税收减免等奖励；并出面为企业与高校、科研机构等牵线，促进社会合作，政府搭好台子，企业才好唱戏。另一方面，政府应当严惩剽窃行为，通过完善相关的法律法规加强对知识产权的保护力度，减少企业的后顾之忧，政府出面力挺，企业才好前进。	政府：鼓励技术研发，严惩剽窃行为

5. 母题应用

（1）中兴事件

论说文：根据下述材料，写一篇700字左右的论说文，题目自拟。

2017年以来，中国的国际竞争环境发生了重大变化。2017年3月8日，美国商务部以违反美国技术出口管制法律为由，宣布对中国中兴通讯股份有限公司处以巨额罚款，中兴通讯公司及其我国的有关产业遭受重创，这就是轰动一时的"中兴事件"。"中兴事件"发生后，关键核心技术受制于人的严酷现实震惊了中国各界。

参考范文

多在"核心技术"上下功夫

吕建刚

引材料+点明主题

中兴通讯由于缺乏对核心技术的掌握,在面临美国对其的打压时,经营受损导致公司运营休克。可见,企业要多在"核心技术"上下功夫。

析原因
① 资源稀缺性
② 担忧沉没成本

在商业实践中,很多企业往往不愿进行核心技术的开发,其原因有如下两点:

第一,资源的限制让企业在开发核心技术时有心无力。想要完成一项核心技术的开发,既需要资本和资源的投入,也需要人才的积累,而这又往往是企业所不具备的。

第二,对沉没成本的担忧阻碍了研发核心技术的步伐。形成一项核心技术需要大量人力、物力、财力的投入,但这种投入的预期并不确定,创新的结果也未必尽如人意。一旦开发失败,之前的投入可能都会成为沉没成本,造成无法挽回的损失。

做劝说
① 恶果吓唬:陷入发展困局。
② 利益诱惑:形成竞争优势。

技术壁垒:科学技术上的关卡,即指国家或地区政府对产品制定的(科学技术范畴内的)技术标准,如产品的规格、质量、技术指标等。

然而,如果企业不主动研发核心技术,就很容易陷入发展困局。因为随着市场经济的不断发展,产品的同质化竞争不可避免。而那些没有核心技术的企业,难以在产品和服务上产生创新,就会让这种同质化竞争雪上加霜。

而坚持核心技术的研发,可以让企业形成竞争优势。一方面,核心技术如果能形成优势,可以让企业建立技术壁垒。科技巨头苹果一直赚取超额利润,不就是因为其在核心技术上的领先优势吗?另一方面,对核心技术的研发也可以让企业形成积累优势。因为,在研发的过程中,可以完善创新机制、培养创新人才,进而为企业再次的技术进步积累资源。

提方案
① 政策支持
② 搭建平台

核心技术的开发想要成功,企业要尽心,政府也要出力。

一方面,政府应当鼓励技术研发,吹起"政策东风",为符合条件的企业提供更快捷的融资渠道，同时予以政府补助、税收减免等奖励；另一方面，政府也可以出面为企业与高校、科研机构等牵线，促进社会合作，政府搭好台子，企业才好唱戏。

总之，现代企业的竞争归根结底是核心技术的竞争，企业必须要在核心技术上多下功夫。 | 总结全文

------------------- 全文共 711 字

（2）**小家电的前行方向**

论说文：根据下述材料，写一篇 700 字左右的论说文，题目自拟。

在整体家电市场承压前行的当下，小家电市场增长迅猛，逆势崛起，养生壶、早餐机、加湿器等一众"小而美"的小家电成为人们提高生活品质的"好帮手"。然而，家电行业分析师刘步尘指出，近年来涌现出的小家电企业多为互联网营销带来的产物，虽然外表美观富有创意，但往往欠缺产品核心技术创新能力。这是小家电企业的通病，如果不尽快完成从营销型企业向科技型企业的转型，未来几年在愈发激烈的竞争环境下将可能被淘汰出局。

参考范文

关注核心技术，拔得竞争头筹

老吕团队　花爷

小家电市场的迅猛崛起虽然可喜，但核心技术的缺乏却为其日后的发展埋下了隐患。这启示我们，小家电企业若想在市场竞争中稳坐一处山头，须有核心技术为自己撑腰。 | 引材料+点明主题

从企业自身来看，受资源限制，其对核心技术的研发时常有心无力。核心技术的开发是一场持久战，需要资本、技术与人才不断注入企业，而小家电企业大多体量较小，在面对这种旷日持久的付出时往往难以为继。 | **内因**
资源稀缺性

从市场环境来看，劣币驱逐良币的现象打击了企业进行技术研发的热情。企业倾囊投入研发的产品，或被抄袭外观，或被剽窃想法，被 | **外因**
劣币驱逐良币
① 搭便车效应
② 信息不对称

"搭便车"的企业挤占市场份额，甚至还会被处于信息劣势方的消费者误认为"价高物廉"，有苦难诉。

谈危害
没核心技术的企业易被淘汰

但是，小家电企业应当意识到，不主动研发核心技术，就是将自己置身于危险之中。一旦大型家电企业进入小家电市场，其依托雄厚的研发实力和品牌知名度，很快就可以站稳脚跟。而小家电企业由于缺乏由核心技术筑起的技术壁垒，很难抵挡如此汹涌的攻势，往往只能面临被吞并、被淘汰的结局。

谈好处
建立技术壁垒
① 核心技术却具有不可复制性

而核心技术能为小家电企业筑起一层壁垒，不仅能让企业在市场上拥有立足之地，还能赋予其扩张地盘的能力。产品外观可能会被抄袭，设计想法或许会被剽窃，但核心技术却具有不可复制性，这不仅能让企业与竞争者区别开来，还大大降低了被他人窃取劳动成果的可能性，从而在增强抗风险能力的同时，提高自身竞争力。

提方案
① 企业：企业文化、实用新型专利布局、资源调配比率
② 政府：政策支持

核心技术的研发想要成功，需要企业与政府共同发力。一方面，小家电企业应培养注重核心技术开发的企业文化，注重实用新型专利的布局；同时应依照经验设置合理的资源调配比率，既要舍得投钱给研发，也要兼顾已有成熟业务的发展。另一方面，政府要吹起"政策东风"，为企业提供专项补助、融资便利与税收优惠，并加大对知识产权的保护力度，助企业一上青云。

两句结尾
引用句+总结句

"掌握核心技术，才不会被卡脖子。"企业若想在百舸争流的时代拥有一席之地，潜心钻研核心技术方为正道。

------------------ 全文共 762 字

母题 8 文化自信

1. 命题方向

"求木之长者，必固其根本；欲流之远者，必浚其泉源。"中华优秀传统文化有着源远流长的历史、博大精深的底蕴，是中华民族的精神命脉，是涵养社会主义核心价值观的重要源泉，也是我们在世界文化激荡中站稳脚跟的坚实根基。

习总书记强调："没有中华文化繁荣兴盛，就没有中华民族伟大复兴。"因此，我们要坚定文化自信，不断发挥文化的创造力，摒弃"以洋为尊""唯洋是从"的错误观念，继承和发扬传统文化的精神，让中华文化在时代的潮流下焕发光彩，不断推进社会主义文化强国建设。

2. 解题思路

文化自信，是指客观平等地看待本民族的文化与其他民族的文化，在传承和发扬本民族优秀文化的同时，也积极学习和吸收其他民族优秀的文化。文化是一个国家、一个民族的灵魂，无论哪个国家、民族，如果不珍惜自己的思想文化，都是"立不起来"的。在文化融合加剧的今天，中国传统文化更应为中国社会各界所重视和扶持。我们须知，传统文化是一个民族发展的不竭动力，是文明的创造力所在，只有立足于优秀传统文化之根，才能保证中华民族的持续健康成长。

针对"文化自信"这个母题，有两种可用的结构：

1. 如果材料中出现一些没有文化自信的现象，可以使用现象分析式，即：摆现象——析原因——谈危害——提建议。

2. 如果材料直接提倡文化自信，可以使用利大于弊式，即：文化自信有必要/有好处——当然也有困难——困难能解决（提建议）。

接下来，本篇将分析第一种结构，并给出第二种结构的范文。

3. 结构导图

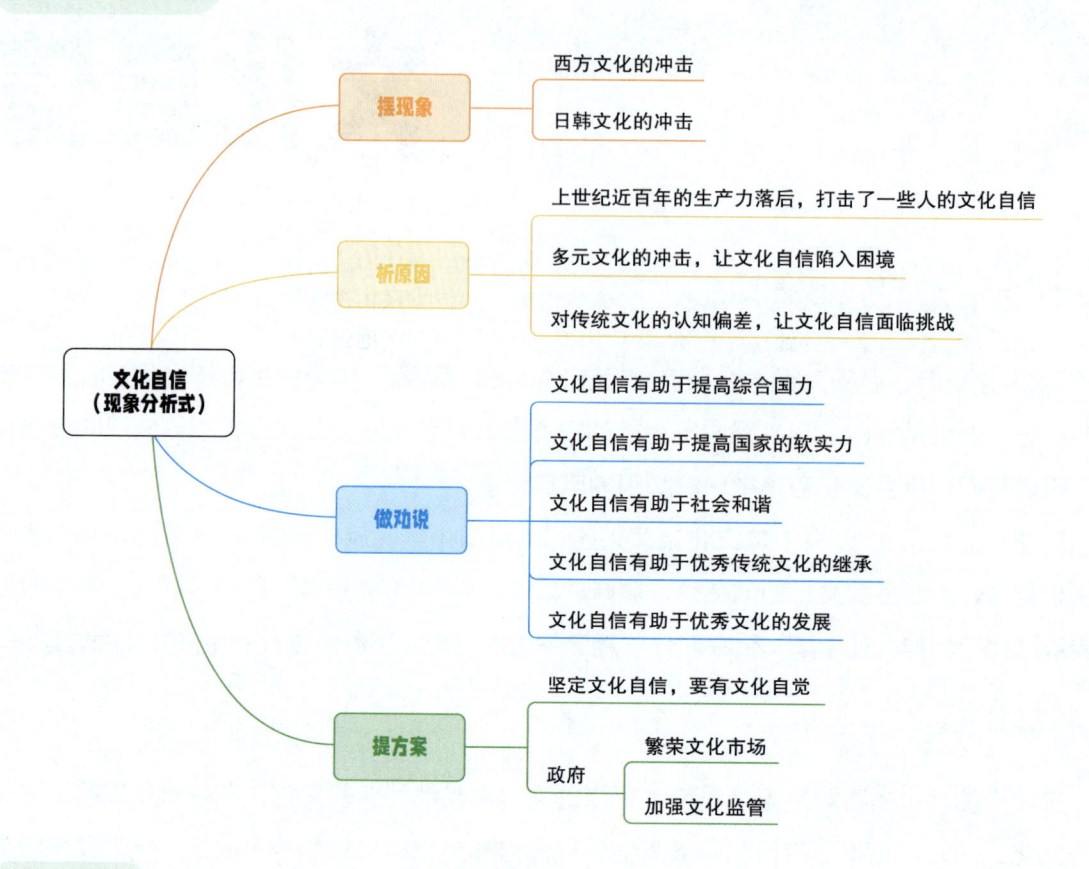

```
                    ┌─ 摆现象 ─┬─ 西方文化的冲击
                    │         └─ 日韩文化的冲击
                    │
                    ├─ 析原因 ─┬─ 上世纪近百年的生产力落后，打击了一些人的文化自信
                    │         ├─ 多元文化的冲击，让文化自信陷入困境
                    │         └─ 对传统文化的认知偏差，让文化自信面临挑战
文化自信             │
（现象分析式）───────┤         ┌─ 文化自信有助于提高综合国力
                    │         ├─ 文化自信有助于提高国家的软实力
                    ├─ 做劝说 ─┼─ 文化自信有助于社会和谐
                    │         ├─ 文化自信有助于优秀传统文化的继承
                    │         └─ 文化自信有助于优秀文化的发展
                    │
                    └─ 提方案 ─┬─ 坚定文化自信，要有文化自觉
                              └─ 政府 ─┬─ 繁荣文化市场
                                      └─ 加强文化监管
```

4. 母段

结构	段落	母理或要点
摆现象	一些人缺乏文化自信。他们盲目追捧外国的超级英雄，音乐只听"潮流的"韩国歌曲，鞋品以"阿迪""耐克"为尊……一味追求"优秀的"国外文化和产品，对中国的文化和国产品牌却嗤之以鼻，凡此种种，都是极度的文化自卑的体现。	事例
析原因	上世纪近百年的生产力落后，打击了一些人的文化自信。我们知道，经济基础决定上层建筑。当一个国家的生产力特别发达，综合国力特别强大时，这个国家的文化也会随之被学习甚至被推崇。而上个世纪，我们生产力落后于西方，于是"走西方人的路"就成为一些人先入为主的观念，影响了他们个人的心理结构和价值偏好，在西方文化面前产生了自卑心理。	经济基础决定上层建筑

结构	段落	母理或要点
析原因	多元文化的冲击，让文化自信陷入困境。当今世界正处于全球化飞速发展时期，各国相互依赖、相互依存的程度日益加深，多元文化在相互碰撞、融合的同时，也带来了文化冲突和文化认同问题。这不仅会影响人们的文化选择，也会在一定程度上影响文化的发展和变革。	多元文化的冲击
	一些人对传统文化的认知偏差，让文化自信面临挑战。有些人误认为传统文化就是封建文化，就是糟粕，对传统文化持一概否定的态度，这就导致这些人的思想失去了根源，不自觉地追随西方的文化思潮，甚至产生了"文化自卑"的心理。	对传统文化的认知偏差
做劝说	文化自信有助于提高综合国力。文化自信看起来和经济发展、国力增强没有什么关系，实则不然。文化自信是老百姓的底层精神气，有了这种文化自信，我们对国产品牌、国产产品会更加认可，从而有助于中国品牌的打造、有利于中国企业的发展，从而带动经济的发展，提高综合国力。	增强综合国力
	文化自信有助于提高国家的软实力。现代社会，国与国之间意识形态领域的竞争是十分激烈的。增强文化自信，一方面可以让老百姓更加相信国家和政府，从而避免意识形态领域的风险；另一方面，也有利于中国文化在全世界的传播，消除各种偏见和误解，提升中国形象，增强中华文化在世界上的吸引力、感召力和影响力。	提高软实力
	文化自信有助于社会和谐。人与人之间的冲突，多数时候是因为利益边界不清晰。如果没有相对统一的价值观和主流思想，社会思潮复杂多样，那么利益冲突必然会加剧。打造文化自信，有利于在全社会形成对主流价值观的认同，从而促进社会和谐。	促进社会和谐
	文化自信有助于优秀传统文化的继承。中国文化，源远流长；优秀思想，自古有之。先秦诸子"百家争鸣"，孔子、孟子、韩非子……"群星璀璨"；儒家、道家、阴阳家……"各成一家之言"。不同学派的"争奇斗艳"、相互学习，铸就了春秋时期思想文化空前繁荣的景象。春秋以降，大家频出；优秀文化，灿若星河。老百姓对这些文化有自信，才愿意去传承。	促进优秀文化的继承

结构	段落	母理或要点
做劝说	文化自信有助于优秀文化的发展。文化不仅需要继承，也需要发展。从鲁迅到莫言、从梅兰芳到梅葆玖再到李胜素，这是文化继承的过程，也是文化发展的过程。近来爆红网络的李子柒，她的视频从手工阿胶、桂花酿酒、腊味合蒸到文房四宝、古法胭脂、手工造纸，也无不展示了中国的传统文化。建立文化自信，有助于优秀传统文化的发掘和发展。	促进优秀文化的发展
提方案	坚定文化自信，首先要有文化自觉。文化自觉是对文化的自我觉醒、自我反思和理性审视。个人要建立起文化自觉，力避"以洋为尊""唯洋是从"的心态，减少对西方品牌、节日的过度追捧，只有破除对西方文化的迷信和盲从，中华民族才能以更加自信、更加自强的姿态屹立于世界民族之林。	个人：建立文化自觉
	增强文化自信，政府要从以下两个方面努力： 一要繁荣文化市场。一个规范的、有活力的文化市场，可以带动相关的专业人才或企业，创作更多的小说、戏剧、电影等文艺作品，从而推动文化自信的建立。 二要加强文化监管。文化自由不是你想说什么说什么，想拍什么拍什么，想写什么写什么。不管什么样的文化，什么形式的文艺作品，符合我们的主流价值观，符合法律和道德是基本要求。因此，政府加强文化监管是必行之策。	政府： 繁荣文化市场 加强文化监管

5. 母题应用

（1）文化自信

论说文：根据下述材料，写一篇700字左右的论说文，题目自拟。

习近平总书记指出："我们要坚持道路自信、理论自信、制度自信，最根本的还有一个文化自信。"

参考范文

加强文化自信势在必行

吕建刚

习近平总书记指出："我们要坚持道路自信、理论自信、制度自信，最根本的还有一个文化自信。"可见，加强文化自信相当重要、势在必行。 <!-- 引材料+点明主题 -->

一些人缺乏文化自信。他们盲目追捧外国的超级英雄，音乐只听"潮流的"韩国歌曲，鞋品以"阿迪""耐克"为尊……一味追求"优秀"的国外文化和产品，对中国的文化和国产品牌却嗤之以鼻，凡此种种，都是极度的文化自卑的体现。 <!-- 摆现象 -->

分析这种现象产生的原因，倒也不难理解。中国做了西方的一百多年的学生，"走西方人的路"成为一些人深层观念中的先入为主的观念，影响了一些人的心理结构和价值偏好，使他们个人在西方文化面前产生了自卑心理，失去了文化自信心，自感"百事不如人"。 <!-- 析原因 过去生产力的落后 -->

其实，中国文化，源远流长；优秀思想，自古有之。先秦诸子"百家争鸣"，孔子、墨子、韩非子……"群星璀璨"，儒家、墨家、法家……"各成一家之言"。不同学派的"争奇斗艳"、相互学习，铸就了春秋时期思想文化空前繁荣的景象。当代中国，优秀思想、精品文化也是灿若星河。从鲁迅到莫言、从梅兰芳到梅葆玖再到李胜素，皆在某一领域取得了相当高的艺术成就。近来爆红网络的李子柒，她的视频从手工阿胶、桂花酿酒、腊味合蒸到文房四宝、古法胭脂、手工造纸，也无不展示了中国的传统文化。 <!-- 做劝说 中国文化，源远流长 ①古代百家争鸣 ②当代灿若星河 -->

当然，文化离不开生产力。优秀的文化，如果能以领先的生产力为地基，无疑会更有生命力。从"嫦娥四号"奔月到"长征火箭"上天；从"山东号"航母下水到"蛟龙号"潜艇深潜；从"北斗"卫星完成组网到华 <!-- 提建议 要发展生产力 -->

为 5G 领域全球领先。中国在科技领域的一次次领先，在生产力水平上的一次次突破，能让我们由衷地竖起大拇指，说一声"厉害了，我的国！"只有这样，文化自信才能更快更好地建立和夯实。

总结全文　　总之，文化兴国运兴，文化强民族强。加强文化自信，势在必行！

------------------ 全文共 719 字

（2）**中国特色社会主义文化自信**

论说文：根据下述材料，写一篇 700 字左右的论说文，题目自拟。

中国特色社会主义文化自信，是继道路自信、理论自信、制度自信之后党中央提出的第四个自信，是党与时俱进推进理论创新的重大成果。当前，我国实践中国特色社会主义文化自信的成绩斐然。然而，在看到斐然成绩的同时，公民文化参与意识淡薄与对传统文化现代价值认识不足引发的"文化赤字现象严重"等问题，严重制约着中国特色社会主义文化自信的进一步增强和提升。

参考范文

加强文化自信势在必行

吕建刚

引材料+点明主题　　习近平总书记指出："我们要坚持道路自信、理论自信、制度自信，最根本的还有一个文化自信。"可见，加强文化自信相当重要，势在必行。

有好处（1）提高综合国力　　首先，文化自信有助于提高综合国力。文化自信看起来和经济发展、国力增强没有什么关系，实则不然。文化自信是老百姓的底层精神气，有了这种文化自信，我们对国产品牌、国产产品会更加认可，从而有助于中国品牌的打造、有利于中国企业的发展，从而带动经济的发展，提高综合国力。

有好处（2）提高软实力　　其次，文化自信有助于提高国家的软实力。现代社会，国与国之间意识形态领域的竞争是十分激烈的。增强文化自信，一方面可以让老百姓更加相信国家和政府，从而避免意识形态领域的风险；另一方面，也有利于中国文化在全世界的传播，消除各种偏见和误解，提升中国形象，增强中华文化在世界上的吸引力、感召力和影响力。

最后，文化自信有助于社会和谐。人与人之间的冲突，多数时候是因为利益边界不清晰。如果没有相对统一的价值观和主流思想，社会思潮复杂多样，那么利益冲突必然会加剧。打造文化自信，有利于在全社会形成对主流价值观的认同，从而促进社会和谐。

有好处（3）
有助于社会和谐

当然，现在还有一些人缺少文化自信。他们受到多元文化的冲击，产生对西方文化、日韩文化的追随心理，甚至盲目崇洋媚外。

当然有问题
有人缺少文化自信

这些问题应该予以治理，具体方案上可以从两个方面下手：

一要繁荣文化市场。一个规范的、有活力的文化市场，可以带动相关的专业人才或企业，创作更多的小说、戏剧、电影等文艺作品，从而推动文化自信的建立。

二要加强文化监管。文化自由不是你想说什么说什么，想拍什么拍什么，想写什么写什么。不管什么样的文化，什么形式的文艺作品，符合我们的主流价值观，符合法律和道德是基本要求。因此，政府加强文化监管是必行之策。

问题能解决
提建议
① 繁荣文化市场
② 加强文化监管

总之，文化兴国运兴，文化强民族强。解决"文化赤字"，加强文化自信，势在必行！

两句结尾

------------------ 本文为利大于弊式结构，全文共 741 字

63

第二部分

正面提倡类母题

1. 什么是正面提倡类题型

题干中直接给出一个正面现象，或者虽然这一现象看起来有争议，但实际上我们应该支持，这就是正面提倡类的题型。例如 2013 年管理类联考的"合作"，2018 年管理类联考的"人工智能"，2017 年经济类联考的"给穷人提供福利"等。

2. 正面提倡类题型的推荐结构：利大于弊式

想说服别人做一件事，最简单的方法就是告诉他这样做有好处（或有必要），但是为什么有好处的事还有人不听你的呢？说明这件事不光有好处，还有问题、风险或困难。而且，作为一个管理者，我们不能只看到一项决策的收益，也要看到它的问题，全面地思考问题才能成为一个优秀的管理者。

因此，正面提倡类的文章我们可以使用利大于弊式结构，结构如下：

利大于弊式的 4 层结构			
层次	结构	写法 ❶ 谈好处	写法 ❷ 谈必要
开头		引材料，并提出论点。	引材料，并提出论点。
正文	第 1 层	整体有好处（1）。	整体有必要（1）。
	第 2 层	整体有好处（2）。	整体有必要（2）。
	第 3 层	当然有问题 / 风险 / 困难。	当然有问题 / 风险 / 困难。
	第 4 层	问题能解决 / 风险能规避 / 困难能克服。	问题能解决 / 风险能规避 / 困难能克服。
结尾		总结全文。	总结全文。

说明：
1. 以上段落安排并不是绝对的，可以根据内容的多少在不同的层次中增加或删减段落。但我们一般推荐好处（必要）要写两段，因为，这一结构的名字叫"利大于弊式"，如果好处只有一段，而弊端却写了好几段，那不就变成弊大于利了吗？
2. 好处和必要的区别：好处是有了这个措施会让情况变得更好（有它更好），比如提高收益、降低成本；而必要是没有这个措施会遭受恶果（没它不行），比如说不遵守法律会受到法律的制裁。

3. 利大于弊式的具体写法

3.1 有好处

对个人而言，好处可以套用前文中提到的马斯洛需求层次理论。

对企业而言，好处在前文中也有讲述，可以总结为：提高收益、降低成本、规避风险、塑造品牌。

对社会治理而言，可以从以下方面谈好处：

❶ 提高社会总收益、降低社会总成本

社会治理的目标就是要提高社会总收益、降低社会总成本，这也是我们判断一项政策好坏的标准。

以 2016 年经济类联考真题"是否应该延迟退休"为例：从收益来看，延迟退休可以扩大劳动年龄人口规模，可以充分利用人力资源；从成本来看，延迟退休可以减小老龄人口的赡养规模，可以为养老保险基金"卸包袱"。可见，这一政策可以提高社会总收益、降低社会总成本，是值得实施的。

想要提高社会总收益，核心在于提高劳动生产率。劳动生产率的提高，意味着全社会在单位时间内、在单位成本内，生产的产品更多、提供的服务更好，这是推动社会发展，提高全民福利水平的根本之道。劳动生产率水平与科技水平、劳动者的平均熟练程度、劳动组织和生产管理等的好坏、生产资料的规模与效能以及自然条件等因素有关，因此，要想提高劳动生产率，就要在这些方面下功夫。

降低社会总成本，有两个关键：

一是要降低交易成本。交易成本又称交易费用，是由诺贝尔经济学奖得主科斯在 1937 年所提出的。它是指达成一笔交易所要花费的成本，也指买卖过程中所花费的全部时间和货币成本。这些成本主要分为以下几类：搜寻成本（商品信息与交易对象信息的搜集）、信息成本（取得交易对象信息与和交易对象进行信息交换所需的成本）、议价成本（针对契约、价格、品质讨价还价的成本）、决策成本（进行相关决策与签订契约所需的内部成本）。

电子商务蓬勃发展的一个核心因素就是它降低了交易成本：搜寻成本低，动动手指即可货比三家；信息成本低，买卖双方可限时沟通；议价成本低，同类产品可以进行价格排序；决策成本低，电商平台的支付担保政策降低了决策风险。

二是要降低社会信用成本。诚信的本质是一种契约精神，它是市场经济的基石。如果一个社会缺少诚信、缺少契约精神，那么大家就会把更多的精力从认真工作转移到防范风险上来，从而推高了履约成本。降低社会信用成本，一要靠法律，二要靠道德，三要靠信用体系。法律是底线要求，它主要靠外力来规范人们的行为；道德是更高的要求，它主要依靠人们的自觉和自律；信用体系则是制度保障，它通过制度设计让守信者畅通无阻，让失信者寸步难行。

② 促进经济高质量发展

高质量发展于 2017 年中国共产党第十九次全国代表大会首次被提出，这表明中国经济由高速增长阶段转向高质量发展阶段。

高质量发展是经济数据精确、营商环境优化、产品质量保证、资源精准对接与优化配置的增长方式，是创新驱动型经济的增长方式，是创新高效节能环保高附加值的增长方式。

高质量发展的关键之一是做好新旧动能转换，即通过新模式代替旧模式，新业态代替旧业态，新技术代替旧技术，新材料新能源代替旧材料旧能源，实现产业升级，实现数量增长型向质量增长型、外延增长型向内涵增长型、劳动密集型向知识密集型经济增长方式转变。

③ 维护社会和谐稳定

社会稳定和谐，人民才能安居乐业，才能静得下心、沉得住气、迈开步子搞发展。

2012 年，习近平总书记曾说过一段话："我们的人民热爱生活，期盼有更好的教育、更稳定的工作、更满意的收入、更可靠的社会保障、更高水平的医疗卫生服务、更舒适的居住条件、更优美的环境，期盼孩子们能成长得更好、工作得更好、生活得更好。人民对美好生活的向往，就是我们的奋斗目标。"这段话提到的"更好的教育、更稳定的工作、更满意的收入、更可靠的社会保障、更高水平的医疗卫生服务、更舒适的居住条件、更优美的环境"等内容，都是社会和谐稳定的影响因素。

④ 促进就业、保障民生

就业是民生之本，更是安国之策。老百姓的想法其实很朴实，就是想过上好日子。而就业，尤其是高质量的就业，是老百姓过上好日子的基础。

宏观方面：

产业发展是就业的根本。一方面，适当发展有市场需求的劳动密集型产业是必要的，这类产业可以较大规模地解决就业问题；另一方面，技术密集型产业是发展的方向，像我们这么大一个国家，只有在多个产业掌握核心技术、形成技术优势，站到产业链的上游，才能为更多国民提供高质量的就业。

就业政策是就业的保障。人力资源和社会保障部撰写的《实施更加积极的就业政策》一书涉及到就业政策的几个方面：高校毕业生就业政策、促进以创业带动就业政策、加强职业培训促进就业政策、减轻企业负担政策、就业服务和就业援助政策,等等。这些政策的实施是促进就业的良好保障。

微观方面:

劳动者自身素养是就业的决定性因素。就业观点如何、知识储备如何、职业技能如何,决定了一个劳动者能不能就业、能不能发展。

❺ 节约资源、保护环境

"绿水青山就是金山银山",这就要求我们做好以下两个方面:

一要构建资源节约型社会。资源节约型社会是指在生产、流通、消费等领域,通过采取法律、经济和行政等综合性措施,提高资源利用效率,以最少的资源消耗获得最大的经济和社会收益,保障经济社会可持续发展的社会。节约资源是保护生态环境的根本之策。要节约集约利用资源,推动资源利用方式根本转变,加强全过程节约管理,大幅降低能源、水、土地消耗强度,提高利用效率和效益。推动能源生产和消费革命,控制能源消费总量,加强节能降耗。

二要构建环境友好型社会。环境友好型社会是由环境友好型技术、环境友好型产品、环境友好型企业、环境友好型学校、环境友好型社区等组成。主要包括:有利于环境的生产和消费方式;无污染或低污染的技术、工艺和产品;对环境和人体健康无不利影响的各种开发建设活动;符合生态条件的生产力布局;少污染与低损耗的产业结构;持续发展的绿色产业;人人关爱环境的社会风尚和文化氛围。

❻ 效率优先、兼顾公平

习近平总书记曾在2005年发表的《坚持效率优先兼顾公平》一文中提出,"公平要建立在效率的基础上,效率也要以公平为前提才得以持续。"

效率优先,有利于资源价值的最大化。我们都知道,资源具备稀缺性。任何一种资源都不是取之不尽,用之不竭的,想要让有限的资源发挥出最大的效用,创造出更多的价值,就要重视资源使用者的效率,将生产资源进行价值最大化的分配。这符合诺贝尔经济学奖得主科斯提出的观点:一项资源,谁用得好就归谁。

兼顾公平,有利于社会和谐稳定发展。首先要明确的是,公平并不是平均主义。公平有两个方面的含义:一是权利平等,即公民平等地享有法律规定的基本权利,如生存权、占有权、发展权等;二是机会均等,每个人不论出身、性别、种族、身份,只要他有能力,他就能获得机会、参与竞争。这样,就可以促进人们通过各自的努力去实现自身发展,满足自己的合理期望,从而促进社会的发展。

效率和公平有分工的不同，实现的途径也有所不同。初次分配应当注重效率，发挥市场这只"看不见的手"的作用；二次分配应当注重公平，发挥政府这只"看得见的手"的作用。另外，2021年8月17日，中央财经委员会第十次会议指出了"三次分配"的概念，即由高收入人群在自愿基础上，以募集、捐赠和资助等慈善公益方式对社会资源和社会财富进行分配，它是对初次分配和再分配的有益补充，有利于缩小社会差距，实现更合理的收入分配。

同时，会议指出："构建初次分配、再分配、三次分配协调配套的基础性制度安排，加大税收、社保、转移支付等调节力度并提高精准性，扩大中等收入群体比重，增加低收入群体收入，合理调节高收入，取缔非法收入，形成中间大、两头小的橄榄型分配结构，促进社会公平正义，促进人的全面发展，使全体人民朝着共同富裕目标扎实迈进。"

可见，公平不是给予每个人完全相同的待遇，而是更多地照顾弱势群体。这是因为，弱势群体通常会因先天或后天一些自身无法克服的原因，而无法得到和其他群体相同的竞争机会。社会若能够给弱势群体以更多的照顾、更多的政策倾斜，弥补其在追逐机会时的先天缺陷，这种看似的条件"不平等"，才是达成了结果上的公平。

例如，2017年经济类联考真题"给穷人提供福利"，其好处如下：

第一，给穷人提供福利，有助于社会和谐稳定。穷人也是人，也有权利追求更好的教育、更稳定的工作、更满意的收入、更可靠的社会保障、更高水平的医疗卫生服务、更舒适的居住条件，等等。如果穷人基本的生活条件得不到满足，就容易埋下社会动荡的种子。因此，给穷人提供福利，减小贫富差距有助于社会稳定。

第二，给穷人提供福利，有助于促进社会公平。穷人通常会因先天或后天上一些自身无法克服的原因，而无法得到和其他群体相同的竞争机会。如果能给他们提供一些福利、创造一些机会，给一些政策上的倾斜和照顾，弥补其在追逐机会时的先天缺陷，这种看似的条件"不平等"，才是达成了结果上的公平。

3.2 有必要

有好处与有必要存在差别，前者是有它更好，后者是没它不行。

必要性可以从两个方面来思考，即外因和内因。

❶ 外因

由外因所致的必要性，我们常做两种分析，一是资源稀缺性，二是信息不对称。

例如：

资源稀缺性决定了我们必须合作。因为，在企业经营中，无论是人才、资金，还是其他资源，都不可能取之不尽、用之不竭。因此，企业的经营不可能面面俱到，只能集中精力在某一领域，以求形成规模效应、降低边际成本、提高边际收益、取得竞争优势。科技巨头苹果是全球现金储备最多的公司，即便如此，他们也不可能掌握所有资源，于是他们集中精力在自己擅长的研发上，而把生产制造交给富士康等合作伙伴。

再如：

信息不对称的存在决定了我们必须集思广益。因为，很多决策都是在"信息不完整""信息不对称"的情况下做出的。由于位置不同、视角不同，管理者可能很难站在其他角度想问题，更不可能掌握所有决策相关信息。这个时候，多听取别人的意见和建议，就可以打开"上帝视角"，发现从前"看不见的背面"，让信息由不对称到对称，从不完善到逐渐完善，从而做出科学决策。

② 内因

由内因所致的必要性，我们常常要思考决策者自身的局限性。

例如：

集思广益是决策者的内在需要。"尺有所短，寸有所长"，管理者不可能是全才，多数管理者仅仅是某一领域或某个方面的行家里手，在其他方面一定有其短处。在自己不擅长的领域，多听取别人的建议和意见，就显得尤为重要。

3.3 有问题 / 困难 / 风险

① 有问题

"甘蔗没有两头甜"，一项决策有好处，一般也会随之带来问题或弊端。

例如：

给穷人提供福利带来的财富转移可能会影响大家创富的劲头。

再如：

与别人合作就意味着利益的分享。

② 有困难

困难一般是指缺少决策执行的条件，如资源有限、资金不足、人才缺失、时间不够，等等。

例如：

想要创新时，经常遇到创新资金不够、创新人才不足等困难。

③ 有风险

风险客观存在。以企业为例：

一方面，企业的外部经营环境是不断变化的，比如政治法律环境、市场竞争环境、消费者的需求等都在变化，这就不可避免地给企业经营带来了不确定性，风险随之产生。另一方面，企业的内部管理也存在风险：研发能出成果吗？营销投入有效吗？人力资源战略符合企业发展要求吗？这一系列的问题使得企业经营不可能完全避免风险。

3.4 提方案

在利大于弊的结构中，由于前文提出了问题、弊端、困难、风险。在提方案的部分，我们就要给出针对性的解决方案：

针对问题，我们要提出解决方案；

针对弊端，我们要表明利大于弊；

针对困难，我们要指出如何克服。

具体写法可以参考前文现象分析式结构中的提方案部分。

针对风险，我们有两种解决方案，一是说明冒险有价值；二是说明风险能规避。

一方面，高风险往往意味着高回报。财务管理中有一种理论叫"风险报酬交换律"：在投资下降报酬率相同的情况下，人们都会选择风险小的投资，结果竞争使其风险增加，报酬率降低。最后的结果是，高风险的项目必须有高报酬，否则就没有人投资；低报酬的项目必须风险很低，否则也没有人投资。因此，企业家的冒险精神，往往决定了企业发展的上限。

另一方面，我们也要做好风险防范。一是要做好事前调研，事前调研越仔细，决策就越有依据，越不容易产生决策风险；二是要做好事中控制，决策执行过程中，要不断地发现问题并迅速解决，不能等最后不良结果出现后才追悔莫及。

母题 9 合作

1. 命题方向

"合作"是管理类联考的永恒话题。

在经济全球化的背景下，技术创新步伐加快、产品生命周期缩短、信息网络技术广泛应用、知识产权地位不断提升，仅仅依靠企业内部的有限资源单打独斗变得日益困难。于是，企业纷纷把视角转向外部，寻求与其他企业合作，以便扬长避短，共同发展。

2. 解题思路

所有决策的本质都是利害关系，合作亦是如此。"合作"这个母题出现在考场上时，往往涉及到利益双方，如2013年管理类联考真题的"波音"与"麦道"。"波音"与"麦道"合作能形成合力，创造更大优势和利润。但同时，作为一名管理者，还应该要考虑它的成本与风险：如果选择合作，可能就会丧失部分之前本可以独享的收益；如果合作伙伴不守信、不履责，则有可能产生道德风险等问题。但这些问题只要举措得当，都可以迎刃而解。因此，这类题的基本思路是：合作有好处——当然有问题——问题能解决。该母题宜使用"利大于弊式"进行解题。

3. 结构导图

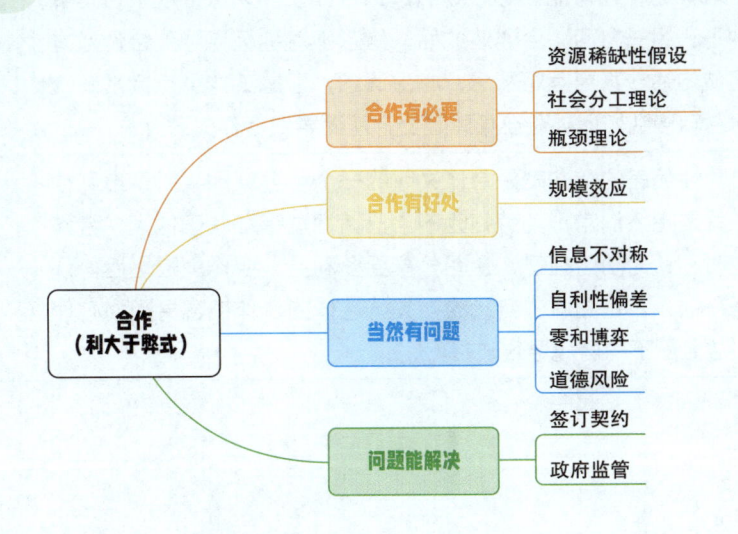

合作（利大于弊式）
- 合作有必要
  - 资源稀缺性假设
  - 社会分工理论
  - 瓶颈理论
- 合作有好处
  - 规模效应
- 当然有问题
  - 信息不对称
  - 自利性偏差
  - 零和博弈
  - 道德风险
- 问题能解决
  - 签订契约
  - 政府监管

4. 母段

结构	段落	母理或要点
合作有必要	资源稀缺性决定了我们需要合作。因为，在企业经营中，无论是人才、资金，还是其他资源，都不可能取之不尽、用之不竭。因此，企业的经营不可能面面俱到，只能集中精力在某一领域，以求形成规模效应、降低边际成本、提高边际收益、取得竞争优势。科技巨头苹果是全球现金储备最多的公司，即便如此，他们也仅仅集中精力在自己擅长的研发上，而把生产制造交给富士康等合作伙伴。可见，再优秀的公司也是需要合作的。	资源稀缺性
	越来越细的社会分工机制决定了我们必须合作。社会分工机制让我们每个人、每个企业能各司其职，做自己最擅长的事情，这样就可以减少工作转移时的效率损失，大大提高资源的利用效率。而对于那些自己不擅长的事，就可以交给合作伙伴去处理。	社会分工机制
	瓶颈的存在决定了我们必然合作。"尺有所短，寸有所长"，以色列学者高德拉特的瓶颈理论也告诉我们，任何企业必然存在着限制整体效率提高的瓶颈，整个系统的效率等于瓶颈处的效率。当我们自身的力量无法解决这样的瓶颈时，就需要寻求合作。	瓶颈理论
合作有好处	规模效应的存在提高了合作的价值。合作可以实现资源的整合和共享，从而拥有更先进的技术、更专业的分工和更优秀的人才。可以集中精力发展自己擅长的领域并扩大规模，从而提高生产效率、降低边际成本，获得更丰厚的利润。	规模效应
当然有问题	信息不对称的存在就是合作的一个障碍。一方面，合作达成前，信息不对称的存在可能会导致我们选错合作伙伴，直接埋下合作失败的种子。另一方面，合作达成后，信息不对称极易导致合作双方不能坦诚沟通，甚至互相猜忌、心生怨念，于是工作重点会从解决实际问题转移到如何规避自身风险上，从而导致合作失败。	信息不对称
	自利性偏差的存在就是合作失败的一个重要原因。所谓自利性偏差，就是指人们常把功劳归因于自己，把过错推脱于他人。合作成功之时，认为功劳在己，企图分享更多利益；合作失败之后，认为责任在他人，试图减少自己的损失。这样的合作很容易因为心理上的利益分配不均衡而导致破裂。	自利性偏差

9 合作

结构	段落	母理或要点
当然有问题	出于零和博弈的心理，企业可能抗拒建立合作关系。企业可能会醉心于霸权地位和垄断地位，通过种种"小动作"攫取更多的利益，"只想自己单赢，不许他人进步"。	零和博弈
	合作过程中极易出现"道德风险"。经济学家麦金农认为，由于信息不对称和合作中的契约不完备，人们极易做出有利于自己而不利于合作方的行为，这就是"道德风险"。道德风险的存在极易导致合作双方不能坦诚沟通，甚至互相猜忌、心生怨念，于是工作重点就会从解决实际问题转移到如何规避自身风险上，从而导致合作失败。	道德风险
问题能解决	契约对有关各方的权利和义务做出了规定，为人们提供了行为的模式。企业在合作之初要签订契约或协议，规定合作各方享有的权利和需要履行的义务，确保各方利益均等，避免遇事相互拆台、履责相互推诿。	签订契约
	除了依靠企业自身自律外，政府应按照民法典的相关法条监督企业合规经营，促进企业加强合作。政府搭好了"台子"，企业才能更好地"唱戏"。	政府监管

5. 母题应用

（1）可口可乐与蒙牛成立合资公司

论说文：根据下述材料，写一篇 700 字左右的论说文，题目自拟。

可口可乐是全球知名的饮料业巨头，蒙牛是中国知名的乳业巨头，但让人没想到的是，这两家看似毫无关联的公司，在 2020 年联合成立了一家合资公司，名字叫："可牛了"。

参考范文

通力合作，以求共赢

吕建刚

古人云："众力并，则万钧不足举也"。可口可乐与蒙牛联手就证明了这一点，可见，合作共赢是企业发展的必行之策。

> 名言引入+分析材料+点明主题

73

合作有必要

瓶颈的存在，要求企业必须合作

瓶颈理论：任何系统至少存在着一个效率最低的制约因素——瓶颈，这个瓶颈决定了一个企业或组织达成目标的效率。而企业管理者必须从克服该瓶颈着手，才可以在更短的时间内显著地提高系统的产出。

合作有好处

规模效应的存在提高了合作的价值

① 资源得到整合和共享
② 提高生产效率
③ 降低边际成本

边际成本：在一定产量水平下，增加或减少一个单位产量所引起成本总额的变动数。

合作有问题

信息不对称带来负面问题

二难推理
① 合作达成前
② 合作达成后

提方案

① 企业：签订契约
② 政府：做好监督

两句结尾
引用句+总结句

首先，瓶颈的存在，要求企业必须合作。"尺有所短、寸有所长"，任何企业在发展经营的过程中，必然存在限制整体效率提高的瓶颈，根据瓶颈理论，整体的效率取决于瓶颈处的效率。可口可乐与蒙牛是各自领域的巨头，但又存在各自的瓶颈。此次"强强联合"，一个看重了对方在乳业深耕多年的经验和行业地位，另一个看中了对方稳定的分销渠道和品牌影响力。可见，当我们自身的力量无法突破一些瓶颈时，就需要寻求合作。

其次，规模效应的存在提高了合作的价值。合作实现了资源的整合和共享，企业从而拥有了更先进的技术、更专业的分工和更优秀的人才。可口可乐与蒙牛联手，对双方而言都是一件共赢的事情。一方面，蒙牛可借助可口可乐的品牌优势加快向全球市场扩张的步伐；另一方面，可口可乐也能凭借蒙牛强大的工业生产体系和奶源基础，快速切入乳制品领域。长远来看，双方最终都能提高生产效率、降低边际成本，获得更丰厚的利润。

当然，由于信息不对称，合作也可能会带来一些负面问题。一方面，合作达成前，信息不对称的存在可能会导致我们选错合作伙伴，直接埋下合作失败的种子。另一方面，合作达成后，信息不对称极易导致合作双方不能坦诚沟通，甚至互相猜忌、心生怨念，于是工作重点就会从解决实际问题转移到如何规避自身风险，从而导致合作失败。

但这些问题并非难以解决。第一，企业在合作之初要签订契约或协议，规定合作各方享有的权利和需要履行的义务，确保各方利益均等，避免遇事相互拆台、履责相互推诿。第二，政府要做好企业的后盾，既要完善法律法规，监督企业合规经营，又要搭建合作平台，促进企业加强合作。

孤举者难起，众行者易趋。企业要协同合作，打造共赢模式，方能在激烈的竞争中立于不败之地。

------------------ 全文共 763 字

9 合作

(2) 南方报业与数字广东签署战略合作协议

论说文：根据下述材料，写一篇 700 字左右的论说文，题目自拟。

南方报业传媒集团与数字广东网络建设有限公司签署战略合作协议，正式建立战略级合作伙伴关系。接下来，双方将在"数字政府"业务、智慧党建业务、内容产品业务三方面全面加强合作，努力推进广东"数字政府"建设。

参考范文

合作才能共赢

江徕

有俗语言："单丝不成线，独木不成林。"南方报业与数字广东签署战略合作协议，共同开发数字政府业务，双方合作之力势必会如星星之火成燎原之势，最终实现共赢。

首先，合作可以建立更加强大的竞争优势。社会分工机制让每个企业各司其职，做自己最擅长的事情，这样就可以减少工作转移时的效率损失，大大提高资源利用的效率。南方报业与数字广东亦是如此，南方报业党建宣传、舆论引导领域的造诣炉火纯青，而数字广东在数字政府建设中的渠道亦是独一无二，双方对于自己不擅长的部分，就可以交给合作伙伴去处理。双方的通力合作，使得他们在广东政务信息发布领域取得了巨大的成功。

其次，规模效应的存在提升了合作的价值。合作实现了资源的整合和共享，企业从而拥有了更先进的技术、更专业的分工和更优秀的人才。南方报业以南方智库为新基础，持续生产多样化融媒体产品，数字广东则是运用自身的渠道与技术优势提供支撑，此次"牵手"使得彼此可以集中精力发展自己擅长的领域并持续扩大业务的规模。

当然，合作中也会产生种种问题。一方面，合作双方存在信息不对称，合作双方有可能产生误解，甚至造成相互猜忌、互相防备，从而产生种种道德风险。此外，当合作产生了收益，合作伙伴又仿佛从攻坚克难时的

名言引入+分析材料+点明主题

合作有必要
建立竞争优势
① 减少效率损失
② 提高资源利用率
社会分工机制

合作有好处
规模效应提升了合作价值
① 资源得到整合和共享
② 提高生产效率

合作有问题
① 产生道德风险
② 存在利益纠葛

75

提方案
① 明确定位
② 签订契约
③ 法律监督

自利性偏差：
又称自我服务偏见，是指人们常常从好的方面来看待自己，当取得一些成功时，常常容易归因于自己，而做了错事之后，怨天尤人，把它归因于外在因素。即把功劳归因于自己，把错误推脱于他人。

两句结尾
引用句+总结句

"垫脚石"变成了要分一杯羹的"绊脚石"。如此一思忖，又何必敞开"合作的大门"？

　　因此，合作双方要注意方式方法，妥善处理上述问题。首先，应在合作中确定好不同的定位，扬长补短才能提高合作效率；此外，企业应当在合作之初签订好契约，规定好双方的责任、义务和权利，并通过政府和法律去进行监督与制约；最后，合作双方应该尽量避免陷入自利性偏差，只有齐头并进，才能让合作走得更远。

　　正如孙武曾言："上下同欲者胜。"合作，才能让企业实现共赢。

-------------------- 全文共 724 字

母题 10 定位

1. 命题方向

"定位"有两种理解：

第一种是营销学上的理解。这种理解源于特劳特的《定位》一书，它是指企业通过其产品及品牌，基于顾客需求，将其企业独特的个性、文化和良好形象，塑造于消费者心目中，并占据一定位置。

第二种是一般意义上的理解，指的是人或企业集中精力和资源从事的领域。

2. 解题思路

"定位"是企业制定发展战略过程中必不可少的一环，尤其是在市场竞争趋于白热化的阶段。根据自身情况精准定位市场，可以为企业带来巨大的收益。但定位本身由于受到信息不对称等条件的约束，也存在定位失败的风险。因此，在解决这类母题时的基本思路是：定位有好处——当然有问题——问题能解决。该母题宜使用"利大于弊式"结构进行解题。

3. 结构导图

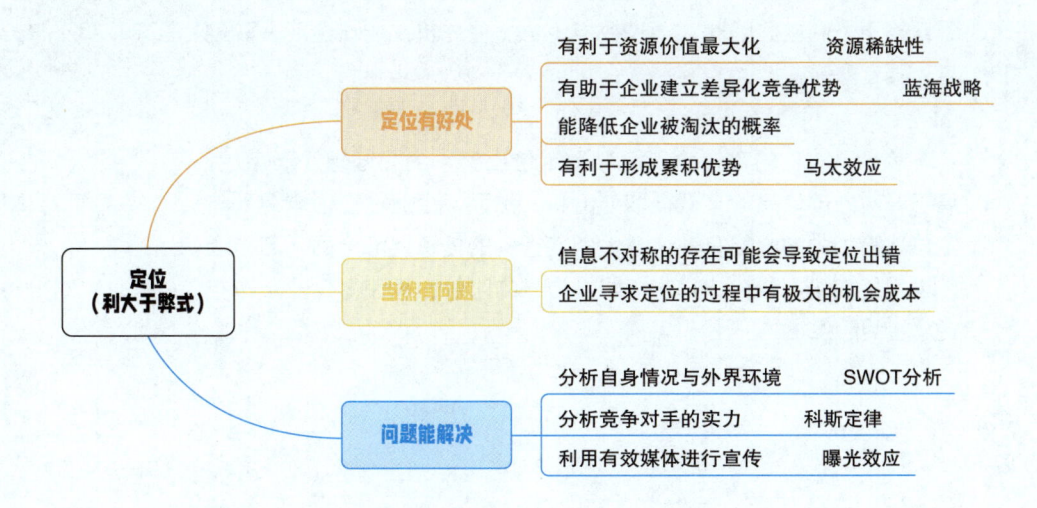

定位（利大于弊式）

- **定位有好处**
  - 有利于资源价值最大化　　资源稀缺性
  - 有助于企业建立差异化竞争优势　　蓝海战略
  - 能降低企业被淘汰的概率
  - 有利于形成累积优势　　马太效应

- **当然有问题**
  - 信息不对称的存在可能会导致定位出错
  - 企业寻求定位的过程中有极大的机会成本

- **问题能解决**
  - 分析自身情况与外界环境　　SWOT分析
  - 分析竞争对手的实力　　科斯定律
  - 利用有效媒体进行宣传　　曝光效应

4. 母段

结构	段落	母理或要点
定位有好处	找准定位，可以使有限的资源发挥出最大的效用。在企业生产经营过程当中，任何资源都不是取之不尽、用之不竭的。因此，企业不可能样样精通，只能集中精力在某一领域，力求形成规模效应，建立竞争优势，这时，精准投放资源就显得尤为重要。找准定位，能帮助企业解决"劲儿往何处使"的问题，进而使有限的资源发挥最大的价值。	资源稀缺性
	找准定位，有助于企业建立差异化竞争优势。随着市场经济的发展，消费者的需求变得越来越多元化，同质化的产品一是难以满足消费者的需求，二是容易陷入价格竞争的泥潭。因此，企业与其囿于"红海"中奋力厮杀，不如另辟"蓝海"占取先机。通过合理定位开辟新市场，企业可以优先在消费者头脑中形成良好预期，从而建立差异化竞争优势以获取超额利润。	建立差异化竞争优势（蓝海战略）
	找准定位，能降低企业被淘汰的概率。企业不采取跟随战略盲目依靠"巨人的肩膀"，积极寻求适合自己的独特定位，一方面可以避开与竞争对手的正面交锋，避免陷入价格战的困境；另一方面，也可以在新的细分市场中充分彰显自身的独特性，更好地满足消费者的需求，从而大大降低企业在竞争中落败的可能。	降低企业被淘汰的概率
	找准定位，能让企业形成积累优势。企业寻求自身定位的过程，也是进行差异化的过程，而差异化往往意味着开拓与竞争者不同的细分市场，并在这个市场上精益求精。马太效应告诉我们，先一步拥有更多资源的人，往往会有更多的发展机会，并可以利用已有资源获得更多利益。因此，通过找准定位抓住先机，能让企业一骑绝尘，强者愈强。	形成积累优势（马太效应）
当然有问题	信息不对称的存在可能会导致定位出错。企业若想找准定位，离不开对外部信息的有效提取与分析。然而，企业往往很难得到与定位决策相关的全部有效信息，即使得到的信息足够全面，若市场环境发生变化，"此一时彼一时"，信息的时效性也使得企业定位存在出错的隐患。	信息不对称 + 信息的时效性

结构	段落	母理或要点
当然有问题	企业寻求定位的过程中有极大的机会成本。这是因为资源是有限的，专精一处，也意味着企业失去了将这些资源投资于别处以获取利益的机会。因此，只有定位决策带来的实际收益大于机会成本时，有限的资源才有可能得到最佳的配置；若定位出错，前期投入也将变成一项巨额的沉没成本，成为企业的负担。	机会成本 + 沉没成本
问题能解决	若想做好企业的定位，就要对自身条件和外部环境进行系统的分析。既要明白自己的优势，也要了解自己的缺陷，在定位时尽量将自身优势与外部机会相结合，挖掘自身的独特性；同时也要保护自身软肋，避开潜在的威胁。	SWOT 分析
	企业若想找准定位，还要分析竞争对手的实力。科斯定律告诉我们，同样的资源，谁用得好就归谁。行业龙头企业领跑多年，往往比其他企业更容易聚集资源与机会。因此，企业在寻求自身定位时应权衡利弊，尽量避免与行业龙头直接竞争。	分析竞争对手的实力 （科斯定律）
	企业的定位战略若想成功，就要善于利用"曝光效应"。企业进行定位的目的，是在目标消费者头脑中形成良好的预期，从而建立品牌效应。因此，纵然有"酒香不怕巷子深"的自信，也应积极利用有效媒体进行宣传，力求"一举成名天下知"，以迅速打开市场，赢得消费者的青睐。	利用有效媒体进行宣传 （曝光效应）

5. 母题应用

（1）"怕上火，喝王老吉"

论说文：根据下述材料，写一篇 700 字左右的论说文，题目自拟。

红罐王老吉虽畅销多年，但早年间由于对品牌从未有过系统、严谨的定位，也遭遇过销售"惨淡"的窘境。企业自身都无法回答红罐王老吉究竟是什么，消费者就更不用说了，完全不清楚为什么要买它——这是红罐王老吉缺乏品牌定位所致。这个根本问题不解决，拍什么样"有创意"的广告片都无济于事。经过深思熟虑，王老吉管理层决定重新对红罐王老吉进行定位，并最终确定了"怕上火，喝王老吉"的品牌定位。

红罐王老吉成功的品牌定位和传播，给这个有 175 年历史的、带有浓厚岭南特色的产品带来了巨大的效益：2003 年红罐王老吉的销售额比去年同期增长了近 4 倍。

寻找定位，打造差异化竞争优势

吕建刚

引材料+点明主题

王老吉通过重新定位为"怕上火，喝王老吉"，从竞争激烈的市场中杀出一条血路，取得了商业上的成功。可见，寻找好自己的定位，更有利于企业在激烈的竞争中脱颖而出。

定位有好处
建立差异化竞争优势

差异化竞争：将企业提供的产品或服务差异化，树立起企业在全行业范围中独特性的东西，是一种战略定位，即企业设置自己的产品、服务和品牌以区别于竞争者。

找准定位，有助于企业建立差异化竞争优势。随着市场经济的发展，消费者的需求变得越来越多元化，同质化的产品一是难以满足消费者的需求，二是容易陷入价格竞争的泥潭。因此，企业与其困于"红海"中奋力厮杀，不如另辟"蓝海"占取先机。王老吉就是通过合理定位，开辟了新的细分市场，建立了差异化竞争优势。

定位有好处
形成积累优势

马太效应：一种强者愈强、弱者愈弱的现象。

找准定位，能让企业形成积累优势。马太效应告诉我们，先一步拥有更多资源的人，往往会有更多的发展机会，并可以利用已有资源获得更多利益。市场营销尤其如此，一旦一个品牌抢先占领了消费者的心智，其他品牌就很难再切入这一细分市场。因此，通过找准定位抓住先机，能让企业一骑绝尘，强者愈强。

当然有问题
信息不对称易导致定位出错

当然，企业在寻找定位的过程中，可能因为信息不对称的存在而导致定位出错。企业若想找准定位，离不开对外部信息的有效提取与分析。然而，企业往往很难得到与定位决策相关的全部有效信息，正如"王老吉"拍了很多"有创意"的广告也没能找准定位，提升销量。此外，即使得到的信息足够全面，若市场环境发生变化，"此一时彼一时"，信息的时效性也使得企业定位存在出错的隐患。

但是，这也并非没有解决之道。企业要对自身条件与最新的外部环境进行系统的分析。既要明白自己的优势，也要了解自己的缺陷，在定位时尽量将自身优势与外部机会相结合，挖掘自身的独特性，同时保护自身软肋，避开潜在的威胁。

提方案
SWOT分析法❶

综上所述，找到适合自身的定位是打造企业差异化竞争力的重要手段，企业应当重视定位。

总结全文

------------ 全文共 689 字

（2）OPPO 重新定位

论说文：根据下述材料，写一篇 700 字左右的论说文，题目自拟。

2020 年初，新冠疫情爆发，迅速升级至全球性事件，引发了经济、文化等方方面面的变化，改变了人们的生活方式，对于人的心理影响还在评估当中，对商业世界的影响仍在持续。OPPO 作为手机为主营业务的科技公司，率先给出了年度总结思考。11 月 17 日，在一场主题为《跃迁·致善》、面向未来的科技大会上，公司 CEO 陈明永阐明了 OPPO 将目标市场重新定位，希望通过"3+N+X"的科技跃迁战略，让身处大城市的年轻群体获得科技的创新体验。

参考范文

找准定位，方能走好前路

老吕团队　花爷

OPPO 将目标市场重新定位为追求现代生活方式的年轻消费者，在经历重创的市场中找到了前行的方向。可见，找准定位，形成差异化竞争力，对企业的发展至关重要。

引材料+点明主题

找准定位，能让有限的资源发挥出最大的效用。在企业生产经营过程当中，任何资源都不是取之不尽、用之不竭的。因此，企业不可能样样精

定位有好处
资源效用最大化
❶ 资源稀缺
❷ 规模效应

---

❶ 基于内外部竞争环境和竞争条件下的态势分析，就是将与研究对象密切相关的各种主要内部优势、劣势和外部的机会和威胁等，通过调查列举出来，并依照矩阵形式排列，然后用系统分析的思想，把各种因素相互匹配起来加以分析，从中得出一系列相应的结论，而结论通常带有一定的决策性。

81

规模效应：
因规模增大带来的经济效益提高，即生产要达到或超过盈亏平衡点。

通，只能集中精力在某一领域，力求形成规模效应，建立竞争优势，精准投放资源在这时就显得尤为重要。OPPO在疫情过后致力于通过"3+N+X"的科技跃迁战略，让身处大城市的年轻群体获得科技的创新体验，解决了"劲往何处使"的问题，从而使有限的资源发挥最大的价值。

定位有好处
积累优势

细分市场：
对既定的市场营销活动会做出立刻反应的消费者。

找准定位，能让企业形成积累优势。企业寻求自身定位的过程，也是进行差异化的过程，而差异化往往意味着开拓与竞争者不同的细分市场，并在这个市场上精益求精。OPPO就是如此，它将目标市场重新定位，获得了更多年轻人的喜爱和认同，这就是差异性定位的魅力所在。因此，通过找准定位抓住先机，能让企业形成累积优势，强者愈强。

定位有问题
① 资源限制
② 成本问题

机会成本：
企业为从事某项经营活动而放弃另一项经营活动的机会，或利用一定资源获得某种收入时所放弃的另一种收入。

然而，很多企业只愿做潮流的"逐浪人"，不愿做市场的"弄潮儿"。这是因为，资源是有限的，专精一处，也意味着企业失去了将这些资源投资于别处以获取利益的机会。因此，只有定位决策带来的实际收益大于机会成本时，有限的资源才有可能得到最佳的配置；若定位出错，前期投入也将变成一项巨额的沉没成本，成为企业的负担。

提方案
SWOT 分析法

不过，这一问题并非不能解决。企业若想避免定位出错的风险，就要对自身条件和外部环境进行系统的分析。既要明白自己的优势，也要了解自己的缺陷，在定位时尽量将自身优势与外部机会相结合，挖掘自身的独特性。此外，企业也要注意保护自身软肋，避开潜在的威胁。

两句结尾
引用句 + 总结句

"路是脚踏出来的，历史是人写出来的。"企业找准定位，形成差异化竞争力，方能走好发展之路。

------------------ 全文共 753 字

母题 11 变通

1. 命题方向

"变通"是管理中的一种常见行为。变通通常有两方面的含义：

一是规则上的变通。比如真题中曾经考过的"原则与原则上"，其中"原则上"就是一种对规则的变通行为。对规则的变通，是一个有争议的话题。规则到底应该是坚决遵守，还是应该根据情况因地制宜、适时变通？规则应该是刚性的，还是柔性的？老吕认为，规则应该是刚性的，如果遇到非要变通的情况，说明规则制定得还不够完善，应该根据这样的新情况调整规则，而不应该随意违反规则。变通的这一方面含义，与"规则"这个话题有一定的重复性，本节不再赘述。

二是方法和路径上的变通。在企业管理或社会治理当中，都需要因时制宜、因地制宜，不断随着市场变化或社会变化来调整管理模式和发展策略。要识"时"而变、适"度"而变、趋"效"而变，"变"的最终目的是"通"，只有正确认识"变"与"不变"，树立正确的思维意识，在实践中不断磨砺，才能游刃有余地开展工作，真正实现"穷则变，变则通，通则久"。

2. 解题思路

"变通"这个母题可以用两种结构来分析。

结构一：整体有必要，当然有困难，困难能解决。

结构二：摆现象、析原因、做劝说、提方案。

由于第二种结构比较简单，本文着重讲解第一种结构。

3. 结构导图

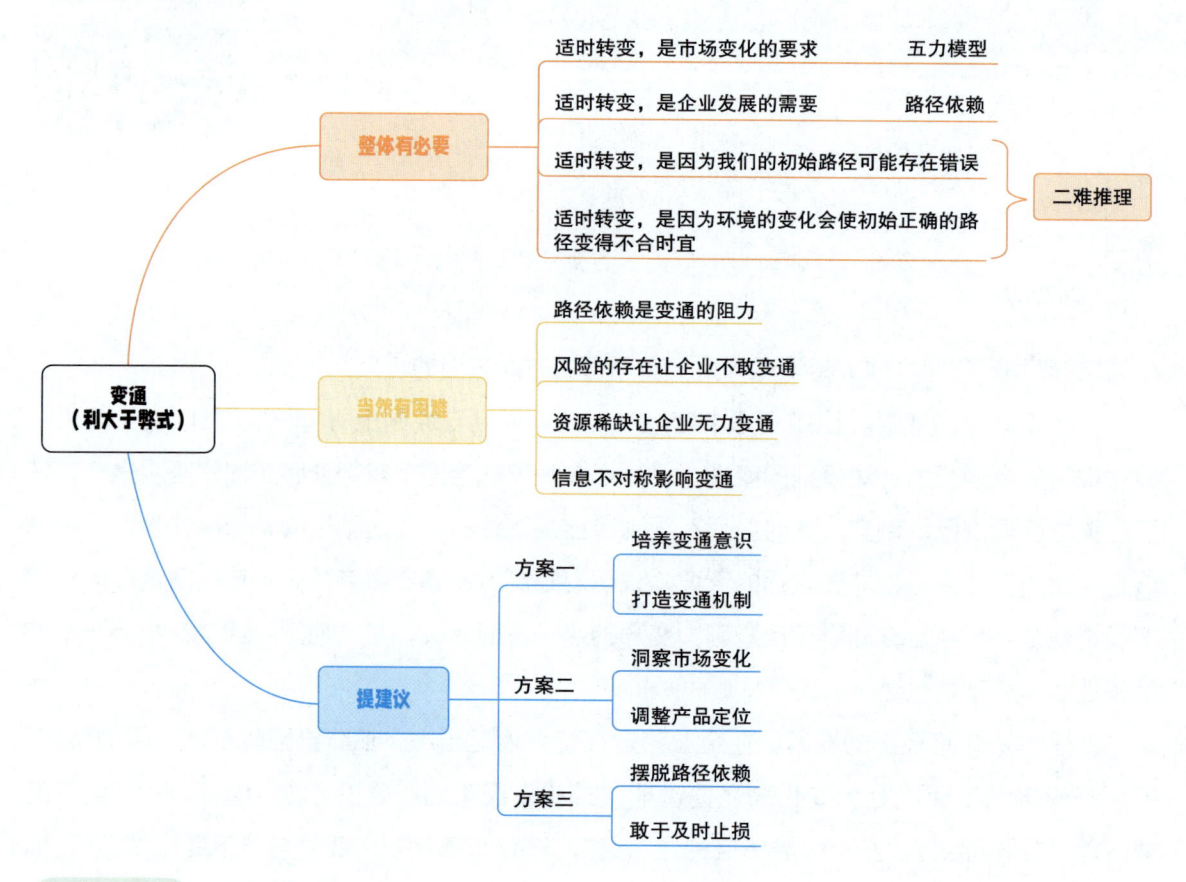

```
变通（利大于弊式）
├── 整体有必要
│   ├── 适时转变，是市场变化的要求 —— 五力模型
│   ├── 适时转变，是企业发展的需要 —— 路径依赖
│   ├── 适时转变，是因为我们的初始路径可能存在错误 ┐
│   └── 适时转变，是因为环境的变化会使初始正确的路径 ┤ 二难推理
│       变得不合时宜                              ┘
├── 当然有困难
│   ├── 路径依赖是变通的阻力
│   ├── 风险的存在让企业不敢变通
│   ├── 资源稀缺让企业无力变通
│   └── 信息不对称影响变通
└── 提建议
    ├── 方案一
    │   ├── 培养变通意识
    │   └── 打造变通机制
    ├── 方案二
    │   ├── 洞察市场变化
    │   └── 调整产品定位
    └── 方案三
        ├── 摆脱路径依赖
        └── 敢于及时止损
```

4. 母段

结构	段落	母理或要点
整体有必要	适时转变，是市场变化的要求。一方面是新的竞争对手、新的替代品的不断涌现。企业在经营过程中不但需要应对竞品的竞争，也可能要面临来自替代行业的挑战。另一方面是消费者需求的不断变化。以前的消费者的需求很容易得到满足，但现在人家可能更青睐竞品的更高端的"个性定制"。因此，顺应市场变化，适时转变经营策略是企业发展的基本要求。	五力模型
	适时转变，是企业发展的需要。企业经营多年后，往往会采购熟悉的原材料，生产成熟的旧产品，经过传统的销售渠道，卖到一群老顾客手中。从采购到生产，再到销售，无不轻车熟路。但这样的结果就是，企业发展进入"舒适区"，不愿从旧产品、旧模式中走出来。而当外部市场环境发生变化时，企业就会陷入危机。因此，企业要想长久发展，就需要适时转变。	路径依赖

11 变通

结构	段落	母理或要点
整体有必要	适时转变，是因为我们的初始路径可能存在错误。其实，任何事业的发展，都是一个试错和纠错的过程。一旦决策和路径选择错误，却又不知变通，无疑是死路一条。苹果最初的业务并不是手机；新浪最早的产品也不是微博；世界上最牛的数字动画工作室 Pixar 一开始的业务，居然是制造计算机。因此，最初的选择并不意味着我们要一条路走到黑，遇到困局，通晓变通，方能柳暗花明。所谓："变则新，不变则腐；变则活，不变则板。"	**二难推理：**最初选择不正确时，需要变通。最初选择正确时，也需要变通。
	适时转变，是因为环境的变化会使初始正确的路径变得不合时宜。王弼有语："动静屈伸，唯变所适。"成功的道路不可能是一帆风顺的，若我们不能因时而变，因势而改，最终也会走向覆灭。从柯达的陨落、诺基亚的凋零，再到任天堂的逆转颓势、星巴克的起死回生，无一不体现着变通的重要性。大多数人在选择最初路径时并没有出错，可随着时间的推移，自己手中的"筹码"也逐渐增多，在机遇来临时，却不敢放弃已有成就，只能固守原地，坐吃山空。	
当然有困难	很多企业不愿求变，其中一个原因就是"路径依赖"。企业在经营过程当中，容易沉浸在成功过的模式中，即使看到外部环境已然发生变化，只要还有利益增长，还有盈利能力，就不愿意寻求新的变革。	**内因：**路径依赖
	很多企业不愿求变，是因为变通存在一定的风险。变通是需要前期投入的，无论是供应链改造还是管理体制的变革，等等，都无疑会增加企业的运营成本。如果变通后的结果不尽人意，那么前期投入都将成为沉没成本。	**内因：**沉没成本
	很多企业不愿求变，资源稀缺性是一个重要原因。企业原有的生产模式就投入了大量的人力、财力、物力，如果这时还需要调配资源去进行新的探索，企业可能会"吃不消"。	**内因：**资源稀缺性
	很多企业不愿求变，其中一个重要的原因就是信息不对称。企业掌握的信息是有限的，难以洞察客观环境的变化趋势，如法律政策变化、市场环境变化、消费者需求变化等，使得企业认为旧有的发展生产模式是正确的，难以做出有效决策。	**外因：**信息不对称
困难能克服	企业要想充分取得变通的效益，需要从两个方面入手： 一要培养变通的意识。加强对员工的培训，打造敢于变通的企业文化，让灵活处事成为员工的一种习惯。 二要打造变通的机制。变通的关键在于对市场的调查和分析，因此，要建立健全市场调研体系，打造产品迭代流程。	培养变通意识 打造变通机制

85

结构	段落	母理或要点
困难能克服	适时转变，可以从以下两方面入手： 一要洞察市场变化。随着市场经济的发展和成熟，消费者的需求和偏好变化的速度正在加快。尤其是在网红经济、直播经济的带动之下，一个产品可能会快速成为爆款，也可能会迅速被淘汰。因此，洞察市场变化，是企业适时转变的前提。 二要调整产品的定位。越是规模较大的企业、越是旧模式旧产品取得过成功，越不能掉以轻心。面对新的市场环境时，要像康师傅方便面一样，适时调整产品定位，转变要果决，敢于舍弃沉没成本。	洞察市场变化 调整产品定位
	想要适时转变，做到以下两点很重要： 一要摆脱路径依赖。而且，越是规模较大的企业，越是旧模式旧产品取得过成功，越不能掉以轻心。面对新的市场环境时，要适时调整产品定位。 二要敢于及时止损。很多企业不敢变通，是因为之前的模式产生了大量的沉没成本，而这些企业不愿放弃这些沉没成本。但这样只会让问题雪上加霜，因此，企业要敢于及时止损。	摆脱路径依赖 敢于及时止损

5. 母题应用

（1）康师傅方便面

论说文：根据下述材料，写一篇700字左右的论说文，题目自拟。

随着外卖平台的兴起，再加上在城市里生活的人更加重视健康，方便面作为典型的"垃圾食品"，自然会被淘汰。然而，从2018年开始，康师傅的方便面业务已经连续增长了2年，去年的增长幅度达到了5%。这背后反映了一个趋势：方便面的盈利模式从传统的"薄利多销"逐渐转向走高端路线，获得更高的利润。

参考范文

企业经营应适时转变

吕建刚

引材料+点明主题　　外卖的兴起给方便面业务带来了极大的挑战，在市场皆看衰方便面行业的发展时，康师傅却能逆市增长，这背后的原因，是康师傅顺应市场、适时转变。

11 变通

适时转变，是市场变化的要求。一方面，是新的竞争对手、新的替代品的不断涌现。以康师傅方便面为例，它不但需要应对来自统一方便面的竞争，也要面临来自外卖行业的挑战。另一方面，是消费者需求的不断变化。以前的消费者感觉自己泡个方便面就已经很"方便"了，但现在更青睐别人把饭做好送货上门。而且，现在的消费者对食品健康、食品安全更加看重。因此，顺应市场变化，适时转变经营策略是企业发展的基本要求。

适时转变，是企业发展的需要。企业经营多年后，往往会采购熟悉的原材料，生产成熟的旧产品，经过传统的销售渠道，卖到一群老顾客手中。从采购到生产，再到销售，无不轻车熟路。长此以往，企业发展进入"舒适区"，便不愿从旧产品、旧模式中走出来。这样的结果就是，当外部市场环境发生变化时，企业就会陷入危机。因此，企业要想长久发展，就得适时转变。

当然，适时转变说起来简单，做起来有难度，可以从以下两方面入手：

一要洞察市场变化。随着市场经济的发展和成熟，消费者的需求和偏好变化的速度正在加快。尤其是在网红经济、直播经济的带动之下，一个产品可能会快速成为爆款，也可能会迅速被淘汰。因此，洞察市场变化，是企业适时转变的前提。

二要调整产品定位。越是规模较大的企业，越是旧模式旧产品取得过成功，越不能掉以轻心。面对新的市场环境时，要像康师傅方便面一样，适时调整产品定位，转变要果决，敢于舍弃沉没成本。

总之，康师傅方便面为我们提供了一个成功范例，告诉我们，企业经营需要适时而变。

------------ 全文共 682 字

有必要（1）
是市场变化的要求
① 新的竞争对手、新的替代品的不断涌现
② 消费者需求变化快
③ 消费者重视食品品质
五力模型 ❶

有必要（2）
是企业发展的需要
① 路径依赖易使企业陷入危机

提方案
① 洞察市场变化
② 调整产品定位

总结全文

---

❶ 五力分析模型是迈克尔·波特提出，用于竞争战略的分析。五力分别是：供应商的讨价还价能力、购买者的讨价还价能力、潜在竞争者进入的能力、替代品的替代能力、行业内竞争者现在的竞争能力。

（2）柯达集团

论说文：根据下述材料，写一篇700字左右的论说文，题目自拟。

回顾柯达的发展史，柯达曾经在"胶卷时代"独自称雄，成为利用核心竞争力获取独特竞争优势的一个典范。遗憾的是，这种盛极一时的核心竞争力在数码时代却遭遇了"滑铁卢"，最终导致百年柯达申请破产保护的结局。

参考范文

晓变通，方成功

吕建刚　江徕

引用句+引材料+论点句

古语有云："穷则变，变则通，通则久。"柯达的失败告诫我们：企业在面对困局时，不能一味地钻牛角尖，懂变通，方成功。

析原因（1）
路径依赖

其实，很多企业不愿意变通，原因不难理解。

首先，路径依赖的存在让他们不愿意变通。企业在经营过程当中，容易沉浸在成功过的模式中，即使看到外部环境已然发生变化，只要还有利益增长，还有盈利能力，就不愿意寻求新的变革。而且，越是原有的模式取得过巨大成功的企业，越是容易产生这样的路径依赖。

析原因（2）
沉没成本

其次，沉没成本的存在让他们不敢变通。企业在旧模式、旧路径上，往往会形成一些沉没成本。尤其对于一些规模较大的企业来说，这种沉没成本更加巨大。以柯达为例，作为一家全球顶尖的跨国公司，他们难道不知道变通的重要性吗？当然知道，但是它们在胶卷业务上投入过多，形成了巨大的沉没成本，即使发现了新的市场机会也难以迅速掉转船头。

谈危害
企业固守旧模式，容易被新模式"降维打击"

企业固守旧模式，容易被新模式"降维打击"。市场发展的趋势就是新产品淘汰旧产品、新模式淘汰旧模式，尤其是当新产品、新模式实现了革命性创新时，旧产品、旧模式就会被颠覆。无论是诺基亚的塞班系统手机被触屏手机颠覆，还是柯达的胶卷数码相机被淘汰，还是方便面面临来自外卖的竞争，皆是如此。

企业要想做到适时而变，做好以下两方面尤其重要。

一要摆脱路径依赖。越是规模较大的企业，越是旧模式旧产品取得过成功，越不能掉以轻心。面对新的市场环境时，要适时调整产品定位。

二要敢于及时止损。很多企业不敢变通，是因为之前的模式产生了大量的沉没成本，而这些企业不愿放弃这些沉没成本。但这样只会让问题雪上加霜，因此，企业要敢于及时止损。

总之，晓变通，方成功。

-------------------- 本文为现象分析式结构，全文共 668 字

提方案
① 摆脱路径依赖
② 敢于及时止损

总结全文

母题 12 细节

1. 命题方向

"细节"这个母题，历年来都是论说文考试中的高频话题。在这个"细节制胜"的时代，无论是从企业内部的员工管理、质量管理，还是外部的市场营销、客户服务等各个方面，细节问题都可能关系到企业的前途甚至是生死存亡。企业不管铺开多大的摊子，想要取得实实在在的成效，没有对细节的把控和精益求精的态度，都很难取得预期成效。

当然，强调注重细节、抓好细节，也并非主张管理者把心思和精力都放在鸡毛蒜皮的小事上，而是强调将"大处着眼"与"小处着手"有机结合，营造严谨细致、一丝不苟的企业氛围，将问题隐患扼杀在萌芽阶段，让企业从优秀走向卓越。

2. 解题思路

根据命题材料的不同，"细节"母题常见两个方向："精益求精"方向和"防范危机"方向。

方向一，精益求精方向。对于很多规模庞大的企业而言，一个细节的优化就可以产生巨额价值，一个流程的改进就可以节约大量的成本。因此，细节之处能否精益求精，会影响一个企业是平庸、优秀还是卓越。

这一方向，可以采用"利大于弊式"结构：关注细节有好处／有必要——关注细节也有困难——但是困难可以解决（提出方案）。

方向二，"危机防范"方向。任何事故的发生，都有一个从量变到质变、从微疵到大错的经过。因此，管理者能否在细节之处洞察并解决隐患，决定了一个企业能否安全生产运营、预防事故发生。

这一方向，可以采用"现象分析式"结构：摆现象——析原因——谈危害——提方案。具体写作方法可以参考本书《母题 3·危机》。

3. 结构导图

结构一："精益求精"方向（利大于弊式）

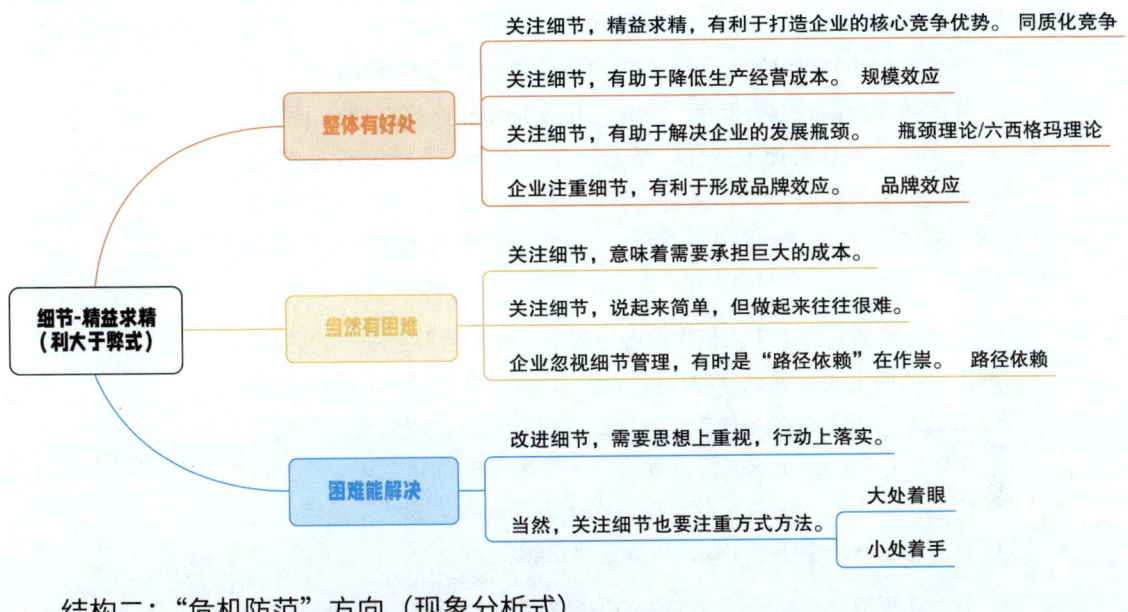

- 细节-精益求精（利大于弊式）
  - 整体有好处
    - 关注细节，精益求精，有利于打造企业的核心竞争优势。 同质化竞争
    - 关注细节，有助于降低生产经营成本。 规模效应
    - 关注细节，有助于解决企业的发展瓶颈。 瓶颈理论/六西格玛理论
    - 企业注重细节，有利于形成品牌效应。 品牌效应
  - 当然有困难
    - 关注细节，意味着需要承担巨大的成本。
    - 关注细节，说起来简单，但做起来往往很难。
    - 企业忽视细节管理，有时是"路径依赖"在作祟。 路径依赖
  - 困难能解决
    - 改进细节，需要思想上重视，行动上落实。
    - 当然，关注细节也要注重方式方法。
      - 大处着眼
      - 小处着手

结构二："危机防范"方向（现象分析式）

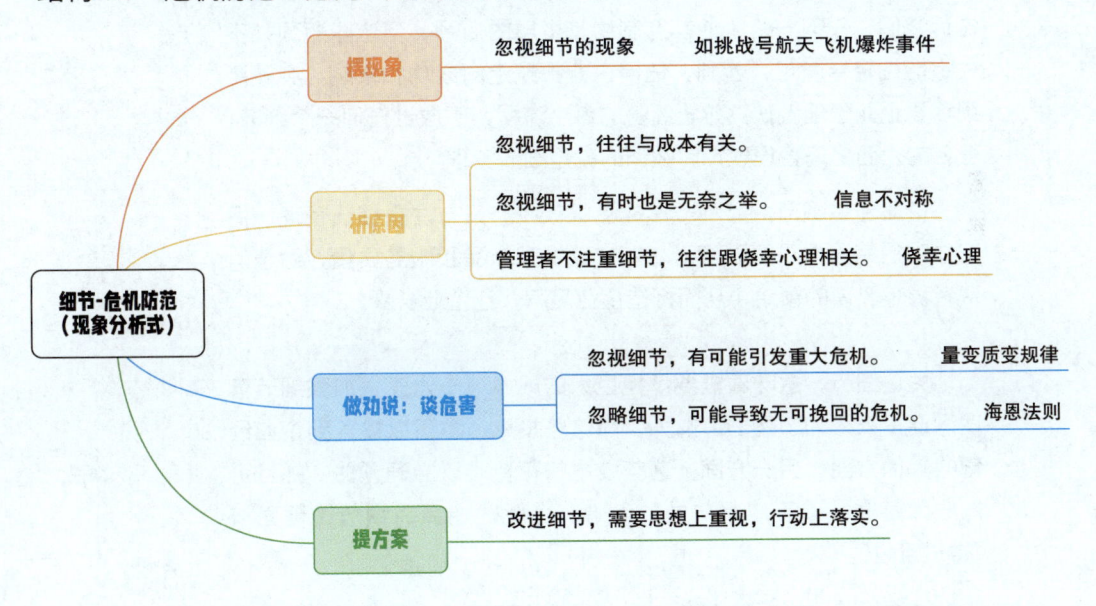

- 细节-危机防范（现象分析式）
  - 摆现象
    - 忽视细节的现象　如挑战号航天飞机爆炸事件
  - 析原因
    - 忽视细节，往往与成本有关。
    - 忽视细节，有时也是无奈之举。 信息不对称
    - 管理者不注重细节，往往跟侥幸心理相关。 侥幸心理
  - 做劝说：谈危害
    - 忽视细节，有可能引发重大危机。 量变质变规律
    - 忽略细节，可能导致无可挽回的危机。 海恩法则
  - 提方案
    - 改进细节，需要思想上重视，行动上落实。

4. 母段

▶ 结构一:"精益求精"方向(利大于弊式)

结构	段落	母理或要点
整体有好处	关注细节,精益求精,有利于打造企业的核心竞争优势。尤其是在同质化程度较高、竞争较为激烈的市场中,产品在细节上领先的一小步,往往会让企业在市场上领先一大步。英特尔和AMD的处理器性能差异并不大,但英特尔总能在运算能力、散热能力等细节上领先一小步,就是这一小步,让英特尔在市场上始终处于领先地位。	同质化竞争
	关注细节,有助于降低生产经营成本。规模会放大细节的影响,越是成功的企业,越是存在规模效应。比如,华为手机一年销量超过1亿部,丰田汽车全球年销量超过1 000万辆,格力空调年销量近2 000万台。对于这些企业而言,一个细节的优化就可以产生巨额价值,一个流程的改进就可以节约大量的成本。因此,是否关注细节,影响一个企业是平庸、优秀还是卓越。	规模效应
	关注细节,有助于解决企业的发展瓶颈。经济学中的瓶颈理论告诉我们,任何一个企业都有制约其发展的瓶颈,但这些瓶颈并不一定能被轻易发现,否则,任何企业都能走向成功和卓越。突破瓶颈需要企业管理者认真分析经营的每个流程,不放过任何一个细节,著名的六西格玛管理理论,强调的就是细节管理。	瓶颈理论/六西格玛理论
	企业注重细节,有利于形成品牌效应。只有注重细节管理,把工作中的每一件小事做细,才能持续提升产品和服务质量,给予消费者稳定严谨的预期,从而打造企业品牌,让企业长青。	品牌效应
当然有困难	关注细节,意味着需要承担巨大的成本。一方面,加强细节管理需要投入人力、物力、财力,而这些投入,本可以投入到企业经营的其他方面;另一方面,这些成本的花费难以准确预估,并且可能收效甚微。出于成本效益的考虑,企业往往会在细节管理面前"得过且过"。	成本高
	关注细节,说起来简单,但做起来往往很难。我们常说精益求精,但实际上做到"精"就很难了,在"精"上再更进一步,做到精益求精,那就更难了。细节上的一丁点改进,在研发上可能就是巨大的创新,这对企业的创新能力有着极大的要求。	能力要求高

12 细节

结构	段落	母理或要点
当然有困难	企业忽视细节管理，有时是"路径依赖"在作祟。出于惯性思维，既然不完善细节也能获得不错的收益，企业自然不愿意跳出舒适区，"懒得"在细节管理上下功夫，企业难以克服路径依赖，也就无法从"细处"着力，从"小处"抓起。	路径依赖
困难能解决	改进细节，需要思想上重视，行动上落实。 首先，思想上要重视。这看似老生常谈，实则非常重要。因为思想是行动的先导，如果思想上都不重视细节，行动上不可能把细节抓好。 其次，行动上要落实。一要制定细节管理制度，健全激励机制，加强员工的培训，营造精细入微、精益求精的企业氛围；二要投入资源，因为细节管理也需要一定的投资才会有效果。	思想上重视 行动上落实
	当然，关注细节也要注重方式方法。"抓细节"不代表"只抓鸡毛蒜皮的小事"，而是从大处着眼、小处着手，保持对企业关键环节的深层关注。做好每件小事，才能把握全局、成就大事。	大处着眼 小处着手

▶ 结构二："危机防范"方向（现象分析式）

结构	段落	母理或要点
摆现象	"千里之堤，以蝼蚁之穴溃；百尺之室，以突隙之烟焚。"飞机仅仅因为一粒微不足道的纽扣，还未升空便发生爆炸，着实让人扼腕叹息。这也给管理者带来了警示：关注细节，预防隐患。	事例
析原因	忽视细节，往往与成本有关。企业生产经营过程中的细节实在是太多了，很难做到面面俱到。而且，每一处细节管理都要付出成本，但往往收益又不大，这就会让很多管理者有意无意地忽略细节管理。	成本高、收益低
	忽视细节，有时也是无奈之举。一是，企业生产经营过程中的细节实在是太多了，有些细节可能难以被发现，有些细节则出于成本的考虑被有意忽略；二是，相对于高层管理者，有些细节更易于被基层员工发现，但被发现后员工未必能准确传达给决策者。	信息不对称
	管理者不注重细节，往往跟侥幸心理相关。麻痹大意、急功近利，使得管理者认为"灰犀牛"还远，即使跑过来也不一定能撞到自己，这种"心存侥幸"造成管理者认知上的偏差，使其不愿意对细节予以重视。	侥幸心理

结构	段落	母理或要点
谈危害	忽视细节，有可能引发重大危机。中国有句老话叫"祸患常积于忽微"，这是因为任何危机的发生都有一个从产生隐患、酝酿发展，再到偶然触发的过程；也都有一个从量变到质变、从微疵到大错的经过。危机往往由小细节起，以大事故终，最后造成"千里之堤，溃于蚁穴"的严重后果。	量变质变规律
	忽视细节，可能导致无可挽回的危机。工程学上有一个定律，在一次重大事故发生之前，已经有超过99次的小事故发生了。但由于人们忽视小事故给出的信号、预兆、警示，或者即使看到危险信号也未积极采取行动阻止危机，而等到灾难真正降临时，才惊觉无处可躲、无计可施。	海恩法则
提方案	改进细节，需要思想上重视，行动上落实。 首先，思想上要重视。这看似老生常谈，实则非常重要。因为思想是行动的先导，如果思想上都不重视细节，行动上更不可能把细节抓好。 其次，行动上要落实。一要制定细节管理制度，健全激励机制，加强组织成员的培训，营造精细入微、精益求精的工作氛围；二要投入资源，因为细节管理也需要一定的投资才会有效果。	思想上重视 行动上落实

5. 母题应用

（1）青桔单车

论说文：根据下述材料，写一篇700字左右的论说文，题目自拟。

曾经的共享单车行业"尸横遍野"：估值百亿的ofo深陷押金风波；摩拜卖身美团，9个月内巨亏45.5亿元资金。在更多人唱衰共享单车行业时，2020年上半年，青桔在春节后毛利如期转正，又在4个月后，订单规模实现翻倍。青桔坦言，花费了很长时间在车辆设计和各个零部件的研发上，除了智能锁外，从链条、轮胎、刹车，甚至到脚蹬、车座的每个零件都会拆解下来仔细研究组合。事实上，即便到现在，共享单车大多交给整车厂整车采购，或者只在智能锁等关键部位作自主研发。

参考范文（"精益求精"方向）

企业经营应注重细节

吕建刚

"大礼不辞小让，细节决定成败。"近日青桔单车花费长时间进行改革和研发而使得毛利如期转正。可见，企业要想发展，还需注意细节。

> 名言引入+分析材料+点明主题

关注细节，有利于打造企业的核心竞争优势。尤其是在同质化程度较高、竞争较为激烈的市场中，产品在细节上领先的一小步，往往会让企业在市场上领先一大步。青桔单车把功夫用在了零部件的研发改进上：从链条、轮胎、刹车，到脚蹬、车座，这些零配件的细节优化，为人们提供了更好的骑行体验，这样就形成了青桔单车独特的竞争优势。

> **关注细节有好处（1）**
> 打造核心竞争优势
> ❶ 产品细节领先，企业在市场上就会领先

关注细节，有助于降低生产经营成本。规模会放大细节的影响，越是成功的企业，越是存在规模效应。比如，华为手机一年销量超过1亿部，格力空调年销量近2 000万台，青桔单车则遍布大街小巷。对于这些企业而言，一个细节的优化就可以产生巨额价值，一个流程的改进就可以节约大量的成本。因此，是否关注细节，影响一个企业是平庸、优秀还是卓越。

> **关注细节有好处（2）**
> 降低生产经营成本
> ❶ 形成规模效应
> ❷ 节约大量成本

当然，关注细节，说起来简单，但做起来往往很难。我们常说精益求精，但实际上做到"精"就很难了，在"精"上再更进一步，做到精益求精，那就更难了。细节上的一丁点改进，在研发上可能就是巨大的创新，这对企业的创新能力有着极大的要求。

> **关注细节有困难**
> 对创新能力高要求

因此，要想改进细节，必须思想上重视，行动上落实。
首先，思想上要重视。这看似老生常谈，实则非常重要。因为思想是行动的先导，如果思想上都不重视细节，行动上更不可能把细节抓好。
其次，行动上要落实。一要制定细节管理制度，健全激励机制，加强员工的培训，营造精细入微、精益求精的企业氛围；二要投入资源，因为

> **提方案**
> ❶ 在思想上重视
> ❷ 在行动上落实

细节管理也需要一定的投资才会有效果。

总结全文 综上所述，企业要想长远发展，应当注重细节。

------ 全文共 668 字

（2）一颗纽扣带来的恶果

论说文：根据下述材料，写一篇 700 字左右的论说文，题目自拟。

20 世纪 50 年代初，一个以科学技术发达而著称的国家决定组织一次规模宏大的军事演习。随着指挥员一声令下，飞行员精神抖擞地启动了飞机。然而，飞机刚离开地面，就发生剧烈震动。随着一声巨响，映入人们眼帘的是滚滚的浓烟还有支离破碎的飞机残骸。到底是什么原因引起如此严重的事故呢？随着调查工作的不断展开，迷雾被一层层拨开，最终的结果令人难以置信——造成这次飞机失事的原因，竟然是飞行员衣服上的一颗纽扣。原来在飞机起飞的一刹那，飞行员衣服上的一颗纽扣掉到了仪器当中，仪器不能正常运行，影响了其他部件的运转，最后导致了机毁人亡的恶果。

参考范文（"防范危机"方向）

关注细节，预防隐患

老吕团队　食饱饱

名言引入+分析材料+点明主题

"千里之堤，以蝼蚁之穴溃；百尺之室，以突隙之烟焚。"飞机仅仅因为一粒微不足道的纽扣，还未升空便发生爆炸，着实让人扼腕叹息。这也给管理者带来了警示：关注细节，预防隐患。

析原因（1）
成本高
① 需关注细节太多
② 往往收益小于成本

忽视细节，往往与成本有关。一件事情想要成功，需要关注的细节实在是太多了，很难做到面面俱到。以材料中的事故为例，飞机制造与飞行管理中的细节如此之多，很难让人关注到飞行员衣服上的一粒扣子。而且，每一处细节管理都要付出成本，但往往收益又不大，这就会让很多管理者有意无意地忽略细节管理。

忽视细节，还往往跟侥幸心理相关。麻痹大意、急功近利，使得管理者认为"灰犀牛"还远，即使跑过来也不一定能撞到自己，这种"心存侥幸"造成管理者认知上的偏差，使其不愿意对细节予以重视。

然而，忽略细节，往往会导致危机出现。墨菲定律曾言，如果一件事有变坏的可能，不管可能性多小，这件事终究会发生，并往最坏的结果发展。管理者作为企业的掌舵人，更需要精细入微，揪住每一个隐患，不因事小就坐视不理。正如造成这次飞机失事的纽扣，看起来不足为患，却酿成了如此悲剧。由此可见，盛满之功常败于细微之事，忽视细节，悲剧迟早会发生。

由此可见，侥幸心理要不得。抓好细节管理，才能防范危机。具体来说，要做好以下两个方面：

首先，思想上要重视。这看似老生常谈，实则非常重要。因为思想是行动的先导，如果思想上都不重视细节，行动上更不可能把细节抓好。

其次，行动上要落实。一要制定细节管理制度，健全激励机制，加强员工的培训，营造精细入微、精益求精的企业氛围；二要投入资源，因为细节管理也需要一定的投资才会有效果。

总之，"天下难事，必做于易；天下大事，必做于细。"管理者在细微处更要如履薄冰、如临深渊，切不可怀有丝毫侥幸心理。

-------------------- 全文共 713 字

析原因（2）
与侥幸心理有关

谈危害
忽视细节会导致危机
墨菲定律：如果一件事情有变坏的可能，不管这个可能性有多小，这件事都会发生，并且造成的后果极其严重。换句话说，如果因为侥幸而不去做某件事，那不好的结果最终都会发生。

提方案
❶ 在思想上重视
❷ 在行动上落实

两句结尾
引用句 + 总结句

母题 13 冒险

1. 命题方向

风险与冒险是企业管理的永恒话题，也是联考命题的热点。2014 年管理类联考真题"孔雀的选择"，2017 年管理类联考真题"旧产品与新产品"都与风险和冒险有关。

2. 解题思路

面对风险，我们必须要有两种态度。一是要敢于冒险。比尔·盖茨说过："成功的首要因素就是冒险；如果把所有的冒险都消除掉的话，自然也就把所有成功的机会都消除掉了。"二是要合理避险。管理者要清楚，敢于冒险不等于盲目冒进。因此，企业要建立起风险防范意识和预警机制，在朝着预期方向突破发展的同时，也要时刻警惕随之而来的风险。

针对"冒险"这个母题，大家可以采取"利大于弊式"的行文结构：冒险有好处/必要，但同时也有风险（易失败），但是风险可以防范（提出方案）。

3. 结构导图

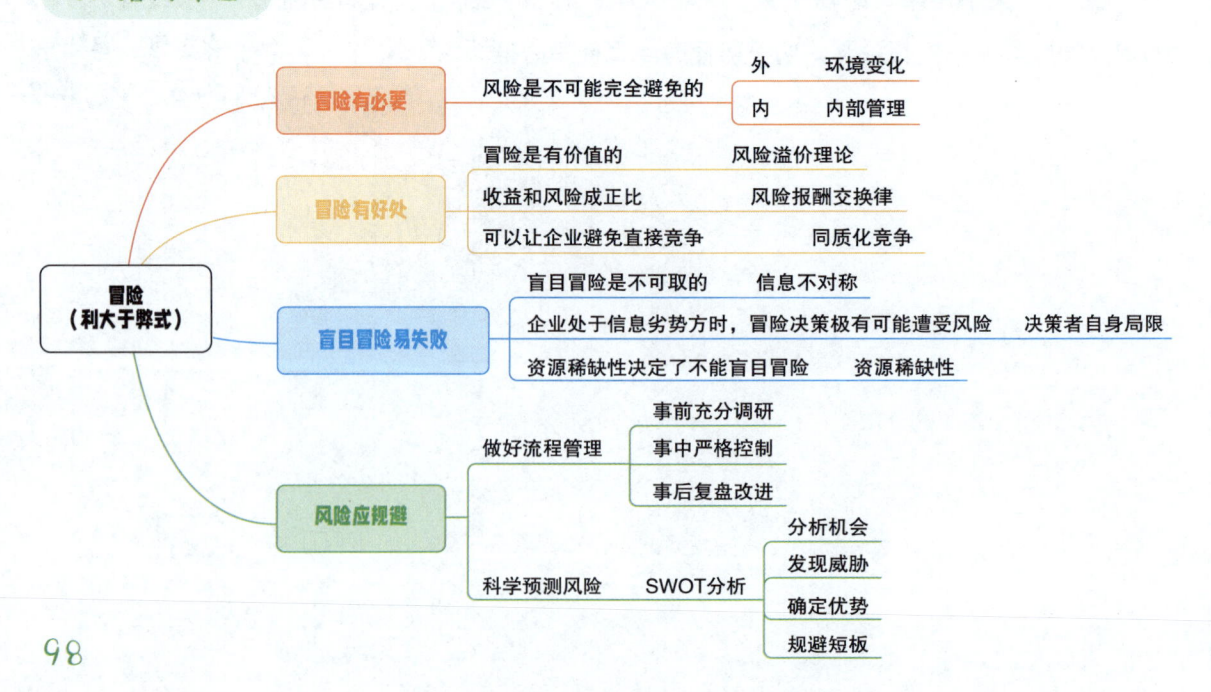

```
冒险（利大于弊式）
├── 冒险有必要 ── 风险是不可能完全避免的 ── 外 环境变化
│                                          内 内部管理
├── 冒险有好处 ── 冒险是有价值的 ── 风险溢价理论
│              ── 收益和风险成正比 ── 风险报酬交换律
│              ── 可以让企业避免直接竞争 ── 同质化竞争
├── 盲目冒险易失败 ── 盲目冒险是不可取的 ── 信息不对称
│                 ── 企业处于信息劣势时，冒险决策极有可能遭受风险 ── 决策者自身局限
│                 ── 资源稀缺性决定了不能盲目冒险 ── 资源稀缺性
└── 风险应规避 ── 做好流程管理 ── 事前充分调研
                              事中严格控制
                              事后复盘改进
              ── 科学预测风险 ── SWOT分析 ── 分析机会
                                           发现威胁
                                           确定优势
                                           规避短板
```

4. 母段

结构	段落	母理或要点
冒险有必要	首先，管理者要清楚，风险是不可能完全避免的。一方面，企业的外部经营环境是不断变化的，比如政治法律环境、市场竞争环境、消费者的需求等都在变化，这就不可避免地给企业经营带来了不确定性，风险随之产生。另一方面，企业的内部管理也存在风险：研发能出成果吗？营销投入有效吗？人力资源战略符合企业发展要求吗？这一系列的问题使得企业经营不可能完全避免风险。既然风险无法完全避免，那么企业家就应该有冒险精神。	外：环境变化 内：内部管理
冒险有好处	很多人愿意冒险，当然是因为冒险是有价值的。投资学上有一个概念，叫"风险溢价"，它是指一个高风险高收益的投资的回报率与无风险的投资的回报率之间的差额。正是风险溢价的存在，才会有人愿意冒险。	风险溢价
	很多人愿意冒险，是因为收益和风险成正比。财务管理中有一种理论叫"风险报酬交换律"：在投资下降报酬率相同的情况下，人们都会选择风险小的投资，结果竞争使其风险增加，报酬率降低。最后的结果是，高风险的项目必须有高报酬，否则就没有人投资；低报酬的项目必须风险很低，否则也没有人投资。因此，企业家的冒险精神，往往决定了企业发展的上限。	风险报酬交换律
	敢于冒险，有时可以让企业避免直接竞争。尤其是在产品同质化比较严重的市场上，企业大胆冒险，可以推陈出新、另辟蹊径，就可走出红海进入"蓝海"，从而避免与竞争对手的同质化竞争，以此获得更高的利润。	同质化竞争
盲目冒险易失败	当然，盲目冒险是不可取的。在企业经营中，最忌讳的是不了解行情、不了解实际情况就盲目出击。但很多管理者还是踩了雷，事前没有做好调研，自以为这是有价值的冒险，实则是乱出手。由于信息的不对称，很容易失手，这种盲目性让很多企业吃尽了苦头。	信息不对称
	然而，当企业处于信息劣势方时，冒险决策极有可能遭受风险。管理者应该清楚，几乎所有的冒险决策都是在信息不对称、不完整的情况下做出的，再加上决策者能力不同、风险偏好不同。这使得很多冒险决策并不科学，这种决策的失误对于企业的经营来说往往是致命的。	决策者自身局限

结构	段落	母理或要点
盲目冒险易失败	资源稀缺性决定了企业不能盲目冒险。因为，在企业经营中，无论是人才、资金，还是其他资源，都不可能取之不尽、用之不竭。当我们选择冒险进取的时候，如果我们的配套资源跟不上，即使刚开始势头良好，但到了中后期难免产生疲态，一旦资源不能持续到位，冒险就容易失败。	资源稀缺性
风险应规避	企业欲减小决策风险，需做好流程管理。一要做好事前调研，调研越仔细，决策就越有依据。二要做好事中控制，决策执行过程中，要不断地发现问题并迅速解决，不能等最后的不良结果出现后才追悔莫及。三要做好事后复盘，对于没有留意到的地方进行改进。	事前调研 事中控制 事后复盘
	理智涉险的关键在于，企业用科学的方法来预测风险与效益。SWOT 分析就是一套很好的工具，企业通过对自身优劣势的认识，结合对外部环境中的机会与威胁的评估，来预测风险的大小与自身应对风险能力的高低，从而决定是否进行该项决策。	SWOT 分析

5. 母题应用

（1）小米的冒险

论说文：根据下述材料，写一篇 700 字左右的论说文，题目自拟。

8 月 10 日，2020 年《财富》世界 500 强发布，小米第二次进入榜单，排名 422 位，较去年上升 46 位。在接下来的一天，雷军进行了一场小米 10 周年演讲，他说："所谓的成功背后，是一个艰难的抉择，每一个选择背后，都是巨大的风险。但是，没有任何成功是不冒风险的。"

参考范文

冒险精神不可无

吕建刚

引材料+点明主题：雷军在小米十周年演讲中表示：没有任何成功是不冒风险的。小米进入世界五百强榜单也正说明：冒险精神不可无。

13 冒险

冒险有必要（1）
风险无法完全规避
① 外部环境不断变化
② 内部管理存在风险
PEST 分析 ❶

首先，管理者要清楚，风险本身是无法完全避免的。一方面，企业的外部经营环境是不断变化的，比如政治法律环境、市场竞争环境、消费者的需求等都在变化，这就不可避免地给企业经营带来了不确定性，风险随之产生。另一方面，企业的内部管理也存在风险：研发能出成果吗？营销投入有效吗？人力资源战略符合企业发展要求吗？这一系列的问题使得企业经营不可能完全避免风险。既然风险无法完全避免，那么企业家就应该有冒险精神。正如雷军所言，没有任何成功是不冒风险的。

冒险有必要（2）
冒险有价值

风险溢价：
投资者在面对不同风险的高低、清楚高风险高报酬、低风险低报酬的情况下，因投资者对风险的承受度不同，影响其是否冒风险获得较高的报酬。已经确定的收益与冒风险所得收益之间的差，即为风险溢价。

其次，管理者要清楚，冒险是有价值的。当风险高、收益高的项目摆在眼前时，选择冒险不无道理，风险溢价的存在，能让企业获利更多。也正是因为小米极具冒险精神、勇于开拓创新，在 7 年不到的时间里，便成为了《财富》世界 500 强。

冒险有困难
冒险决策有风险
① 存在信息不对称
② 决策者能力局限
③ 决策者风险偏好问题

当然，管理者也要意识到，冒险决策也有可能遭受风险。因为，几乎所有的冒险决策都是在信息不对称、不完整的情况下做出的，再加上决策者能力不同、风险偏好不同，这使得很多冒险决策并不科学，这种决策的失误对于企业的经营来说往往是致命的。

提方案
① 事前调研
② 事中控制
③ 事后复盘

所以，企业欲减小决策风险，需做好流程管理。一要做好事前调研。调研越仔细，决策就越有依据。二要做好事中控制。决策执行过程中，要不断地发现问题并迅速解决，不能等最后的不良结果出现后才追悔莫及。三要做好事后复盘，总结经验、吸取教训，以便未来进行改进。

两句结尾
引用句 + 总结句

杨澜曾说："万无一失意味着止步不前，那才是最大的危险。为了避险，才去冒险，避平庸无奇的险，值得。"因此，企业要敢于冒险。

------------------- 全文共 673 字

---

❶ PEST 分析是指宏观环境的分析，P 是政治 (politics)，E 是经济 (economy)，S 是社会 (society)，T 是技术 (technology)。

（2）阿诺特冒险收购迪奥集团

论说文：根据下述材料，写一篇 700 字左右的论说文，题目自拟。

1984 年，36 岁的阿诺特决定购买当时濒临没落的迪奥集团。这个冒险想法一公开，便引起了时尚界的嘲讽，可他执意为之，以家族建筑企业作为抵押，收购了大一倍的迪奥。接手经营后不久，阿诺特又走出一步险棋，辞退了迪奥原先的首席设计师，启用一位名不见经传的英国人来主持产品设计，这更引起了公众的讥讽，甚至他的家人也认定这样的做法是在败坏家业。

但是阿诺特力排众议，坚持启用新的设计师。果然，在重塑产品形象后，迪奥作为世界名牌的感召力得以很快恢复。此后的 26 年，他又接连"冒险"并购了路易·威登、纪梵希等世界级名牌并大获成功，组建起全球最大的时尚帝国，跻身全球第七富豪、欧洲首富。

参考范文

敢于冒险，铸就辉煌

老吕团队　花爷

引材料＋点明主题　　阿诺特冒险收购迪奥、辞退首席设计师，连走两步险棋，也因此挖掘到经营时尚品牌的第一桶金。这也给管理者带来了启示：企业经营就如同冒险，只有敢于"涉险滩、闯难关"，才能在经济发展中抓住新机遇、铸就新辉煌。

冒险有好处（1）
能让企业避免直接竞争
❶ 差异化战略

敢于冒险，能够让企业避免直接竞争。随着市场经济的发展，产品同质化现象严重，如果这时企业敢于冒险，推陈出新，采取差异化战略，避免与其他企业的直接竞争，可能让企业获利更多，在市场竞争中掌握主导权。阿诺特力排众议，启用一位名不见经传的英国人来主持产品设计，最终重塑了产品形象，恢复了世界品牌的感召力，提升了整体经济效益。

冒险有好处（2）
获益更大

敢于冒险，能让企业获益更多。财务管理中有一种理论叫"风险报酬交换律"：高风险的项目必须有高报酬，否则就没有人投资；低报酬的项目必须风险很低，否则也没有人投资。因此，企业家的冒险精神，往往决定了企业发展的上限。阿诺特启用英国设计师，并购路易·威登、纪梵希等一系列"冒险"举措，极大地助力了其组建全球最大的时尚帝国。

当然，冒险不意味着激进。在企业经营中，最忌讳的是不了解行情、不了解实际情况就盲目出击。但很多管理者还是踩了雷，事前没有做好调研，自以为这是有价值的冒险，实则是乱出手。由于信息的不对称存在，很容易导致失手，这种盲目性让很多企业吃尽了苦头。

所以，企业欲减小决策风险，需做好流程管理。一要做好事前调研。调研越仔细，决策就越有依据。二要做好事中控制。决策执行过程中，要不断地发现问题并迅速解决，不能等最后的不良结果出现后才追悔莫及。三要做好事后复盘，总结经验、吸取教训，以便未来进行改进。

冒险精神是人生的重要主题，更是企业经营过程中不可或缺的品质。只有敢于冒险突破、勇于探索未知，才能够抓住稍纵即逝的机遇，不断铸就新辉煌。

------------------- 全文共 728 字

冒险有困难
冒险并不等同于激进
① 信息不对称

提方案
① 事前调研
② 事中控制
③ 事后复盘

总结全文

103

母题 14 用人

1. 命题方向

优秀的人才既是企业的战略资源，也是国家进步的重中之重。因此，企业类话题和社会治理类话题都会涉及人才问题。

人才问题有两种命题方向：第一，是我们如何成为人才。第二，是我们如何识人用人。中学生作文，主要考第一个方向，目的是教育中学生长大后要长为人才；联考作文，主要考第二个方向，目的是让我们理解作为管理者应该如何用人。

2. 解题思路

识人用人，特别适合使用"利大于弊式"结构：人才很重要，但是在用人中常出现各种问题，因此，要解决这些问题（提建议）。

3. 结构导图

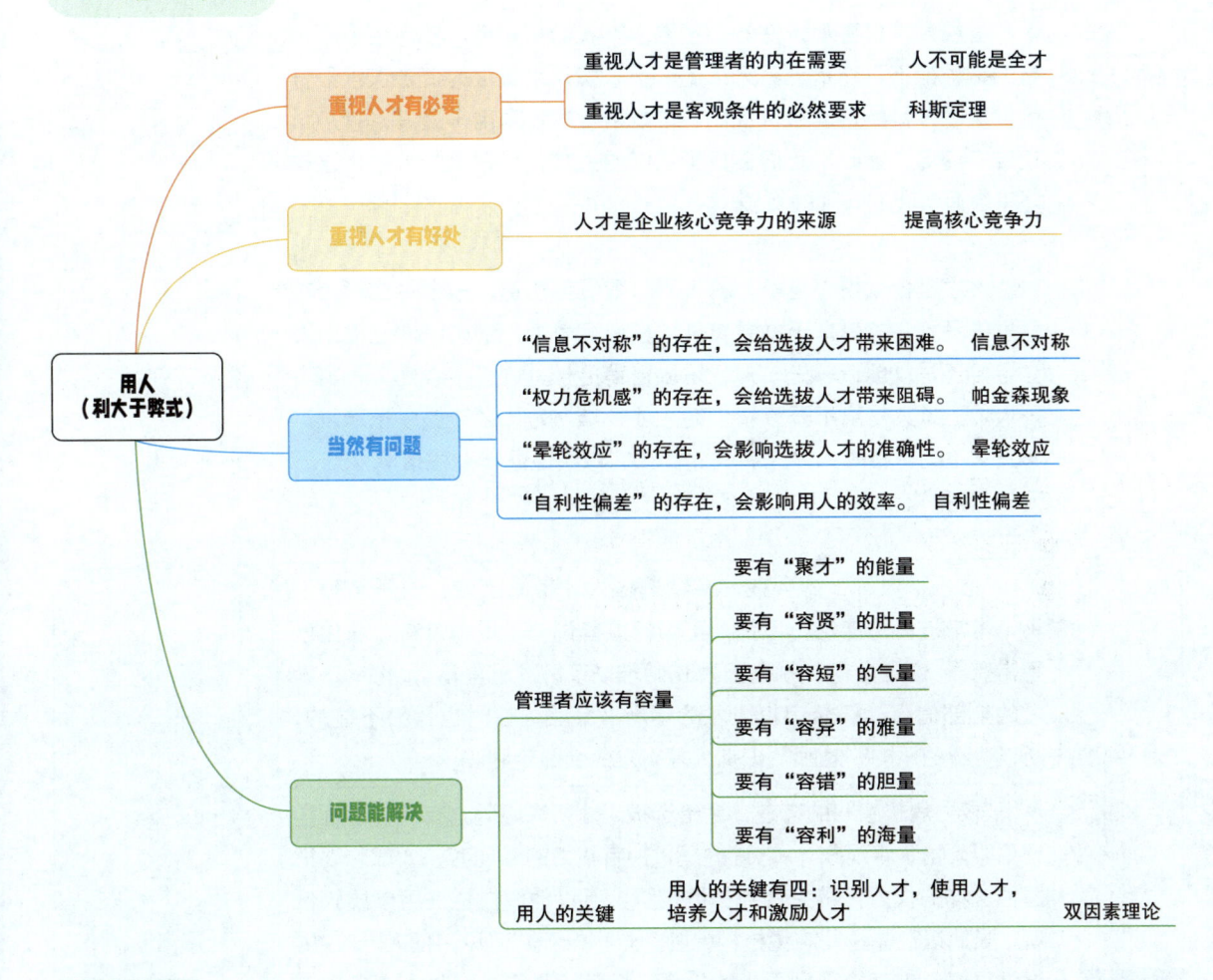

```
                              ┌─ 重视人才是管理者的内在需要      人不可能是全才
                 重视人才有必要 ┤
                              └─ 重视人才是客观条件的必然要求    科斯定理

                 重视人才有好处 ── 人才是企业核心竞争力的来源    提高核心竞争力

                              ┌─ "信息不对称"的存在，会给选拔人才带来困难。  信息不对称
用人             当然有问题   │  "权力危机感"的存在，会给选拔人才带来阻碍。  帕金森现象
(利大于弊式)                  │  "晕轮效应"的存在，会影响选拔人才的准确性。  晕轮效应
                              └─ "自利性偏差"的存在，会影响用人的效率。    自利性偏差

                                               ┌─ 要有"聚才"的能量
                                               │  要有"容贤"的肚量
                              管理者应该有容量 ┤  要有"容短"的气量
                 问题能解决   │                │  要有"容异"的雅量
                              │                │  要有"容错"的胆量
                              │                └─ 要有"容利"的海量
                              │
                              └─ 用人的关键     用人的关键有四：识别人才，使用人才，
                                               培养人才和激励人才                  双因素理论
```

4. 母段

结构	段落	母理或要点
重视人才有必要	重视人才是管理者的内在需要。"金无足赤，人无完人"，每个人都不可能是全才，多数管理者也仅仅是某一领域或某个方面的行家里手，在其他方面一定有其短处。因此，优秀的管理者必须善用各有所长的人才，来解决各个自己不擅长的领域中的问题。譬如刘邦，谋不如张良，文不如萧何，武不如韩信，但他皆能容之用之，故成就了大汉天下。	人不可能是全才

结构	段落	母理或要点
重视人才有必要	重视人才是客观条件的必然要求。我们都知道，任何组织所拥有的资源都不可能是无穷无尽的，那么如何用有限的资源谋求最好的发展呢？科斯定理告诉我们，谁能将一项资源用得最好，就应该让谁来使用。因此，我们要找到最好的人才，用好这些人才，这样才不会浪费我们有限的资源。	科斯定理
重视人才有好处	人才是企业核心竞争力的来源。我们都知道，一个企业能否在竞争中获胜，关键在于你要有某项核心竞争力，例如，你是以研发立足，还是以创造领先，抑或是以营销见长。这些核心优势，离不开人才，尤其是离不开高精尖的人才。华为为什么能够厚积薄发？与其"不拘一格降人才"有关，比如它敢给应届毕业生最高201万元的年薪，这才得以吸引诸多"天才少年"加入。	核心竞争力
当然有问题	"信息不对称"的存在，会给选拔人才带来困难。伯乐慧眼识马，常常被传为佳话。但是，正如韩愈曾说"千里马常有，而伯乐不常有。"这是为何？就是因为我们难以了解"千里马"，也就是人才的全部信息。仅靠审查人才的学历、经验，有时也是靠不住的，所以，靠伯乐的"慧眼"识别人才，难免会看走眼。	信息不对称
	"权力危机感"的存在，会给选拔人才带来阻碍。有一种管理学理论叫"帕金森现象"，它说的是，拥有权力的管理者，大都想要把握住这样的权力，避免受到其他威胁，所以他们往往任用素质较低者。长此以往，企业难免机构臃肿、效率低下。可见，任人当唯才，谁做得好，谁就能得到更多的机会。切莫因私废公，将人才任用流于形式。	帕金森现象
	"晕轮效应"的存在，会影响选拔人才的准确性。管理者一旦认同某个人的优点，往往会认为这个人的其他方面也不错；反之，管理者一旦看到了某个下属的缺点，往往也会认为这个下属其他方面也不怎么样。这种以偏概全的判断，会造成选人用人的错误。	晕轮效应
	"自利性偏差"的存在，会影响用人的效率。一些管理者，往往有这样的心理：当项目成功时，认为是自己领导有方，忽略下属的努力；当项目失败时，则认为失败与己无关，归因于下属执行不利。自己少拿一点，痛苦万分；下属多拿一点，万分痛苦。试问，这样的管理者会有人愿意为他卖力吗？	自利性偏差

结构	段落	母理或要点
问题能解决	要有"聚才"的能量。功以才成，业由才广。人才是推动企业发展的第一资源，是企业快速发展的宝贵财富。管理者是否有聚才的能量，关乎企业的发展大局。一方面，管理者要有领导力，要有吸引人才的人格魅力；另一方面，管理者要定战略、指方向、搭平台，满足人才的发展需求。 要有"容贤"的肚量。很多管理者出于权力危机感的心理，往往任用能力、素质不如自己的下属，而他的下属出于同样的心理，也任用不如自己的员工，这就导致企业人才匮乏、机构臃肿、效率低下。而真正有胸襟的管理者，能容得下各有所长的人才，譬如刘邦，谋不如张良，文不如萧何，武不如韩信，但他皆能容之用之，故成就了大汉天下。 要有"容短"的气量。人才并不等于全才，绝大多数人才只是某一领域或某个方面的行家里手，在其他方面一定有其短处，如果一味碍于人才的短处，不敢用人，那么企业就会无才可用。因此，管理者用人不能求全责备，既要用得起人才的长处，也要容得下人才的短处，这体现了一个管理者的格局。 要有"容异"的雅量。人才之所以成为人才，是因为他们的观点往往有独到之处，有时候甚至有些"标新立异"。这样的观点，只要的确有真知灼见，就理应欣然笑纳，而不是恼怒打击；对于这样的人才，要多接触、多包容、多关怀，尊重个性、支持创新。 要有"容错"的胆量。首先，任何事业不可能一帆风顺，试错、纠错是企业发展的必由之路。其次，"人非圣贤，孰能无过？"再厉害的人才，也会有思虑不周的时候，特别是创新型人才，都是从错误中成长起来的。所以，要有气魄给人才犯错的空间，要有胆量给人才改错的时间。 要有"容利"的海量。很多管理者心存"自利性偏差"：当项目成功时，认为是自己领导有方，忽略下属的努力；当项目失败时，则认为失败与己无关，归因于下属执行不利。自己少拿一点，痛苦万分；下属多拿一点，万分痛苦。试问，这样的管理者会有人愿意为他卖力吗？因此，好的管理者要容得下别人获利，《旧唐书》中有云"财聚人散、财散人聚"，是也。	管理者要有容量

结构	段落	母理或要点
问题能解决	用人的关键有四：识别人才，使用人才，培养人才和激励人才。 　　首先，识别人才，这是用人的前提。想要恰当地识别人才，不能仅靠管理者的慧眼识珠，搭建科学的人才评测体系更加关键，以此来准确判断人才的性格、特点、学识、特长，为下一步的用人提供依据。 　　其次，使用人才，这是识人的目的。使用人才的关键是人岗匹配，这要求我们既要做好岗位分析，又要做好人才评估。将人才安排到合适的岗位上，人才才能创造价值。 　　再其次，培养人才，这是人才涌现的秘诀。"人非生而知之者"，任何人才都需要成长过程。因此，要给人才成长的时间，更要搭建人才成长的平台。 　　最后，激励人才，是用好人才的诀窍。工作突出的，应加以奖励；工作消极的，应给予惩罚。只有赏罚分明，奖惩得当，员工的行为才会符合预期，企业才能有所发展。	识别人才、使用人才、培养人才、激励人才
	想要做好人才激励，可以参考美国心理学家赫茨伯格提出的双因素理论。 　　第一，保健因素是基础。所谓保健因素，就是诸如工资发放、劳动保护等因素。这些工作做好了，并不能增加员工的满意度。但是，这些工作一旦出现问题，员工就会产生种种不满。因此，对于这些因素，企业必须予以满足。 　　第二，激励因素是关键。所谓激励因素，就是诸如工作本身的成就感、对未来发展的期望，等等。这些工作做好了，会给员工带来极大的激励，增加其工作积极性，可见，这是提高企业生产效率的关键。	双因素理论（保健因素、激励因素）

5. 母题应用

（1）唐太宗用人

论说文：根据下述材料，写一篇700字左右的论说文，题目自拟。

　　唐太宗用人不重门第，不计前嫌，无论是寒门学子，还是曾与他为敌的隋官降将，只要是确有才能的，他均委以重任。更难能可贵的是，唐太宗能虚心纳谏，从善如流，即使手下所提建议不合己意，他也能冷静思考，最后予以采纳。这也才能成就他和魏征这段几乎不可复制的君臣千古佳话。

参考范文

管理者要重视人才

吕建刚

唐太宗李世民，在中国历史上是与秦皇汉武齐名、有文韬武略的皇帝，背后的一个原因在于其能唯才是用。这也给很多企业家提供了借鉴：管理者要重视人才。

重视人才是管理者的内在需要。"金无足赤，人无完人"，每个人都不可能是全才，多数管理者也仅仅是某一领域或某个方面的行家里手，在其他方面一定有其短处。因此，优秀的管理者必须善用各有所长的人才，来解决各个自己不擅长的领域中的问题。譬如刘邦，谋不如张良，文不如萧何，武不如韩信，但他皆能容之用之，故成就了大汉天下。

重视人才是客观条件的必然要求。我们都知道，任何组织所拥有的资源都不可能是无穷无尽的，那么如何用有限的资源谋求最好的发展呢？科斯定理告诉我们，谁能将一项资源用得最好，就应该让谁来使用。因此，我们要找到最好的人才，用好这些人才，这样才不会浪费我们有限的资源。

然而，"权力危机感"的存在，会给选拔人才带来阻碍。拥有权力的管理者，大都想要把握住这样的权力，避免受到其他人的威胁，所以他们往往任用素质较低者。长此以往，组织难免机构臃肿、效率低下。

可见，要想用好人才，做到以下两点非常关键。

首先，要有容人之量。真正有胸襟的管理者，能容得下各有所长的人才，譬如唐太宗把国事交予房玄龄、温秀博，征战守卫之事交予李靖，纳谏之事交予给魏征，故成就了贞观之治。

其次，要有用人之能。一是要做好人岗匹配，这是用人的关键。这要求我们既要做好岗位分析，又要做好人才评估，将人才安排到合适的岗位上。二是要做好人才培养，"人非生而知之者"，任何人才都需要成长过程。

因此，要给人才成长的时间，更要搭建人才成长的平台。

两句结尾
引用句+总结句

孙中山曾说："治国经邦，人才为急。"要想取得商场上的"贞观之治"，管理者需重视人才，知人善任。

------------------ 全文共 710 字

（2）马化腾买下 Foxmail

论说文：根据下述材料，写一篇 700 字左右的论说文，题目自拟。

2005 年腾讯总裁马化腾买下了张小龙开发的 Foxmail，张小龙作为陪嫁被打包送给了腾讯。马化腾之所以买下 Foxmail，一方面是看中了 Foxmail 的知识产权，另一方面更是看中了张小龙的才华。收购完成后，马化腾立即任命张小龙为广州研发中心负责人，之后的故事大家都知道了，张小龙不仅把 QQ 邮箱打造成了中国的 hotmail，更是组织开发了微信这一世界级的即时通讯社交产品。

参考范文

管理者需把握住人才

老吕团队　食饱饱

引材料+
点明主题

2005 年，马化腾看中了张小龙的才华，收购了 Foxmail，2011 年，张小龙领导研发的微信横空出世，让腾讯走上了移动互联网时代的快车道。由此可见，人才对于企业的发展举足轻重，管理者需把握住人才。

重视人才有
好处
人才是企业核心
竞争力的来源

人才是企业核心竞争力的来源。我们都知道，一个企业想在竞争中获胜，关键在于你要有某项核心竞争力，例如，你是以研发立足，还是以制造领先，抑或是以营销见长。这些核心优势离不开人才，尤其是离不开高精尖的人才。在腾讯深陷低谷的时候，是张小龙用微信带着腾讯冲出困局，而这得益于张小龙的产品运营才华。可见，一个企业能不能吸引和凝聚社会上的人才，特别是高素质的人才，能否合理配置、管理、开发和利用好人才，将关系到企业的生存发展。

14 用人

人才固然重要，但在把握人才时却可能困难重重。由于人才的稀缺以及市场的变幻莫测，企业并非每次都能够准确地把握人才，最早接触张小龙的是雷军，1200 万收购 Foxmail 的是博大，笑到最后的却是马化腾。这无疑说明了为获得人才资源往往还需要付出相应的金钱、时间等其他资源。

想要把握住人才，需要物质、精神两手抓。首先，从薪资、福利入手，调动人才的积极性。企业应根据自身的实力，制定一套有自己特色和吸引力的薪酬奖惩制度，广泛吸引人才，用待遇留人。其次，企业应当建立员工认同的企业文化，提供充分调动人才积极性所必需的精神激励。比如定期为员工的全面发展提供培训，让他们能在工作中收获成长与成就感。只有让员工真正认同企业的文化，才会增加企业对人才的吸引力。

梁佩兰曾说："人才难得而易失，人主不可不知之。"管理者要能把握住人才，定能助力企业发展。

全文共 646 字

把握人才有困难
① 人才资源需要其他资源相交换

提方案
物质、精神两手抓
① 待遇留人
② 文化留人

两句结尾
引用句 + 总结句

母题 15 异见

1. 命题方向

"异见"是指不同的主张或见解。相同的意见谁也敢讲，不同的意见则不是所有人都敢讲，而且即使讲了，管理者也未必能虚心接受。

管理中，一个重要问题就是决策，而决策，就必须集思广益，以此来增加决策的科学性、合理性。可见，"异见"这个论说文母题的重要性。2020 年的管理类联考真题"挑战者号飞机失事"，就可以立意为"要接受异见"。

2. 解题思路

该母题可使用"利大于弊式"结构进行解题。基本的解题思路为：听取意见有必要——当然有困难——困难能克服。

当然，如果题干中出现反面现象，也可以使用"现象分析式"结构来解题。

3. 结构导图

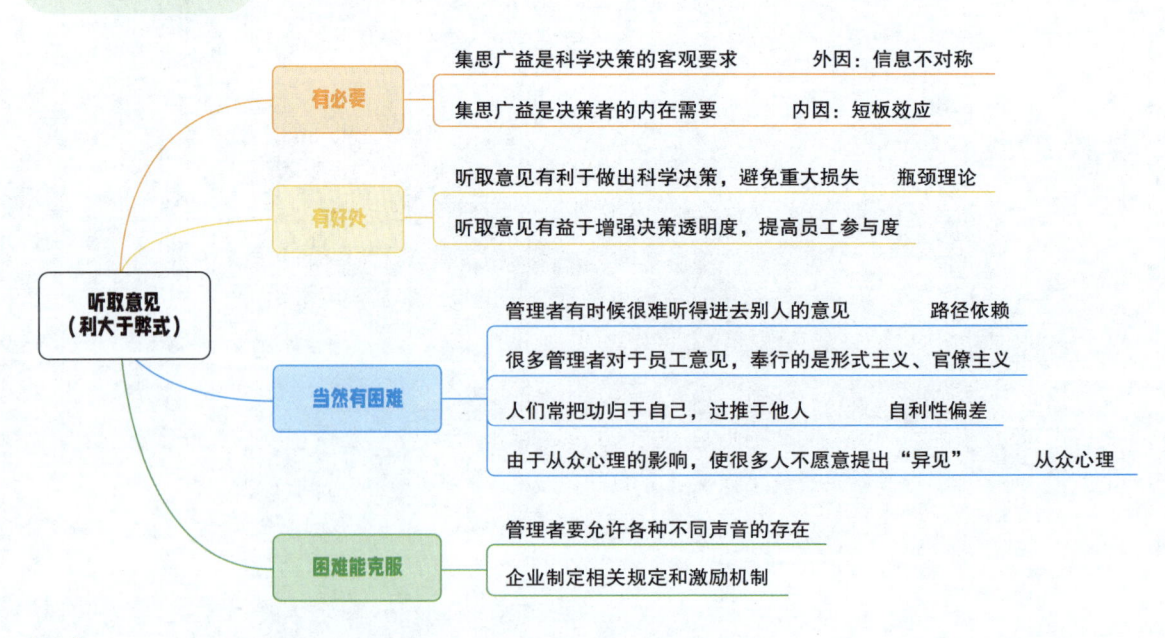

听取意见（利大于弊式）

- **有必要**
  - 集思广益是科学决策的客观要求　　外因：信息不对称
  - 集思广益是决策者的内在需要　　内因：短板效应

- **有好处**
  - 听取意见有利于做出科学决策，避免重大损失　　瓶颈理论
  - 听取意见有益于增强决策透明度，提高员工参与度

- **当然有困难**
  - 管理者有时候很难听得进去别人的意见　　路径依赖
  - 很多管理者对于员工意见，奉行的是形式主义、官僚主义
  - 人们常把功归于自己，过推于他人　　自利性偏差
  - 由于从众心理的影响，使很多人不愿意提出"异见"　　从众心理

- **困难能克服**
  - 管理者要允许各种不同声音的存在
  - 企业制定相关规定和激励机制

15 异见

4. 母段

结构	段落	母理或要点
有必要	集思广益是科学决策的客观要求。很多决策都是在"信息不完整""信息不对称"的情况下做出的。由于位置不同、视角不同，管理者可能很难站在其他角度想问题，更不可能掌握所有决策相关信息。这个时候，多听听别人的意见和建议，就可以打开"上帝视角"，发现从前"看不见的背面"，让信息由不对称到对称，从不完善到完善，通过集思广益来丰富自己的思想，从而做出科学决策。	外因：信息不对称
	集思广益是决策者的内在需要。"尺有所短，寸有所长"，管理者不可能是全才，多数管理者仅仅是某一领域或某个方面的行家里手，在其他方面一定有其短处。在自己不擅长的领域，多听听别人的建议和意见，就显得尤为重要。例如，企业的工程师往往能掌握决策者不具备的知识和技能，发现决策者发现不了的问题。可见，集思广益能提高决策的科学性。	内因：短板效应
有好处	听取意见，更利于做出科学决策，避免重大损失。因为任何人都不可能是"百事通"，都有知识盲区和能力短板。在信息大爆炸的当下，管理者更不可能穷尽所有信息、洞察所有情况。因此，管理者善于听取和接纳他人意见十分重要。	瓶颈理论
	管理者听取意见，有益于增强决策透明度和员工参与度。只有管理者以一种虚心的态度接纳大家的声音，才能真正地调动员工积极性，形成从谏如流的良好企业氛围。此外，即使最终不能采纳所有意见，管理者也能从中与员工进行良好的互动，了解员工的具体需求、真实想法。	形成良好企业氛围
当然有困难	管理者有时候很难听得进去别人的意见，这是因为，任何人都存在一定的路径依赖，管理者也不例外。一旦管理者做出某种决策，他就会倾向于认为这种决策是正确的，惯性的力量会使得这种决策不断强化。而且，改弦更张有时候会让之前的投入变成沉没成本，因此，管理者往往抗拒和抵触他人意见。	路径依赖 + 沉没成本
	很多管理者对于员工意见，奉行的是形式主义、官僚主义。或是表面虚心诚恳、实则听不进去；或是左耳进右耳出、敷衍了事不以为然；或是尖锐意见被过滤、刺耳之言就反弹。那么，即便花了大量时间精力去听意见，也不会吸取到多少有效意见。	形式主义 官僚主义

结构	段落	母理或要点
当然有困难	人们常把功归于自己，过推于他人。出于自利性偏差，管理者听取了他人意见，若是取得了效益，往往容易把功劳归于自己；若是听取意见后的决策结果产生了不利影响，则容易把错误归咎于他人。如此一来，也就没有人敢于、愿意提出意见了。	自利性偏差
当然有困难	由于从众心理的影响，使很多人不愿意提出"异见"。实验表明，只有极少的人能够保持独立性，所以从众心理是个体普遍所有的心理现象，通俗地说就是"随大流"。由于从众心理，即使自己不同意管理者的决策，不同意多数人的意见，也会出于"多一事不少一事"的心理，把真相埋在心里。	从众心理
困难能克服	管理者要练就广阔的胸襟，包容不同意见，要允许各种不同声音的存在。只有听取各种不同的声音，才能全面客观地了解和掌握各方面情况，做出理性的判断和正确的决策。所以，管理者要"知而慎行"，畅通沟通渠道、善于听取意见。	练就胸襟
困难能克服	企业要制定相关管理规定和激励机制，建立和完善多重形式的意见反馈渠道，培养"鼓励多方意见"的宽容氛围。管理者需深知，"一言堂"看上去威风凛凛，实际上是自我孤立。壅蔽言路、闭目塞听，常常是企业衰败的前兆；见贤思齐、择善而从，才能真正使企业立于不败之地。	完善机制

5. 母题应用

（1）比尔盖茨的自责

论说文：根据下述材料，写一篇700字左右的论说文，题目自拟。

微软公司的一名技术员，在公司会议上指出公司的网络浏览器严重滞后，"微软"总裁比尔·盖茨非常自责，虚心接受意见，并诚恳向与会者道歉。由此，"微软"的经营方向也发生了转型。

参考范文

管理者应集思广益

吕建刚

比尔·盖茨之所以能从当年的毛头小伙一跃成为世界首富，原因当然很多。但从材料的故事中我们不难看出，听取意见，是他成功的原因之一。可见，管理者应集思广益。

> 引材料+分析过渡+点明主题

集思广益是科学决策的客观要求。很多决策都是在"信息不完整""信息不对称"的情况下做出的。由于位置不同、视角不同，管理者可能很难站在其他角度想问题，更不可能掌握所有决策相关信息。这个时候，多听听别人的意见和建议，就可以打开"上帝视角"，发现从前"看不见的背面"，让信息由不对称到对称，从不完善到完善，通过集思广益来丰富自己的思想，从而做出科学决策。

> 集思广益有必要（1）
> 科学决策的客观要求

集思广益是决策者的内在需要。"尺有所短，寸有所长"，管理者不可能是全才，多数管理者仅仅是某一领域或某个方面的行家里手，在其他方面一定有其短处。在自己不擅长的领域，多听听别人的建议和意见，就显得尤为重要。例如，企业的工程师往往能掌握决策者不具备的知识和技能，发现决策者发现不了的问题。可见，集思广益能提高决策的科学性。

> 集思广益有必要（2）
> 决策者的内在需要

然而与比尔·盖茨不同的是，很多管理者有时候很难听得进去别人的意见。这是因为，任何人都存在一定的路径依赖，管理者也不例外。一旦管理者做出某种决策，他就会倾向于认为这种决策是正确的，惯性的力量会使得这种决策不断强化。而且，改弦更张有时候会让之前的投入变成沉没成本，因此，管理者往往抗拒和抵触他人意见。

> 集思广益有困难
> ① 路径依赖的存在
> ② 沉没成本

因此，要做到集思广益，做好以下几点十分重要。

第一，要有改变自我的胸襟。管理者需深知，"一言堂"看上去威风凛凛，实际上是自我孤立。壅蔽言路、闭目塞听，常常是企业衰败的前兆；

> 困难能解决
> ① 要有改变自我的胸襟

见贤思齐、择善而从，才能真正使企业立于不败之地。

② 要有广开言路的渠道

第二，要有广开言路的渠道。 管理者要制定好相关管理规定和激励机制，建立和完善多重形式的意见反馈渠道，培养"鼓励多方意见"的宽容氛围。

两句结尾
引用句+总结句

魏征曾云："兼听则明，偏信则暗。"因此，管理者要"知而慎行"，集思广益。

------------------- 全文共 764 字

（2）扁鹊与蔡桓公

论说文：根据下述材料，写一篇 700 字左右的论说文，题目自拟。

扁鹊来拜见蔡桓公，在他身边站了一会，他发现蔡桓公有一点小病，于是多次请求给他医治。一开始蔡桓公的小病只在皮肤上，用热水敷烫就能治好，发展到皮肉之间时，用针灸的方法也能治好，即使到了肠胃里，服几剂汤药还能治好。可是蔡桓公一而再再而三地不听劝告，直到病入骨髓，只能等死。

参考范文

听取专家意见

老吕团队　张英俊

引材料+分析过渡+点明主题

蔡桓公有一点小病，于是名医扁鹊多次请求给他医治。可是蔡桓公一直不听扁鹊的话，最后导致病情恶化，病发身亡。这告诉我们，术业有专攻，听取专家意见是必要的。

听取意见有好处（1）
可以发现自身问题

听取专家意见能够发现自己的问题。 "尺有所短，寸有所长"，每个人都不可能是全才，多数人仅仅是某一领域或某个方面的行家里手，在其他方面一定有其短处。在自己不擅长的领域，多听听别人的建议和意见，才能发现问题、解决问题。蔡桓公也许治理江山社稷在行，但讳疾忌医，不敢面对自己的问题，如果能听取扁鹊的建议，可能就不会落得这般下场。

15 异见

听取专家意见才能科学决策。由于位置不同、视角不同，每个人都难以站在多种角度想问题，更不可能掌握所有决策相关信息。这个时候，多听听别人的意见和建议，也许就可以打开"上帝视角"，发现从前"看不见的背面"，做出科学决策。坚持自己无病的蔡桓公哪里懂病理？蔡桓公要是能虚心听取意见，就不至于病入骨髓，治无可治。

然而，像蔡桓公一样不愿听取别人意见的人不在少数。这是因为，任何人都存在一定的路径依赖。人一旦做出某种决策，他就会倾向于认为这种决策是正确的，惯性的力量会使之不断强化。而且，改弦更张有时候会让之前的投入变成沉没成本，因而造成抗拒和抵触他人意见的情况。

但是人的路径依赖并非难以克服，练就广阔的胸襟是"良药"。一方面，要养成包容不同意见的习惯，允许不同声音的存在；另一方面，在听取完不同的声音后，要客观地了解和掌握各方面情况，理性分析原有路径与不同的声音到底孰好孰坏，根据分析的结果进行决策。

古语有云："多见者博，多闻者智，拒谏者塞，专己者孤。"要想科学决策，便要充分听取专家的意见。

——————— 全文共 672 字

听取意见有好处（2）
有利于科学决策
① 打开"上帝视角"，发现"看不见的背面"

听取意见有困难
① 路径依赖的存在
② 沉没成本

困难能解决
练就广阔的胸襟
① 养成包容"异见"的习惯
② 全面了解，理性决策

两句结尾
引用句 + 总结句

母题 16 匠心（精益求精）

1. 命题方向

党的十九大报告提出："要建设知识型、技能型、创新型劳动者大军，弘扬劳模精神和工匠精神，营造劳动光荣的社会风尚和精益求精的敬业风气。"

"工匠精神"的实质，就是对工作专注、严谨、一丝不苟的职业精神；对所做的事情和创造的产品精雕细琢、精益求精的工作态度。当今世界正经历百年未有之大变局，我国发展的内外部环境日趋复杂，想要实现高质量发展、实现建设社会主义现代化强国的目标，意味着各行各业都要把生产高精尖产品和提供精细化服务作为重要的价值追求，秉持追求完美的工作态度，弘扬精益求精的工匠精神，生产出质量过硬的产品，提供口碑出色的服务，不断提高产品和服务的国际竞争力，推动我国从"中国制造"走向"中国智造"。

2. 解题思路

首先，匠心的本质是精益求精。匠心是工匠们精雕细琢、追求极致，努力把产品的品质从 99% 提升到 99.99% 的精神，而精益求精离不开提高细节。因此，本母题可以参考"母题 12 细节"。

其次，匠心离不开实干。它是工匠们对自己所从事的事业心无旁骛、专注热爱的职业追求，是踏踏实实、步步精进的实干精神。因此，"匠心"与"实干"这两个话题中的素材可以共通共用。

我们可以用"利大于弊式"结构来写这个母题，即"匠心有好处要必——当然有困难——困难能克服"。

3. 结构导图

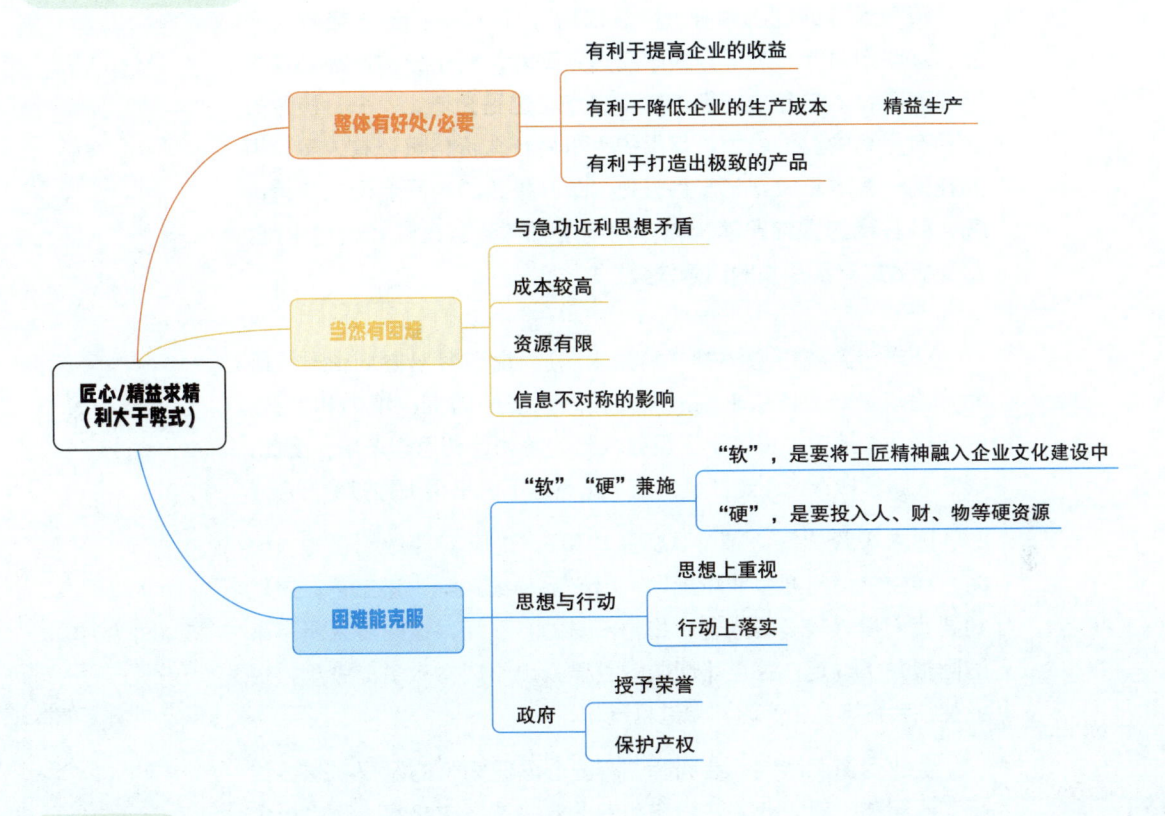

```
                              ┌── 有利于提高企业的收益
              ┌─ 整体有好处/必要 ─┼── 有利于降低企业的生产成本 ── 精益生产
              │                └── 有利于打造出极致的产品
              │
              │                ┌── 与急功近利思想矛盾
匠心/精益求精   │                ├── 成本较高
(利大于弊式)  ─┼─ 当然有困难 ───┼── 资源有限
              │                └── 信息不对称的影响
              │
              │                           ┌── "软",是要将工匠精神融入企业文化建设中
              │                ┌─"软""硬"兼施─┤
              │                │           └── "硬",是要投入人、财、物等硬资源
              │                │
              └─ 困难能克服 ───┼─ 思想与行动 ┬── 思想上重视
                               │            └── 行动上落实
                               │
                               └─ 政府 ┬── 授予荣誉
                                       └── 保护产权
```

4. 母段

结构	段落	母理或要点
整体有好处/必要	追求极致的匠心精神（精益求精），有利于提高企业的收益。因为，匠心的本质在于精益求精，这就要求企业不断发现问题、解决问题。在这样一个解决问题的过程中，或者改进了生产工艺，或者革新了运作流程，或者创造了新的产品，这都有助于企业改进劳动生产率，进而提高收益。	有利于提高收益
	追求极致的匠心精神（精益求精），有利于降低企业的生产成本。以丰田提出的精益生产为例，它采取的准时制生产方式（Just In Time）要求以最小的投入，取得最大的产出，并用最快的速度及时设计生产出来。这就要求从产品的设计研发到原料的采购运输，再到产品的生产制造等一系列过程都要做到精益求精。做到这一点，就能极大地降低生产、库存等成本。	有利于降低成本（精益生产）

结构	段落	母理或要点
整体有好处/必要	精雕细琢的匠心精神（精益求精），有利于打造出极致的产品。互联网时代，八十分的产品注定淘汰，九十分的产品勉强存活，而极致的产品才能真正赢得市场。这是为什么？一，极致的产品有更高的溢价能力，苹果的手机为什么价格贵还有人买，因为在这一领域它做到了产品领先；二，极致的产品能形成口碑传播，钟薛糕的雪糕迅速出圈、河南卫视《唐宫夜宴》火爆全网，都是极致的产品引发的口碑效应。	极致的产品
当然有困难	追求极致的匠心精神（精益求精），说到容易做到很难。因为，追求极致（精益求精）需要投入大量的时间、精力和金钱。这与很多人追求"投资小、见效快"的急功近利思想矛盾。因此，很多人愿意抄近道、走捷径，而不愿意静下心来精细地打磨产品。	急功近利
	追求极致的匠心精神（精益求精），说到容易做到很难。因为，精益求精需要企业精细地打磨产品、细致地改进工艺，这就需要我们投入较多的人力、物力、财力。然而，这些投入所带来的回报并不确定，甚至可能收效甚微，出于成本效益的考虑，企业往往会在产品生产时"得过且过"。	成本效益原则
	企业受资源限制，会面临"有匠心没匠力"的困局。想要践行工匠精神，对企业硬件设施和专业水平的要求极高。而中小企业很难负担得起购买和维护高端设施的费用，在和实力雄厚的大企业竞争稀缺的高技术人才时也时常败落。缺乏资源输入，企业在追求工匠精神时难免会力不从心。	资源限制
	市场上信息不对称的现象间接导致了企业工匠精神缺失。在信息不对称的情况下，企业精益求精打磨的好产品，未必会被大众了解；而"马马虎虎、得过且过"的企业，靠"低价、炒作、搭便车"，短期内却可能得到大众的认可，获得不菲的收益。这就让很多企业很难坚持追求极致的匠心精神。	信息不对称
困难能克服	企业想培育匠心精神，要"软""硬"兼施。 "软"，是要将工匠精神融入企业文化建设中，将其纳入企业的核心理念之内，并通过多种方式对员工进行宣传教育。让匠心精神成为一种自觉行为。 "硬"，是要投入人、财、物等硬资源。人才不达标、资金不到位、物资不具备，匠心精神就失去了物质基础。	"软""硬"兼施

结构	段落	母理或要点
困难能克服	想培育匠心精神，要做好以下两个方面： 一要思想上重视。思想是行动的先导，思想认识不够，行动就会滑坡。因此，企业要把工匠精神纳入企业文化建设之中，让工匠精神成为全员共同认可的价值观。 二要行动上落实。打造工匠精神不能光喊口号，如何行动才是关键。因此，要建立精益求精的运营机制，健全奖惩得当的匠心落地办法。	思想上重视 行动上落实
	培养匠心精神，政府的作用也不可或缺。 一方面，对于那些有匠心、出精品的企业，政府可以授予其一定的荣誉，落实对这些企业的政策优惠，从而形成正向激励。 另一方面，要落实知识产权保护政策，保护好那些持有匠心、乐于研发的企业的利益，才会涌现更多这样的企业。	授予荣誉 保护产权

5. 母题应用

（1）瑞士钟表

论说文：根据下述材料，写一篇 700 字左右的论说文，题目自拟。

众所周知，瑞士的钟表行业全球闻名，但这背后是千千万万个工匠精益求精的结果。瑞士钟表匠人们对每一个零部件都精雕细琢、对每一道工序都精心打磨，一块块瑞士钟表就这样从他们手中走向世界。正是凭借着钟表工匠不甘人后的性格和精益求精的努力，瑞士才能始终将"钟表王国"的桂冠牢牢地戴在头上。

参考范文

有种精神叫匠心

吕建刚

瑞士之所以成为"钟表王国"，正是因为历代钟表工匠所秉承的"工匠精神"。这也给企业带来了启示：若想成就非凡，厚植的工匠精神必不可少。

精雕细琢的匠心精神，有利于打造出极致的产品。 互联网时代，八十分的产品注定淘汰，九十分的产品勉强存活，而极致的产品才能真正赢得

> 引材料+
> 点明主题
>
> **匠心有好（1）**
> 有利于打造出极致的产品
> ❶ 赢得市场
> ❷ 溢价能力

市场。而且，极致的产品有更高的溢价能力，苹果的手机为什么价格贵还有人买，因为在这一领域它做到了产品领先。

匠心有好处（2）
有利于形成良好的口碑效应

口碑效应：
由于消费者在消费过程获得的满足感、荣誉感而形成对外逐步递增的口头宣传效应。

精雕细琢的匠心精神，有利于形成良好的口碑效应。互联网时代，极致的产品极易形成口碑传播，钟薛糕的雪糕迅速出圈、河南卫视《唐宫夜宴》火爆全网、《觉醒年代》的收视逆袭，都是口碑发酵的结果。可见，不论是工业制品，还是文化产品，只要做到极致，都能形成口碑，而口碑的积累，就产生了口碑效应。瑞士的钟表业，也是如此，精准的计时、精致的设计、精细的打磨，共同筑就了瑞表的品牌。

匠心有困难
要承担巨大的成本

成本效益原则：
它提出，唯有当行动所带来的额外效益大于额外成本时，你才应该这么做。

当然，企业厚植工匠精神，意味着要承担巨大的成本。一方面，精益求精需要投入大量的人力、物力、财力，而这些资源本可以投入到企业经营的其他方面；另一方面，这些投入所带来的回报并不确定，甚至可能收效甚微。出于成本效益的考虑，企业往往会在产品生产时"得过且过"。

困难能解决
协同用力
① 企业：打造文化、投入资源
② 政府：授予荣誉、落实补助、打击劣行

可见，想要培育匠心精神，就要让有匠心精神的企业有利可图。具体措施上，企业和政府要协同用力。

对企业来说，一方面要将工匠精神融入企业文化建设中，并通过多种方式对员工进行宣传教育，让匠心精神成为一种自觉行为。另一方面，要投入人、财、物等硬资源。人才不达标、资金不到位、物资不具备，匠心精神就失去了物质基础。

对政府来说，不仅要授予坚守匠心的企业应得的荣誉、落实对这些企业的补助和优惠，还要严厉打击假冒、抄袭等行为，使"工匠们"的合法权益得到切实保护。

总结全文

未必人人都能成为技艺超群的"瑞士工匠"，但人人都能成为工匠精神的践行者。以工匠精神雕琢产品，收益、名誉皆可期。

全文共 761 字

(2) 梦幻羊羹

论说文：根据下述材料，写一篇 700 字左右的论说文，题目自拟。

位于日本东京吉祥寺商业街有一家叫小竹的点心店，只有 3 平方米，年销售额居然高达 3 亿日元（约 2000 万人民币）。小店只出售羊羹和中饼两种点心。小店的羊羹每天限量 150 个，每人限购 5 个，为了买到这种梦幻羊羹，许多人早上四五点钟就来排队，要是赶上节假日，甚至有人半夜一点就来排队，这种情况居然持续了 40 余年。店主把制作羊羹当作毕生的事业，用心去做，严格要求每一个环节，做到极致，近乎于道。

参考范文

以"匠心"酬"雄心"

老吕团队　花爷

一家平凡的点心店，凭着匠心精神在长达 40 年的时间里让仅售的两款点心成为顾客心中堪称"梦幻"的存在。小竹点心的成功看起来不可思议，却深深启发着企业，秉持匠心，能俘民心，终酬雄心。

引材料＋点明主题

精雕细琢的匠心精神，有利于打造出极致的产品。互联网时代，八十分的产品注定淘汰，九十分的产品勉强存活，而极致的产品才能真正赢得市场。这是为什么？一，极致的产品有更高的溢价能力；二，极致的产品能形成口碑传播。材料中的羊羹能够畅销 40 余年，这就是极致的产品所带来的好处。

匠心有好处（1）
打造极致的产品
① 形成溢价能力
② 形成口碑传播

追求极致的匠心精神（精益求精），能够让企业长久获利。匠心企业往往具有专注的特性和创新的灵性，这有两个好处，一是现有的产品能不断地打磨改进，达到或超越竞品的水平；二是有利于创新研发出新产品，满足市场的新变化、新需求。这样就有利于企业的长久发展。

匠心有好处（2）
有利于长久获利
① 改进现有产品
② 研发新产品

然而，很多企业在经营过程中很难保持初心、坚守匠心。这是因为，企业有着"难以坚持"和"止于短视"的"劣根性"。要想不断精益求精，

匠心有困难
① 难以坚持
② 急功近利

短视思维：
因为一时目光短浅而做出某种规划，致使产生了不好的影响。

需要投入大量的时间和精力。短期的投入，容易做到，但若是需要漫长不可期地打磨，将会相当困难。另外，许多企业往往想要得到"立竿见影"的效益，这种短视思维让他们抄了"近道"。既然"马虎了事"就能收获颇丰，何苦去做些"无用"的坚持？

困难能克服
① 打造企业文化
② 加大宣传教育
③ 融入生产经营

那么，企业如何做到坚守工匠精神呢？首先要将工匠精神融入企业文化建设中，将其纳入企业文化的核心理念中，并通过多种方式，对员工进行宣传教育。其次，企业要以工匠精神为引领，将其融入生产和经营的每一个环节，要真正投入人、财、物。让企业的生产、研发、技术、工艺等各方面的软硬件环境都能得到提升，不断吸纳前沿技术，创造出经得起实践检验的产品，打造品牌。

两句结尾
引用句+总结句

"欲当大事，须是笃实。"企业坚守匠心，则壮志可酬，未来可期。

-------------------- 全文共 715 字

母题 17　口碑

1. 命题方向

"口碑"指众人口头的赞扬。在信息时代，口碑对于企业发展的重要性愈发凸显。企业口碑的建立来自于平日兢兢业业的经营，来自于特殊时刻的社会担当，亦来自于危机发生时的公关管理。重视口碑养成的企业总是更能获得消费者的青睐，更快建立起属于自己的品牌，获得更高的经济效益。口碑作为企业经营管理中的重要部分，很有可能成为管理类联考的考察方向之一。

2. 解题思路

信息时代的到来消解了消费者作为信息劣势方所面临的一些困境，也让企业的一举一动曝光在了公众视野下。很多企业都能意识到拥有一个良好口碑的重要性，但在经营过程中却未必能够贯彻执行。造成"说到"与"做到"之间距离的，有企业面临利益诱惑时的短视心理，有在取得成就之后对于声誉维护的懈怠，也有在危机发生后不愿承认错误和承担责任的傲慢。在分析这类话题时，我们可以使用"利大于弊式"结构，即"重口碑有好处／必要——贯彻执行有困难——但是困难能克服"的行文结构。当然，如果材料中出现反面现象，也可以使用"现象分析式"结构。

3. 结构导图

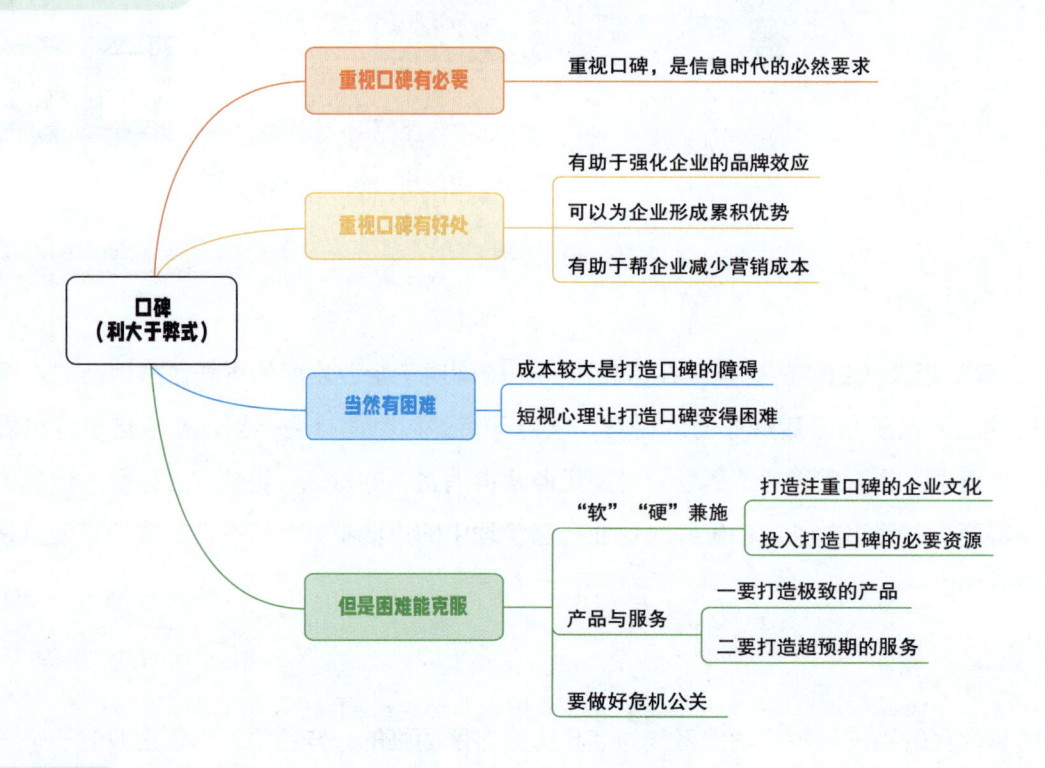

口碑（利大于弊式）
- 重视口碑有必要
  - 重视口碑，是信息时代的必然要求
- 重视口碑有好处
  - 有助于强化企业的品牌效应
  - 可以为企业形成累积优势
  - 有助于帮企业减少营销成本
- 当然有困难
  - 成本较大是打造口碑的障碍
  - 短视心理让打造口碑变得困难
- 但是困难能克服
  - "软""硬"兼施
    - 打造注重口碑的企业文化
    - 投入打造口碑的必要资源
  - 产品与服务
    - 一要打造极致的产品
    - 二要打造超预期的服务
  - 要做好危机公关

4. 母段

结构	段落	母理或要点
重视口碑有必要	重视口碑，是信息时代的必然要求。信息逐渐透明化是互联网时代的特征之一。在这个时代，企业的一举一动都很容易暴露在聚光灯下。尤其是近年来微博、微信公众号、朋友圈等自媒体蓬勃发展，企业一次好的营销可以火爆全网，一次坏的行为也可以迅速成为热搜。可见，口碑已经成为决定企业成败的关键因素之一。	信息逐渐透明化
重视口碑有好处	良好的口碑有助于强化企业的品牌效应。心理学上有一种理论，叫"光环效应"，它说的是如果人们对某个事物的某个方面评价较高，那么就很容易对这一事物的其他方面也做出较高评价。"光环效应"的存在会让消费者自然而然地将企业的口碑与质量优良、服务真诚等优秀品质联系起来，这有利于提高消费者对品牌的忠诚度，强化企业的品牌效应。	形成品牌效应（光环效应）

17 口碑

结构	段落	母理或要点
重视口碑有好处	良好的口碑可以为企业形成累积优势。马太效应告诉我们，拥有更多资源的企业往往能拥有更多的发展机会，并利用已有资源获得更多利益。具有良好口碑的企业往往更容易在市场上脱颖而出，在获取巨大收益的同时，不仅能吸引认同企业精神的人才加入，还能因其踏实可靠的形象促进合作关系的达成，有助于资源的聚集，形成累积优势。	形成累积优势
	良好的口碑有助于帮助企业减少营销成本。这是因为，比起绚丽引人的广告，消费者更愿意相信来自身边的人的真实反馈。只要消费体验好、使用感受佳，消费者自然愿意向他人推荐。比起"千万营销方案"，利用口碑进行营销，不失为一种成本更低、效果更佳的方法。	减少营销成本
当然有困难	成本较大是打造口碑的障碍。口碑并不是凭空产生的，它的来源主要有三个方面，一是优质的产品，二是超出预期的服务，三是成功地营销。这三点，都需要投入大量的人力、物力、财力。另外，不像销售额、利润率等企业经营指标，口碑建设的效果有时难以用准确的数据衡量，这就使得很多管理者就不愿意把资源用到口碑建设上。	成本较大
	短视心理让打造口碑变得困难。一方面，口碑建设需要投入人力、物力、财力；另一方面，口碑建设的好坏一般对企业的短期利润没有太大影响。因此，短视心理的存在会让很多企业的管理者更加注重研发、生产、销售等直接让企业产生效益的工作，而忽视了长期口碑的打造。	短视心理
但是困难可以克服	打造企业口碑，要做到"软""硬"兼施。 "软"，是指要打造注重口碑的企业文化。企业应该在公司内部进行培训和宣传，让管理者和员工都意识到良好口碑对于企业发展的重要性，让注重口碑成为企业成员的自发行为。 "硬"，是指要投入打造口碑的必要资源。口碑不能仅靠顾客的自发传播，要投入一定的营销资源，引导口碑的酝酿，促进口碑的传播。	"软""硬"兼施

结构	段落	母理或要点
但是困难可以克服	打造企业口碑，核心是产品和服务。 一要打造极致的产品。极致的产品能形成口碑传播，钟薛糕的雪糕迅速出圈、河南卫视《唐宫夜宴》火爆全网，都是极致的产品引发的口碑效应。 二要打造超预期的服务。合格的服务可能仍有顾客不满，满分的服务能让顾客满意，而超预期的服务能让顾客忠诚甚至成为品牌的粉丝。粉丝不仅会购买企业的产品，还会自发地为企业做宣传，这就形成了口碑传播。	极致的产品 + 超预期的服务
	打造企业口碑，要做好危机公关。再优秀的企业也不可能事事做到完美。当问题出现时，危机公关相当重要。但危机公关不是去掩盖真相，因为很多时候顾客在乎的不是你的产品有没有出问题，而是出了问题后你如何解决。所以，与顾客真诚沟通、积极解决问题是危机公关的关键。	做好危机公关

5. 母题应用

（1）傲慢的奔驰

论说文：根据下述材料，写一篇 700 字左右的论说文，题目自拟。

从 4 月 11 日开始，一名西安奔驰女车主维权的视频开始在网上热传。女子盘腿坐在奔驰车引擎盖上，痛声控诉其糟心购车的经历。女子花了 66 万购买的奔驰车，还没有开出 4S 店，发动机就漏油了，在多次沟通之后，4S 店方面出尔反尔，仅仅同意更换发动机，不能换车、退车，不得已之下女子才"大闹 4S 店"。对此，奔驰并未及时进行危机处理，且道歉声明态度傲慢。维权事件持续发酵后，引来奔驰的其他客户前来维权，便有了后面的连环"爆雷"，估计这一事件会给品牌方造成约十几亿的损失。

参考范文

企业经营应重视口碑

吕建刚

引材料+点明主题　　奔驰作为驰名世界的大品牌，在面对顾客维权时却枉顾口碑、态度傲慢，最后引来了消费者的连环维权，使品牌遭受约十几亿的损失。这告诉我们，店大不可欺客，珍惜羽毛、重视口碑方为正道。

17 口碑

重视口碑，是信息时代的必然要求。信息逐渐透明化是互联网时代的特征之一。在这个时代，企业的一举一动都很容易暴露在聚光灯下。尤其是近年来微博、微信公众号、朋友圈等自媒体蓬勃发展，企业一次坏的行为就可能引爆全网。不注重口碑会对企业产生致命的影响，奔驰女车主的维权事件就证明了这一点。

重视口碑有必要
信息时代的必然要求
① 信息逐渐透明化
② 自媒体蓬勃发展

而良好的口碑有助于强化企业的品牌效应。心理学上有一种理论，叫"光环效应"，它说的是如果人们对某个事物的某个方面评价较高，那么就很容易对这一事物的其他方面也做出较高评价。"光环效应"的存在会让消费者自然而然地将企业的口碑与质量优良、服务真诚等优秀品质联系起来，这有利于提高消费者对品牌的忠诚度，强化企业的品牌效应。

重视口碑有好处
强化品牌效应
① 光环效应的影响

当然，短视心理的存在让打造口碑面临一些困难。一方面，口碑建设需要投入人力、物力、财力；另一方面，口碑建设的好坏一般对企业的短期利润没有太大影响。因此，很多管理者更加注重研发、生产、销售等直接让企业产生效益的工作，而忽视了长期口碑的打造。

建立口碑有困难
① 需要投入成本
② 短视心理的阻碍

可见，打造良好的口碑，非一日之功。我们至少要做好以下两点：
一要打造极致的产品。极致的产品能形成口碑传播，钟薛糕的雪糕迅速出圈、河南卫视《唐宫夜宴》火爆全网，都是极致的产品引发的口碑效应。
二要打造超预期的服务。合格的服务可能仍有顾客不满，满分的服务能让顾客满意，而超预期的服务能让顾客忠诚甚至成为品牌的粉丝。粉丝不仅会购买企业的产品，还会自发地为企业做宣传，这就形成了口碑传播。

提建议
① 打造极致的产品
② 打造超预期的服务

总之，"用户的口碑是企业的金杯。"企业重视口碑，才能长足发展。

两句结尾
引用句＋总结句

------------------- 全文共 726 字

（2）清醒的鸿星尔克

论说文：根据下述材料，写一篇 700 字左右的论说文，题目自拟。

今年的国潮热是被鸿星尔克掀起来的。河南暴雨之后，财务紧张的鸿星尔克慷慨解囊，捐出 5 000 万来支援灾区，获得了广大消费者的一致好评。网友们化夸赞为购买力，短时间

129

内，鸿星尔克的销售额便达到1亿，线上线下的店铺很多商品都被一抢而空。面对顾客"野性消费"的热情，鸿星尔克没有鼓吹产品、鼓励购买，而是劝说大家理性消费，按需购买，并坦白自己生产线压力大、供货严重不足的现状，诚恳劝说消费者取消订单。后来，鸿星尔克董事长吴荣照在面对消费者"能否多出点年轻人的款式"的微博留言时，积极回应道："未来会在设计上下苦功，希望大家能改观。"鸿星尔克在狂热追捧下的做法和回应，让其声名远播，成功在消费者中建立了牢固而又积极的口碑。

参考范文

企业应重视口碑维护

老吕团队　花爷

引材料+点明主题

鸿星尔克在受到消费者的热烈追捧时，仍能保持本心，站在消费者的角度思考问题，提供优质的产品和服务。在建立了积极承担社会责任的良好形象下，进一步巩固了企业的正向口碑，值得每一个企业深入学习。

有好处（1）减少营销成本

良好的口碑有助于帮企业减少营销成本。这是因为，比起绚丽引人的广告，消费者更愿意相信来自身边的人的真实反馈。只要消费体验好、使用感受佳，消费者自然愿意向他人推荐。鸿星尔克的爆火，起源于网友对其捐款善举的宣传，延续于其在直播间内的真诚，没有明星的加持，也没有百万的营销方案，在一片叫好声中，鸿星尔克就以极低的成本"被动"地完成了品牌营销。

有好处（2）形成累积优势

良好的口碑可以为企业形成累积优势。具有良好口碑的企业通常可以因对品质的追求和对目标的坚持在市场上脱颖而出，在获取巨大收益的同时，不仅能吸引认同企业精神的人才加入，还能因其踏实可靠的形象促进合作关系的达成，有助于完成资源的聚集，形成累积优势。

当然有困难　难以持续维护口碑

然而，很多企业拥有品牌影响力之后，就不再像从前一般尽心竭力地维护自己的口碑。经济人假设告诉我们，企业具有天然的逐利性，当企业苦心经营了许久终于拥有了光环，急于利用影响力变现收割也就不足为奇了。鸿星尔克在忽然走红之后，在产品爆红时不收割、在产能不足时不逞强，对可能造成口碑崩坏的行为坚决说不，赢得了更多消费者的信任。

但是，注重消费体验和服务质量是企业建立口碑的必经之路。口碑是在消费者口口相传的过程中建立起来的，想让消费者说一个"好"字，企业就要立足于消费者的需求，回归产品和服务本身。鸿星尔克无论是在火爆热卖时，还是在产品卖出后，都贯彻执行了这一点，才收获了好评如潮、支持率水涨船高的局面。

"金奖银奖不如老百姓的夸奖"。鸿星尔克的故事告诉我们，重视口碑维护，企业方能得久远。

全文共 717 字

困难能解决
注重消费体验和服务质量
❶ 立足需求，回归产品和服务本身

两句结尾
引用句 + 总结句

母题 18 责任与担当

1. 命题方向

"责任与担当",是论说文考试中的高频话题。

个人应该有责任和担当,简单来说可以是"穷则独善其身",做好本职工作,承担应尽的公民义务;"达则兼济天下",对他人施以援手,对社会做出贡献。

企业也应该有责任和担当,基本的要求是要对股东负责、为国家纳税、保障员工的福利待遇;更高一点的要求,可以做一些慈善事业等。

此外,"诚信""义利"等话题,与本话题的素材存在一定的通用性。

2. 解题思路

因为"责任与担当"这个话题同时适用于个人和企业,所以根据命题材料的不同,该命题可以分为两类:

第一类是针对个人,可以采取"利大于弊式"的行文结构。

第二类是针对企业,同样可以采取"利大于弊式"的行文结构。

另外,如果材料中出现的是一些不负责任、没有担当的现象,当然可以使用"现象分析式"结构,即:描述现象、分析原因、做出劝说、给出对策。

3. 结构导图

结构一：利大于弊式（针对个人）

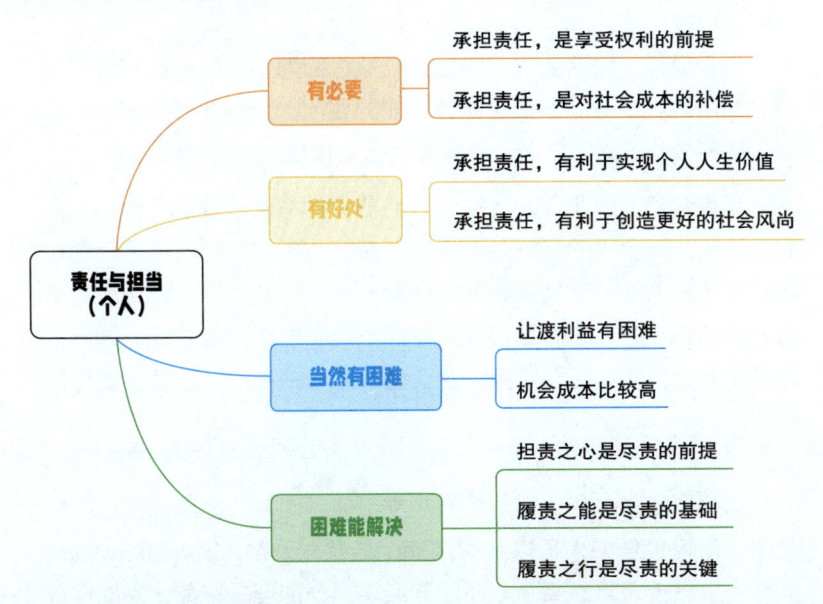

责任与担当（个人）

- **有必要**
  - 承担责任，是享受权利的前提
  - 承担责任，是对社会成本的补偿
- **有好处**
  - 承担责任，有利于实现个人人生价值
  - 承担责任，有利于创造更好的社会风尚
- **当然有困难**
  - 让渡利益有困难
  - 机会成本比较高
- **困难能解决**
  - 担责之心是尽责的前提
  - 履责之能是尽责的基础
  - 履责之行是尽责的关键

结构二：利大于弊式（针对企业）

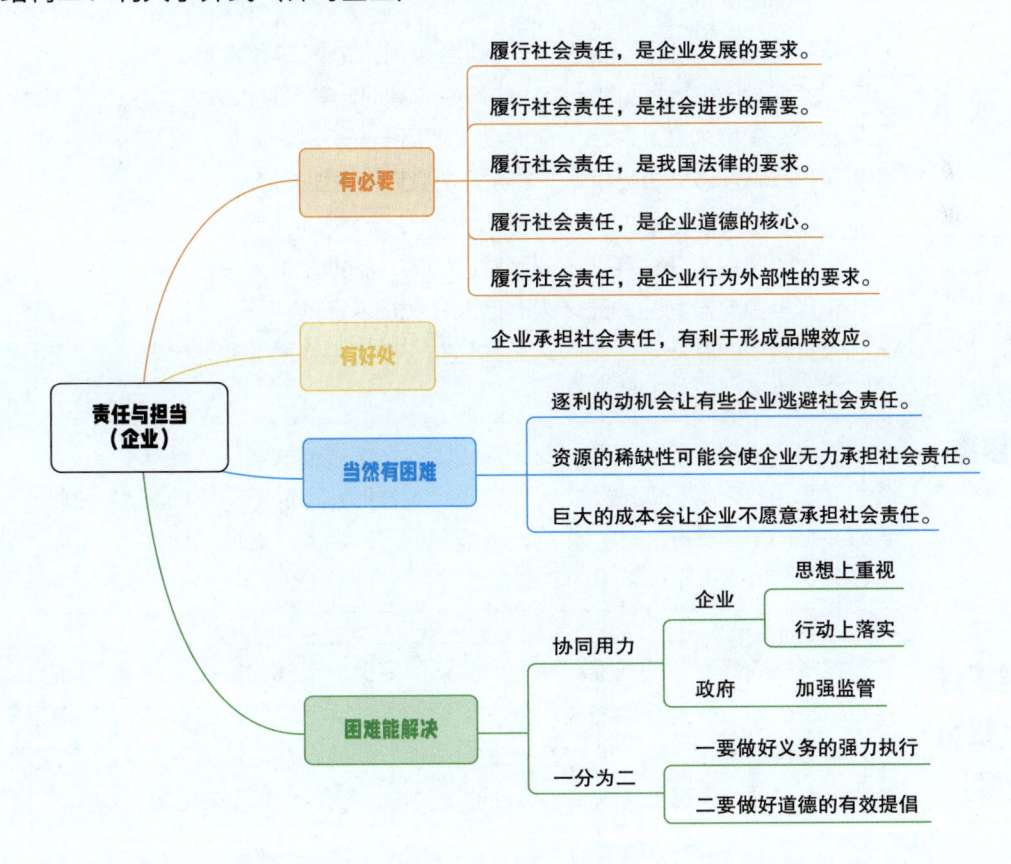

责任与担当（企业）

- **有必要**
  - 履行社会责任，是企业发展的要求。
  - 履行社会责任，是社会进步的需要。
  - 履行社会责任，是我国法律的要求。
  - 履行社会责任，是企业道德的核心。
  - 履行社会责任，是企业行为外部性的要求。
- **有好处**
  - 企业承担社会责任，有利于形成品牌效应。
- **当然有困难**
  - 逐利的动机会让有些企业逃避社会责任。
  - 资源的稀缺性可能会使企业无力承担社会责任。
  - 巨大的成本会让企业不愿意承担社会责任。
- **困难能解决**
  - 协同用力
    - 企业
      - 思想上重视
      - 行动上落实
    - 政府：加强监管
  - 一分为二
    - 一要做好义务的强力执行
    - 二要做好道德的有效提倡

4. 母段

▶ 结构一：利大于弊式（针对个人）

结构	段落	母理或要点
有必要	承担责任，是享受权利的前提。这是因为，人的权利和责任是相辅相成的，没有脱离责任单独存在的权利。公民在享有宪法和法律规定的权利的同时，必须承担和履行法律规定的责任和义务。	享受权利的前提
有必要	承担责任，是个人对消耗的社会成本的补偿。这是因为，人都是社会人，每个人的成长并非凭空而来，也不仅只是自己父母的付出。每个人的成长过程中必然会消耗一定的社会资源，比如教育资源、自然资源等，也就是说，人的成长是存在社会成本的。既然你消耗了社会成本，那么承担一些责任、为社会做出一些贡献便是理所应当的。	补偿社会成本
有好处	承担责任，有利于实现个人人生价值。因为，在履行责任的过程中，履行责任的人可以获得技能、经验以及他人的尊重和信赖，同时可以赢得荣誉、奖励，还能够实现自身的理想抱负、完成自我价值的实现。	实现个人人生价值
有好处	承担责任，有利于创造更好的社会风尚。最好的社会其实是"人人为我，我为人人"的社会。这其中的基础，其实是人人履责。如果每个人都能为社会付出一些劳动、做出一些贡献，人与人之间能够做到互利互惠、和睦相处，社会一定会变得更加美好。	创造更好社会风尚
当然有困难	当然，承担责任也存在一些困难。因为，根据经济人假设，每个人都是考虑自身利益的经济人。因此，要把自己的利益让渡给他人和社会，是存在一定困难的，尤其是对一些本身物质条件就比较匮乏的人来说，更是困难重重。	让渡利益有困难
当然有困难	当然，承担责任也存在一些困难。因为，承担社会责任，意味着需要承担巨大的机会成本。人们在履行责任时，可能不得不把其他感兴趣的事情放在一边，也势必要投入自己的精力、财力，而这些投入本可以用于个人发展的其他方面。	机会成本比较高
困难能解决（提出方案）	担责之心是尽责的前提。我们要意识到尽责与自我利益并不矛盾。这是因为，根据马斯洛需求层次理论，人在满足了自己的衣食住行等方面的需求之后，会存在更高的精神层面的需求，承担责任就是其中一种。思想上认识到了责任的重要性，行为上才可能跟进。	马斯洛需求层次理论

18 责任与担当

结构	段落	母理或要点
困难能解决（提出方案）	履责之能是尽责的基础。承担任何责任，都需要我们有一定的能力和资源作为基础。能力不到位、资源不到位，目标就会落空，责任就成为空谈。	能力与资源要求
	履责之行是尽责的关键。一方面，做好本职工作是对承担责任最好的体现。工人努力做工、农民辛勤种地、学者勤奋钻研，努力做好本职工作，进而推动劳动生产率的提高和社会的发展，这样就能提高社会总福利；另一方面，如果自己条件比较好，对有困难的群众伸伸手、帮一把，对他们尽尽心，履履责，这样也提高了社会总福利。这就是"穷则独善其身，达则兼济天下"的道理。	穷则独善其身，达则兼济天下

▶ 结构二：利大于弊式（针对企业）

结构	段落	母理或要点
是什么	企业的社会责任，是指企业对产品安全和市场稳定，国民经济和社会发展，资源节约和环境保护，以及企业投资者、员工、消费者、经营伙伴、政府和社会等利益相关方所应当承担的责任。	定义
有必要	履行社会责任，是企业发展的要求。其实，企业最重要的社会责任，是对股东和员工负责。对股东负责，就要求其投资有回报，要求企业有利润，这不正是企业发展的目标吗？对员工负责，改善员工的待遇、福利，员工才能努力工作，这不也是企业发展的推动力吗？所以企业履行社会责任与企业发展并不矛盾。	企业发展的要求
	履行社会责任，是社会进步的需要。企业是市场经济中最重要的行为主体，拥有一定的社会资源支配权。企业将它拥有的资源用到哪，怎么用，用得好不好，直接决定了社会劳动生产率的高低，决定了社会发展的快慢。因此，履行社会责任，促进经济发展，是企业必须承担的义务。	社会进步的需要
	履行社会责任，是我国法律的要求。企业是独立的法人主体，也是社会公民之一。企业公民的社会身份，决定了企业具有承担社会责任的法律义务。	法律要求
	履行社会责任，是企业道德的核心。企业既是市场经济主体，也是社会化大分工的核心，承担着生产、流通、分配等社会再生产的基本职能。企业责任如此重大，如果只重视利润，忽视了社会责任，就会产生种种见利忘义的行为，势必会扰乱市场经济秩序，影响社会经济健康发展。	企业道德的核心

结构	段落	母理或要点
有必要	履行社会责任，是企业行为外部性的要求。企业发展依赖于基础设施建设、产业发展和市场发育等，对交通、环境及居民生活有着重要影响。在企业的发展过程中会产生许多公共成本，甚至产生"外部不经济"，比如环境污染问题。这些成本和问题难以通过简单的市场交易实现相应的补偿，需要企业通过承担社会责任加以弥补。	企业行为外部性的要求
有好处	企业承担社会责任，有利于形成品牌效应。企业承担责任的行为，可以向消费者传递积极的信号、获得广泛的社会认同，从而生成更强的可持续发展能力。以鸿星尔克为例，该企业在郑州遇到水灾时捐款5 000万元的行为，让其一跃成为新晋网红品牌，成为了很多国人运动服饰的首选。	品牌效应
当然有困难	逐利的动机会让有些企业逃避社会责任。企业是以追求物质利益为目的而进行经济活动的主体，都希望以尽可能少的付出，获得最大限度的收获，并为此可以不择手段。承担责任，意味要付出更高的成本。在自身利益受到威胁的情况下，企业频频出现"碰上问题往上推、遇到责任往下甩"等逃避责任的乱象，也就不足为奇了。	经济人假设
	资源的稀缺性可能会使企业无力承担社会责任。企业的时间、技术、金钱等资源都是稀缺的，企业可能会因为资源的限制在社会责任建设上滞后，或是没有能力去承担责任。	资源的稀缺性
	巨大的成本会让企业不愿意承担社会责任。一方面，承担责任需要投入人力、物力、财力，而这些投入，本可以投入到企业经营的其他方面；另一方面，这些成本的花费难以准确预估，并且可能收效甚微。出于成本效益的考虑，企业可能无法做到"知责尽责"。	成本效益原则
困难能解决（提出方案）	保障企业履行其社会责任，需要企业和政府协同用力。 对企业而言，一要思想上重视，意识到履行社会责任不是企业的负担，而是企业的职责；二要行动上落实，要建立和健全企业内部的履责机制，让社会责任落实为具体的行为。 对政府而言，对于那些规避责任、屡教不改的企业，要重拳出击，当罚则罚，当关则关，让履行责任者吃甜头，让规避责任者吃苦头。当违法成本大于收益时，企业就失去了逃避责任的动机。	协同用力

结构	段落	母理或要点
困难能解决（提出方案）	要求企业履行其社会责任，需要一分为二地看问题。 一要做好义务的强力执行。对于企业必须要尽的义务，比如为国纳税、保护环境、保障员工的待遇和服务，等等，要用法律的手段保障其实施到位。 二要做好道德的有效提倡。应该在企业自愿的基础上，提倡类似慈善赈灾、捐款捐物等行为。政府也可以对有这些行为的企业采取一些类似税收优惠等激励措施。	强力执行与有效提倡

5. 母题应用

（1）张富清的故事

论说文：根据下述材料，写一篇700字左右的论说文，题目自拟。

97岁的老党员张富清是原西北野战军359旅718团2营6连战士，在解放战争的枪林弹雨中九死一生，先后荣立一等功三次、二等功一次，被西北野战军记"特等功"，两次获得"战斗英雄"荣誉称号。1955年，张富清退役转业，主动选择到湖北省最偏远的来凤县工作，先后在县粮食局、三胡区、卯洞公社、外贸局、县建行工作，为贫困山区奉献了一生。60多年来，张富清刻意尘封功绩，连儿女也不知情。直到2018年底，在退役军人信息采集中，张富清的事迹被发现，这段英雄往事才重现在人们面前。

参考范文（个人—利大于弊式）

上紧责任担当的发条

吕建刚

张富清老人服役时在枪林弹雨中九死一生，退役时默默无闻、无私奉献，用毕生的行动诠释了责任与担当，彰显出其"心怀大爱"的家国情怀。我们也应该向他学习，知责尽责、勇于担当。

引材料+点明主题

承担责任，是个人对消耗的社会资源的补偿。人都是社会人，每个人的成长并非凭空而来，也不仅只是自己父母的付出。每个人的成长过程中必然会消耗一定的社会资源，比如教育资源、自然资源等，也就是说，人的成长是存在社会成本的。既然你消耗了社会成本，那么承担一些责任、

有必要
补偿社会成本
❶ 人的成长消耗社会资源

为社会做出一些贡献便是理所应当的。

有好处
实现人生价值

一个勇于承担责任的人，能够在履行责任中实现自己的人生价值。在履行责任的过程中，履行责任的人可以获得技能、经验以及他人的尊重和信赖，同时可以赢得荣誉、奖励，还能够实现自身的理想抱负、完成自我价值的实现。

当然也有困难
让渡利益有困难

当然，承担责任也存在一些困难。根据经济人假设，每个人都是考虑自身利益的经济人。因此，要把自己的利益让渡给他人和社会，是存在一定困难的，尤其是对一些本身物质条件就比较匮乏的人来说，更是困难重重。

困难能解决
穷则独善其身，
达则兼济天下

但其实，承担责任并非难事。一方面，做好分内之事便是对承担责任最好的体现。工人努力做工、农民辛勤种地、学者勤奋钻研，努力做好本职工作，进而推动劳动生产率的提高和社会的发展，这样就能提高社会总福利；另一方面，如果自己条件比较好，对有困难的群众伸伸手、帮一把，这时候财富并没有消失，只是转移到更需要的人手里了，从而提高了社会总福利。这就是"穷则独善其身，达则兼济天下"的道理。

两句结尾
引用句+总结句

"责任重于山岳，能者方可担之。"如果每个人都能积极承担责任、勇于担当作为，人与人之间能够做到互利互惠、和睦相处，社会一定会变得更加美好。

------------------ 全文共 675 字

(2) **狗不理包子**

论说文：根据下述材料，写一篇 700 字左右的论说文，题目自拟。

9月10日，微博上视频博主一则探访狗不理包子王府井店的视频在网上引发关注。视频博主称，该店在大众点评网上的评分是2.85分，"难吃价贵"，并实地探访进行品尝，最后给出了实实在在的差评。这段视频发出不久，狗不理包子王府井店就发布声明称，该视频所有恶语中伤言论均为不实信息，视频发布者侵犯了餐厅名誉权，餐厅将依法追究相关人员和网络媒体的法律责任。

参考范文 （企业—利大于弊式）

责任意识不可无

老吕团队　张英俊

近日，"老字号狗不理包子差评报警"事件在网上引起了剧烈反响。在我看来，这是责任意识缺失带来的后果。企业想要获得长远发展，责任意识不可无。

　　从外部来看，企业作为社会经济的基本单位，理应成为社会责任的主体。企业是现代社会分工体系中专门从事生产与服务的经济主体，承担着生产、流通、分配等社会再生产的基本职能，形成了企业之间、企业与社会之间的权利和责任关系。这就决定了，企业必须按照社会需要提供合格的产品和服务，如果企业责任缺位，势必会扰乱市场经济秩序，影响社会经济健康发展。

　　从内部来看，企业承担社会责任，有利于形成品牌效应。企业承担责任的行为，可以向消费者传递积极的信号、获得广泛的社会认同，从而生成更强的可持续发展能力。这有利于企业在激烈的市场竞争中脱颖而出、创造未来的获利性增长。

　　企业逃避社会责任，利益是背后的推手。企业是以追求物质利益为目的而进行经济活动的主体，都希望以尽可能少的付出，获得最大限度的收获。承担责任，意味要付出更高的成本。在自身利益受到威胁的情况下，"老字号狗不理包子店"出现"碰上问题往上推、遇到责任往下甩"等逃避责任的乱象，也就不足为奇了。

　　因此，提高企业的责任意识，要"软""硬"兼施。
　　"软"是指宣传教育。法律监管不可能面面俱到，对没有责任意识及存在短视心理的企业，可以通过宣传教育的方式树立他们的责任意识。

引材料+点明主题

承担责任有必要
企业是社会经济组成的基本单位
❶ 企业责任缺位，就会扰乱市场经济秩序，影响社会经济健康发展

承担责任有好处
有利于形成品牌效应

承担责任有困难
利益使然
❶ 承担责任，意味企业要付出更高的成本

困难能解决
❶ 软：宣传教育
❷ 硬：法律监管

"硬"是指法律监管。对于缺乏责任意识给社会造成危害的企业，当罚则罚，绝不手软。当履责收益高于履责成本时，企业才有积极履责的动机。

两句结尾
引用句+总结句

"知责任者，大丈夫之始也；行责任者，大丈夫之终也。"企业有效履行自己的责任，才能让"老字号"根基长青。

------------------ 全文共 687 字

母题 19 企业文化

1. 命题方向

任正非说："资源是会枯竭的，唯有文化生生不息。"的确，在现代企业管理中，企业文化占据着至关重要的地位。"企业文化"这一理念的出现有其历史必然性。随着企业规模不断扩大，管理者需要想办法让员工形成共同的文化观念，以此来增强员工的凝聚力。价值观、使命和愿景、经营理念、管理制度、员工的行为规范，等等，都是企业文化建设中极为重要的一环。我们越深层次地去理解企业文化的内涵，我们就越能理解它在管理当中的重要地位。

2. 解题思路

企业文化，或称组织文化（Corporate Culture 或 Organizational Culture），是一个组织由其价值观、信念、仪式、符号、处事方式等组成的其特有的文化形象，简单而言，就是企业在日常运行中所表现出的各方各面。企业文化绝不是空中楼阁，但由于当下很多管理者对"企业文化"这个概念的认知浅显，导致了很多诸如"企业不重视企业文化建设""企业文化践行不到位"以及"企业文化建设浮于表面，止于形式"等一系列问题的出现。这些问题都阻碍了企业文化落地，使其助力企业发展的作用大打折扣。对于企业文化，管理者要树立起正确的企业文化建设观念，既不能过于将其"理想化"，也不能将其"边缘化"。

因此，在解决这类母题时的基本思路是：企业文化有好处——建设企业文化存在问题——但问题能解决。该母题宜使用"利大于弊式"结构进行解题。

3. 结构导图

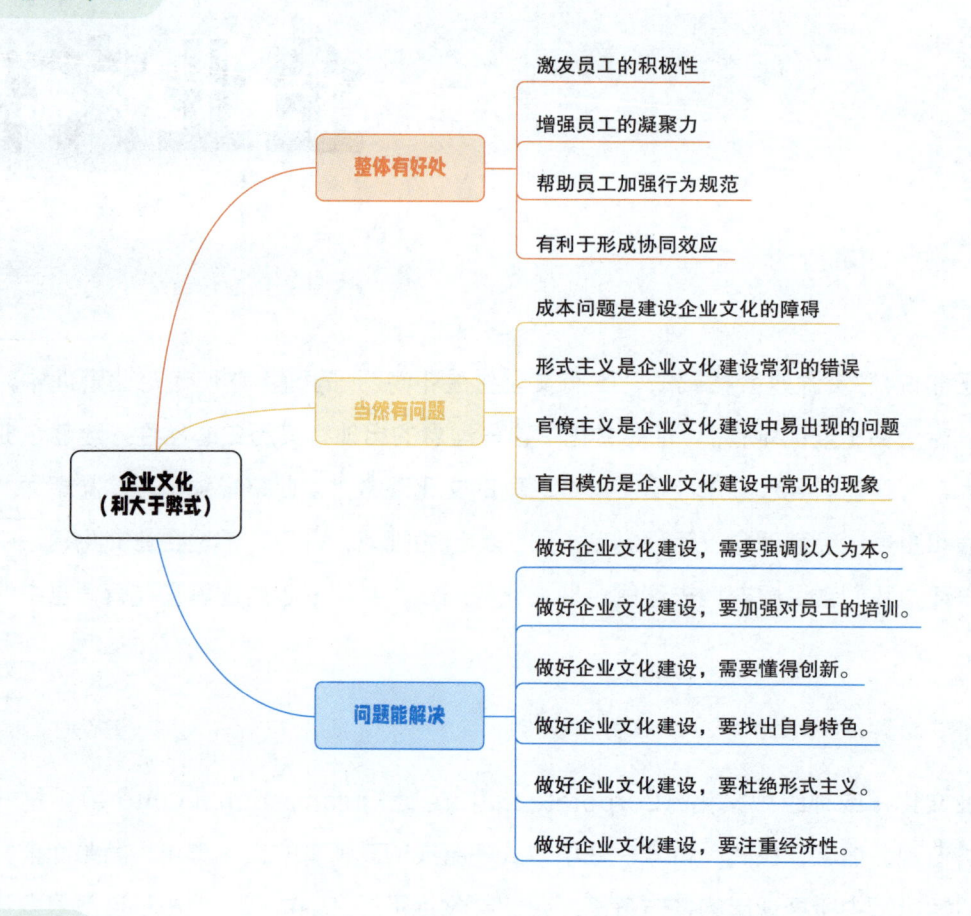

```
                          ┌─ 激发员工的积极性
                          │
                          ├─ 增强员工的凝聚力
              整体有好处 ──┤
                          ├─ 帮助员工加强行为规范
                          │
                          └─ 有利于形成协同效应

                          ┌─ 成本问题是建设企业文化的障碍
                          │
                          ├─ 形式主义是企业文化建设常犯的错误
企业文化     当然有问题 ──┤
(利大于弊式)              ├─ 官僚主义是企业文化建设中易出现的问题
                          │
                          └─ 盲目模仿是企业文化建设中常见的现象

                          ┌─ 做好企业文化建设,需要强调以人为本。
                          │
                          ├─ 做好企业文化建设,要加强对员工的培训。
                          │
                          ├─ 做好企业文化建设,需要懂得创新。
              问题能解决 ─┤
                          ├─ 做好企业文化建设,要找出自身特色。
                          │
                          ├─ 做好企业文化建设,要杜绝形式主义。
                          │
                          └─ 做好企业文化建设,要注重经济性。
```

4. 母段

结构	段落	母理或要点
整体有好处	良好的企业文化能激发员工的积极性。我们都知道,企业文化包括企业的愿景、使命和价值观。企业的愿景决定了企业去哪里,使命决定了企业现在做什么,价值观决定了企业如何去做。其中,一个能让全员认同的愿景,能够感召企业成员去追求同一个梦想,让其知道其奋斗的目标和价值是什么。这有利于员工振奋精神,努力工作。	激发员工的积极性
	良好的企业文化能增强员工的凝聚力。凝聚力来自于团队成员自觉的内心动力、来自于对企业共识的价值观和认同感,而企业文化的作用就是通过企业价值观的提炼和传播,让一群来自不同地方的人共同追求同一个梦想,使团队成员求同存异、心齐力合,从而增强团队凝聚力。	增强员工的凝聚力

19　企业文化

结构	段落	母理或要点
整体有好处	良好的企业文化帮助员工加强行为规范。一方面，在建设企业文化的过程中，企业会建立起一套有效的规章制度，企业制度是企业的内部法规，可以对员工的行为形成约束力；另一方面，良好的企业文化也会从精神层面来规范员工的行为，如果企业内建立起诚实守信、精益求精等经营理念，创造了员工认同的企业文化，就有利于员工自发自觉地以此来要求自己，规范自己的行为。	加强行为规范
	良好的企业文化有利于形成协同效应。企业文化的作用就是通过企业价值观的提炼和传播，让一群来自不同地方的人共同追求同一个梦想，而在此过程中，大家建立起相应的思维方式和方法论，通过日复一日的积累与磨合，极易形成强大的协同效应。	形成协同效应
当然有问题	成本问题是建设企业文化的障碍。我们都知道，逐利是企业的天然动机，而企业文化的建设是一个长期的过程，而且并不能直接产生利润。因此，有的管理者不能深刻认识到企业文化的重要性，认为企业文化的建设不过是喊喊口号，做做样子，不值得投入过多成本。于是，企业文化建设成为空谈。	成本问题
	形式主义是企业文化建设常犯的错误。有些管理者认为企业文化建设就是定出企业的愿景、使命和价值观，然后把它们印制出来挂在墙头上。开会时拿出来，喊喊口号、摆摆架子，但是却不能让员工真正理解企业文化的内涵，企业文化自然也无法真正落地来助力企业发展。	形式主义
	官僚主义是企业文化建设中易出现的问题。在管理实践中，很多企业文化是"自上而下"形成的，管理者只是按照自己的想法来"指点江山""一展宏图"，而从来没有倾听过员工的声音，员工的参与度不高，形成的企业文化就难以得到员工的认同，那么，其对员工的促进作用是有限的。	官僚主义
	盲目模仿是企业文化建设中常见的现象。一方面，一些企业并没有真正去思考什么样的企业文化才是适合自己的，而是大搞"拿来主义"，看到所谓的"优秀文化"就开始生搬硬套。这样不仅不能凸显自己的特色，甚至可能会造成企业自身的"排异作用"，从而影响自身发展。另一方面，企业文化的建设本身就是一个动态的、发展的过程，应当随着环境和自身情况的变化而不断更新，但很多企业的文化建设却始终落入窠臼，最终只能渐渐失去活力，成为僵死的文化。	盲目模仿

结构	段落	母理或要点
问题能解决	做好企业文化建设，需要强调以人为本。文化应以人为载体，人是文化生成与承载的第一要素。企业文化中的人不仅仅是指企业家、管理者，也体现于企业的全体职工。企业文化建设中要强调关心人、尊重人、理解人和信任人，这样才有利于企业团体意识的形成，企业的全体成员有了共同的价值观念，有了一致的奋斗目标，慢慢就能形成向心力，成为一个具有战斗力的整体。	以人为本
	做好企业文化建设，要加强对员工的培训。通过发动全体员工学习企业文化内涵，使员工更深入地了解和认同自己企业的文化，让员工真正参与到企业文化的设计中去，这样一方面能使企业文化不断完善，另一方面，增强认识的员工也能更好地把企业文化应用到实践中去。	加强培训
	做好企业文化建设，需要懂得创新。一方面，管理者要打破思维束缚，结合员工的想法，集思广益，制定符合自身特点的企业文化，而不是盲目照搬其他企业的成果。另一方面，企业文化的理论体系要随着企业生命周期和外界环境的变化及时革新。流水不腐，户枢不蠹，只有积极创新，才能保持好企业文化的活力。	懂得创新
	做好企业文化建设，要找出自身特色。文化本来就是在组织本身发展的历史过程中形成的。每个企业都有自己的历史传统和经营特点，企业文化建设要充分利用这一点，建设具有自己特色的文化。	注重特色
	做好企业文化建设，要杜绝形式主义。企业文化属于意识形态的范畴，但它又要通过企业或职工的行为和外部形态表现出来，这就容易形成形式主义的现象。形式主义不仅不能建设好企业文化，而且是对企业文化概念的歪曲。建设企业文化必须首先从职工的思想观念入手，树立正确的价值观念和哲学思想，在此基础上形成企业精神和企业形象，防止搞形式主义，言行不一。	杜绝形式主义
	做好企业文化建设，要注重经济性。企业是一个经济组织，企业文化是一个微观经济组织文化，应具有经济性。所谓经济性，是指企业文化必须为企业的经济活动服务，要有利于提高企业生产力和经济效益，有利于企业的生存和发展。因此，企业文化不管如何设计，最终目的都不能离开企业经济目标的实现和谋求企业的生存和发展。	注重经济性

5. 母题应用

（1）华为的企业文化

论说文：根据下述材料，写一篇700字左右的论说文，题目自拟。

华为公司能有今天的成就，与其公司文化息息相关。华为创始人任正非早年就说过，"资源是会枯竭的，唯有文化生生不息。"

华为"以客户为中心，以奋斗者为本，长期坚持艰苦奋斗"的企业文化，外在表现是低调和内敛的。正如任正非一直以来强调的：静水潜流，沉静领导，灰色低调，踏实做事，不张扬，不激动。

任正非也以身作则，从不坐头等舱，没有专车司机、不接受任何荣誉表彰，甚至在2019年前，几乎没接受过媒体的采访。华为其他高管如孙亚萍、徐直军、郭平等也大多如此，很少在外面抛头露面，而是专注华为的事业。

参考范文

企业应该加强文化建设

吕建刚

华为在美国的打压下，依旧实现销售额的大幅增长，并引领着世界5G技术的发展，其能有今天的成就离不开企业文化的加持。这启示管理者，应加强企业文化建设。 引材料+点明主题

良好的企业文化能激发员工的积极性。 我们都知道，企业文化包括企业的愿景、使命和价值观。企业的愿景决定了企业去哪里，使命决定了企业现在做什么，价值观决定了企业如何去做。其中，一个能让全员认同的愿景，能够感召企业成员去追求同一个梦想，让其知道其奋斗的目标和价值是什么。华为"以奋斗者为本"的企业文化，就是华为能成为一家优秀企业的原因之一。 **重视企业文化有好处（1）**
激发员工的积极性

良好的企业文化能增强员工的凝聚力。 凝聚力来自于团队成员自觉的内心动力、来自于对企业共识的价值观和认同感，而企业文化的作用就是 **重视企业文化有好处（2）**
增强员工的凝聚力

协同效应：
两种或两种以上的组分相加或调配在一起，所产生的作用大于各种组分单独应用时作用的总和。

通过企业价值观的提炼和传播，让一群来自不同地方的人共同追求同一个梦想，使团队成员求同存异、心齐力合，从而增强团队凝聚力，进而产生协同效应。

重视企业文化有困难
浮于表面

然而，很多企业在建设企业文化的时候浮于表面。他们误认为企业文化建设就是定出企业的愿景、使命和价值观，然后把它们印制出来挂在墙头上。开会时拿出来，喊喊口号、摆摆架子，但这并不能让员工真正理解企业文化的内涵，企业文化自然也无法真正落地来助力企业发展。

提建议
杜绝形式主义
① 文化要符合自身实际
② 文化要落实为日常行动

因此，企业文化建设需要杜绝形式主义。一方面，企业文化建设要符合企业自身的实际情况。一些小微企业天天高呼上市，这只会贻笑大方。另一方面，企业文化建设要落实到日常行为中来。比如海尔宣扬的文化是"真诚到永远"，那就得把真诚服务落实到工作规范中来。

两句结尾

企业文化是一双无形的手，看不见却持续推动着企业不断前进。管理者要加强企业的文化建设，引领企业稳定发展。

------------------- 全文共 673 字

（2）海尔集团的文化管理

论说文：根据下述材料，写一篇 700 字左右的论说文，题目自拟。

海尔集团的成功得益于企业的文化管理。海尔的文化管理是基于我国特有的民族文化传统和社会心理，从人的心理和行为特点入手，培养企业组织的共同情感、共同价值，以形成共同的文化，同时密切结合社会的现实，兼收并蓄、创新发展，把企业管理的软要素作为企业管理的中心环节，激发员工的自觉行为，最终达到全面提升管理效率的目的。

海尔集团的企业文化主要有三个层次：最外层的文化是物质文化，体现为海尔的发展速度、产品和服务质量等，中间层是制度行为文化，最核心的是价值观，即"敬业报国""追求卓越""海尔真诚到永远"等精神文化。

企业文化不可无

老吕团队　食饱饱

海尔集团的成功原因有很多，其中一个原因就是它拥有优秀的企业文化。可见，企业经营应注重文化建设。

> 引材料+
> 点明主题

良好的企业文化能激发员工的积极性。企业文化的作用就是通过企业价值观的提炼和传播，让一群来自不同地方的人共同追求同一个梦想，建立起统一的价值观念。在统一的价值观之下，每个员工会感受到自己的存在和所做工作是有价值的。正如海尔"敬业报国""追求卓越"的企业文化对员工形成了强大的激励，这种激励由内而生，会促使员工自发地振奋精神，努力工作。

> **重视企业文化有好处（1）**
> 激发员工的积极性

良好的企业文化帮助企业加强行为规范。一方面，在建设企业文化的过程中，企业会建立起一套有效的规章制度，如海尔的行为制度，自然会对全体员工的行为形成约束力；另一方面，良好的企业文化也会从精神层面来规范员工的行为，如果企业建立起了"真诚到永远"的经营理念，创造了员工认同的企业文化，那么员工也会自发自觉地以此来要求自己，规范自己的行为。

> **重视企业文化有好处（2）**
> 帮助企业加强行为规范
> ① 形成约束
> ② 规范行为

然而，在管理实践中，许多企业没有建立起员工认同的文化。很多企业文化是"自上而下"形成的，管理者只是按照自己的想法来"指点江山""一展宏图"，而从来没有倾听过员工的声音，员工的参与度不高，这样的企业文化就难以得到员工的认同，那么，其对员工的促进作用就是局限的。

> **重视企业文化有困难**
> 没有得到员工认同
> ① 企业文化自上而下
> ② 文化建设缺少员工参与

因此，企业文化的打造，需要强调以人为本。文化应以人为载体，人是文化生成与承载的第一要素。企业文化中的人不仅仅是指企业家、管理

> **困难能解决**
> 建立企业文化需以人为本

者，也体现于企业的全体职工。企业文化建设中要强调关心人、尊重人、理解人和信任人，这样才有利于打造员工认同的企业文化。

**两句结尾
引用句+总结句**

张瑞敏曾说："企业文化是企业发展的灵魂。"管理者一定要意识到，企业要想不断发展，企业文化不可无。

------------------ 全文共 682 字

母题 20 新型经济

1. 命题方向

在科技飞速发展的今天，每天都会产生很多新的需求，如果传统经济模式无法满足这些需求，就会催生出新的行业或产业。比如，2021年7月7日发改委发布的《"十四五"循环经济发展规划》，进一步引发了公众对"闲置经济"的讨论。最近几年，新型经济也在不断涌现，如网红经济、地摊经济、外卖经济，等等。

我们可以简单理解为一个新的经济增长点，或者一个新兴产业。新型经济一方面可以起到满足新时代消费需求的重要作用，另一方面可以助力经济更好更快地发展。

2. 解题思路

新型经济可以带动经济的繁荣，但也由于是新兴事物，有一些问题也在所难免。当一种新型经济出现时，我们要用一分为二的观点看待它，既不能被其短期所带来的巨大利益蒙蔽双眼，也不能过分杞人忧天；要成长，也要理性地看待"成长的烦恼"。

因此，该母题宜使用"利大于弊式"结构进行解题，即，"该新型经济有好处——当然有问题——问题能解决"。

3. 结构导图

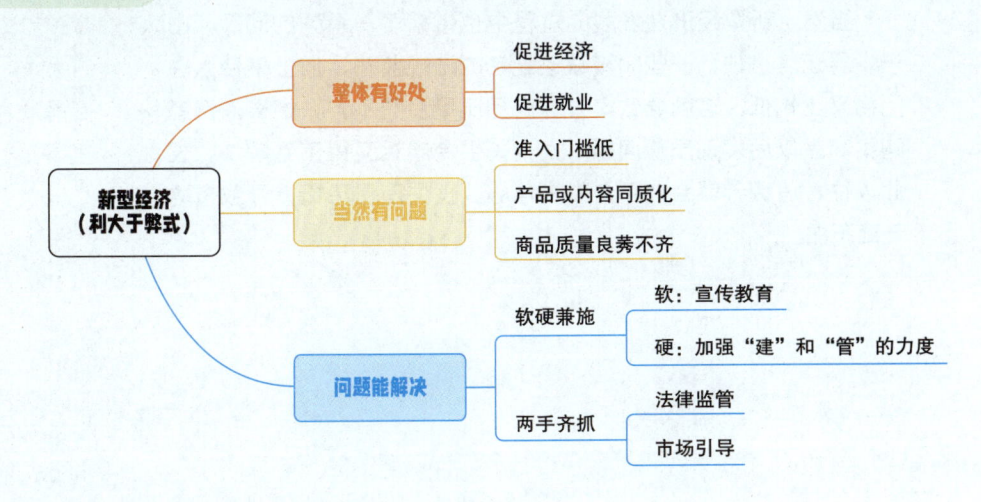

- 新型经济（利大于弊式）
  - 整体有好处
    - 促进经济
    - 促进就业
  - 当然有问题
    - 准入门槛低
    - 产品或内容同质化
    - 商品质量良莠不齐
  - 问题能解决
    - 软硬兼施
      - 软：宣传教育
      - 硬：加强"建"和"管"的力度
    - 两手齐抓
      - 法律监管
      - 市场引导

4. 母段

结构	段落	母理或要点
整体有好处	新型经济有利于经济发展。在如此看重消费体验的今天，消费者涌现出了各种各样的个性化需求，新型经济的出现和发展，也是一个逐渐去发现并去满足这些消费新需求的过程。此外，新型经济往往能够提供有效供给，不仅能更好地去满足消费者，还能提高资源利用效率，使各生产要素的组合在生产、分配、流通、消费各环节有机衔接，从而拉动经济的增长。	促进经济发展
	新型经济能缓解就业压力。新型经济作为新兴事物，符合经济发展的客观规律，其强大生命力和远大前途吸引着人们接踵而来。由于它刚刚兴起，往往成本较低、收益较大。而且，有一些新型经济比如直播带货、地摊经济，其门槛也并不高，只要你认真学习、努力工作，人人都可以参与其中，这就解决一部分人的就业问题、生存问题。	缓解就业压力
当然有问题	当然，我们也能看到，新型经济在其发展过程中会出现一些问题。比如，当准入门槛过低时，进入者就可能良莠不齐。一旦市场变得鱼龙混杂，好人坏人在同一个舞台上竞争，就很容易造成"劣币驱逐良币"的后果。	准入门槛低
	当然，我们也能看到，新型经济在其发展过程中出现了一些问题。一些人往往只是看到风口就趋之若鹜，一哄而上，缺乏成熟的想法，入场后就盲目跟风，缺乏创新，导致产品激增或内容同质化，最终都失去了自己的竞争优势。大量的抄袭模仿使得同行热情受挫不再创新，最后导致"劣币驱逐良币"局面，不利于整个市场的健康稳定发展。	产品或内容同质化
	当然，新型经济在发展的过程中也带来了一系列的问题。由于发展速度过快，一些领域缺乏配套的法规监管，加上平台入驻门槛又比较低，这就导致卖方的商品质量良莠不齐。如果消费者购买商品以后发现质量问题，找相关平台申诉又得不到解决，长此以往，消费者就会对平台失去信心，丧失消费热情，导致市场萎靡不振。	商品质量良莠不齐

结构	段落	母理或要点
问题能解决	规范新型经济的发展，需要软硬兼施。一方面，要引导卖方加强信息和商品审核管理，建立消费者相互评价管理机制，以此来减少交易市场信息的不对称。另一方面，政府监管部门要出台强制性规定，进一步强化对卖方的监管，督促卖方完善管理和审核机制，以此来提高入场的门槛，同时针对违规行为建立处罚机制。只有内外共同发力，双管齐下，让卖方加强责任意识，监管部门树立起规矩，新型经济才能朝着健康的方向越走越远。	软硬兼施
	但以上种种问题，我认为宜疏不宜堵。一方面，政府相关部门要加强"建"和"管"的力度，制定相关政策约束卖方的违规行为，有假冒伪劣的、货不对板的，应重拳出击，予以惩罚；针对消费者售后维权问题，应加大消协对其的支持力度，畅通维权渠道；另一方面，应加大对买卖双方的宣传教育，培养卖方诚信经营的观念，提高买方辨别商品的眼力。	软硬兼施
	规范新型经济的发展，需要用到监管的手和市场的手。一方面，对于一些不良行为，要重拳出击，予以惩罚；另一方面，要加强对企业的市场引导，让守规则者有利可图，让不法之徒无路可走，从而让企业乐于规范发展。	法律监管 市场引导

5. 母题应用

（1）地摊经济

论说文：根据下述材料，写一篇 700 字左右的论说文，题目自拟。

"新冠"疫情发生以来，各地政府大力提倡地摊经济，对疫情后的经济恢复起到了一定的作用；与此同时，地摊经济也引发了诸如占道经营、卫生不良等一系列的问题。

参考范文

地摊经济应该鼓励

吕建刚

近来，"地摊经济"成为家喻户晓的热词，如李克强总理所言，"地摊经济"是中国的生机，应该鼓励。

引材料+点明主题

"地摊经济"有好处（1）
缓解就业压力
1. 就业门槛低
2. 解决民生问题

首先，"地摊经济"能缓解就业压力。摆地摊成本低、风险小，对摆摊者的要求也不高，不管是下岗职工、还是城市务工人员、还是"白领"甚至"金领"，只要能拉下脸面愿意干，人人都可以摆地摊。尤其是对于那些因"新冠"疫情而失业的人来说，摆个地摊，就可以解决眼前的生计问题，这对就业的帮助是显而易见的。我们常常说要解决民生问题，其实就业就是最大的民生、生存就是最大的人权。地摊经济解决了一部分人的就业问题、生存问题，可见，它就是这些人的"生机"。

"地摊经济"有好处（2）
促进经济发展
1. 投入产出比高
2. 人气旺

其次，"地摊经济"能促进经济发展。地摊经济看起来是一些不起眼的小生意，但其实它是一种非常"高性价比"的商业模式：成本不高、库存不大、风险较小、方向灵活。而且，各地开业的地摊、夜市无不人头攒动、熙熙攘攘，这说明地摊经济往往能积聚大量的人气，人气就是商气，人气就是财气，就能促进周边的消费，从而带动经济增长。

当然，"地摊经济"有问题
1. 不当占道经营
2. 卫生条件不好
3. 经营假冒伪劣

当然，我们也能看到，地摊经济在发展过程中出现了一些问题、一些隐患。比如，有一些地摊经营者不当占道经营；还有一些夜市，摆摊者散场之后遍地狼藉；还有一些摆摊者，经营的是假冒伪劣商品。种种乱象，不一而足。这给城市的管理带来了一定的压力。

提方案
1. 加强监管
2. 做好服务
3. 定好规则

但以上种种问题，我认为宜疏不宜堵。有不当占道经营的，我们可以划定专门的摆摊场所；有不讲究卫生的，一是要加强卫生监管和处罚，二是城市管理部门也要做好清洁工作；有出售假冒伪劣商品的，则可重拳出击，予以处罚。摆摊者并不是故意要制造这些麻烦，说白了他们就是谋份生计而已。把规则制定好、把奖罚说明白，只要这份生计还在，他们还是能够遵守规则的。

总结全文

总而言之，在"疫情"的大背景下，地摊经济是改善民生的一个行之有效的方法，应该鼓励。

---------- 全文共 734 字

（2）网红经济

论说文：根据下述材料，写一篇 700 字左右的论说文，题目自拟。

这两年，网红经济发展迅猛。李子柒、李佳琦、薇娅、辛巴等大网红们一跃成为举国皆知的带货明星。与此同时，李佳琦的不粘锅事件、辛巴的糖水燕窝事件等不良现象也不时被爆出。网红经济到底该鼓励还是该限制，网友众说纷纭。

参考范文

网红经济应当鼓励

吕建刚

在疫情常态化的今天，网红经济呈爆发式增长。与此同时，央媒也通过与带货明星合作，助力恢复被疫情破坏的经济。可见，网红经济应当鼓励。

> 引材料+
> 点明主题

首先，网红经济能促进经济发展。我们都知道，经济发展有三驾马车：投资、出口、消费。首先，我国在投资方面已经做得比较好了；其次，在疫情的大背景下，出口受限。因此，通过消费拉动经济增长是当前经济发展的重中之重。网红经济主要是以直播的方式带动消费者的购买热情，它对消费的刺激是显而易见的。而且，网红经济短时间内就能积聚大量的人气，人气就是商气，人气就是财气，慢慢就能带动相关配套广告、销售，等等，拉动经济的增长。

> "网红经济"
> 有好处（1）
> 促进经济发展
> ❶ 刺激消费
> ❷ 带动人气

其次，网红经济能缓解就业的压力。网红经济形式多样，无论你是颜值担当、能歌善舞、还是能说会道，都是可以在网红经济中找到一席之地。而且，网红经济尚在探索之中，对新进入者来说，机会还是很多的。再加上网红经济往往成本低、风险小，新进者的试错成本相对较低，因此，它吸引了大量的从业者。可见，网红经济能改善就业、有利民生。

> "网红经济"
> 有好处（2）
> 缓解就业的压力
> ❶ 机会较多
> ❷ 试错成本低
> 试错成本：
> 有不确定因素的地方，
> 就有试错成本

当然，我们也能看到，网红经济在其发展过程中出现了一些问题。

"网红经济"产生的问题
① 假冒伪劣
② 以次充好

假冒伪劣、以次充好等现象时有发生，"李佳琦的不粘锅事件""辛巴的糖水燕窝事件"就是明证。而且，马保国、铁山靠等跳梁小丑也是你方唱罢我登场，好不热闹。

提方案
标本兼治
① 标：予以处罚
② 本：建立行业规范

但以上问题，我认为可以解决，具体措施上，可以标本兼治。

先要治标。对于假冒伪劣、以次充好、胡言乱语、三观不正等乱象，重拳出击，予以处罚。对于不良网红，当封则封。

后要治本。建立和健全网红行业规范，用法治的手和市场的手共同引导网红经济良性发展。

总结全文

总之，网红经济确实存在一些问题，但整体来看，网红经济发展利大于弊，应当鼓励。

------------------ 全文共 690 字

（3）闲置经济（二手交易）

论说文：根据下述材料，写一篇 700 字左右的论说文，题目自拟。

近年来，通过互联网买卖二手物品已经被年轻人做成了一种时尚潮流，这种潮流使得闲置经济得以迅速发展。2020 年，日本最大的二手交易平台 Mercari 的业务交易额约为 393 亿元人民币，而中国闲置市场的规模可达到 1 万亿元人民币。在阿里巴巴公布的 2020 年财报中，闲鱼年成交额已突破 2 000 亿元。

二手交易虽火，但也存在一些问题。例如，很多伪劣商品和擦边球服务存在于二手平台，交易信息不对称、保障不够周全、监管不够到位等。

参考范文

闲置经济应当鼓励

吕建刚

引材料+点明主题

闲置经济作为一种更高效的经济发展方式，在近年来成为了一种时尚潮流。它符合绿色、循环的发展理念，应该鼓励。

20 新型经济

首先，闲置经济能促进经济发展。我们都知道，经济发展有三驾马车：投资、出口、消费。闲置经济主要经营的是二手物品，一方面，二手物品的价格较低，"花小钱办大事"有助于刺激消费者的消费；另一方面，购买二手物品时有一种类似淘"宝"的体验，有些消费者钟爱这种购物体验。可见，闲置经济能够拉动消费的增长，从而对经济发展有一定的促进作用。

> **"闲置经济"有好处（1）**
> 促进经济发展
> ① 花小钱办大事
> ② 购物体验独特

其次，闲置经济能够减少资源浪费。很多在城市生活的人都有一种体验——很多物品用又用不上，扔了又很可惜，于是放在家里的一角成为垃圾，直到有一天忍无可忍，一扔了之。这既浪费了资源，又给环境带来了一定的压力，此时，不妨将这些物品交易出去。比如说婴儿车、婴儿床，孩子长大后，它对一个家庭就不再产生价值，但是对于刚生了宝宝的家庭来说，这就是宝贝。可见，闲置经济能让这些物品流动起来，变废为宝。

> **"闲置经济"有好处（2）**
> 减少资源浪费
> ① 让物品流动，变废为宝

当然，我们也能看到，闲置经济在其发展过程中出现了一些问题。假冒伪劣、以次充好等现象时有发生。假名牌、盗版书充斥在各二手交易平台。而消费者又很难辨别这些物品的真假、好坏，这就很容易让品质好、价格高的"李逵"卖不出去，而让质量低且价值低的"李鬼"占领市场，从而造成"劣币驱逐良币"的后果。

> **"闲置经济"产生的问题**
> ① 出现假冒伪劣、以次充好等现象
> ② 造成"劣币驱逐良币"的后果

但以上问题，我认为可以解决。
一是要加强市场引导。要引导二手交易平台加强信息和商品审核管理，建立健全消费者相互评价管理机制，以此来减少交易市场信息的不对称。
二是要加强法律监督。要出台一些强制性规定，进一步强化对卖方的监管。对于违法违规者，则要予以处罚。

> **提方案**
> ① 加强市场引导
> ② 加强法律监督

总之，闲置经济虽然存在一些问题，但从整体来看，闲置经济发展利大于弊，应当鼓励。

> 总结全文

------------------ 全文共 710 字

第三部分

AB 二元类母题

1. 什么是 AB 二元类题型

如果题干的材料中出现两个主题、两种决策，等等，就可称为 AB 二元类题型。

我们来看几道真题：

例 1.（2021 年管理类联考真题）

论说文：根据下述材料，写一篇 700 字左右的论说文，题目自拟。

我国著名实业家穆藕初在《实业与教育之关系》中指出教育最重要之点在道德教育（如责任心和公共心之养、机械心之拔除）和科学教育（如观察力、推论力、判断力之养成）。完全受此两种教育，实业中坚者人物遂由此产生。

【分析】这个材料中，题干里面明显出现了两个主题"道德教育"和"科学教育"，因此，本题是 AB 二元类话题。

例 2.（2016 年管理类联考真题）

论说文：根据下述材料，写一篇 700 字左右的论说文，题目自拟。

亚里士多德说："城邦的本质在于多样性，而不在于一致性。……无论是家庭还是城邦，它们的内部都有着一定的一致性。不然的话，它们是不可能组建起来的。但这种一致性是有一定限度的。……同一种声音无法实现和谐，同一个音阶也无法组成旋律。城邦也是如此，它是一个多面体。人们只能通过教育使存在着各种差异的公民，统一起来组成一个共同体。"

【分析】这个材料中，题干里面出现了两个元素"多样性"和"一致性"，因此，本题是 AB 二元类话题。

例 3.（2017 年管理类联考真题）

论说文：根据下述材料，写一篇 700 字左右的论说文，题目自拟。

一家企业遇到了一个问题：究竟是把有限的资金用于扩大生产呢，还是用于研发新产品？

有人主张投资扩大生产，因为根据市场调查，原产品还可以畅销三到五年，由此可以获得丰厚的利润；有人主张投资研发新产品，因为这样做虽然有很大的风险，但风险背后可能有数倍于甚至数十倍于前者的利润。

【分析】这个材料中，题干里面出现了两种方案"扩大生产"和"研发新产品"，因此，本题是 AB 二元类话题。

AB 二元类话题，我们首先要看题干中 A 和 B 两个元素是什么关系。

若两个元素的关系是二者并重，推荐使用 ABAB 式结构。例 1 中，材料指出"教育最重要之点在道德教育和科学教育"，可见，"道德教育"和"科学教育"都重要，是二者并重关系。

若两个元素的关系是二者都要，但侧重于 A，推荐使用 A 上加 B 式结构。例 2 中，亚里士多德说："城邦的本质在于多样性，而不在于一致性"，说明他在强调"多样性"，但材料后文中也提及了"一致性"的作用，因此，两个元素的关系是二者都要但侧重于"多样性"。

若两个元素的关系是二者择一，推荐使用非 A 推 B 式结构。例 3 中，材料提出，在资金有限的情况下，究竟是"扩大生产呢，还是用于研发新产品？"这说明要在这两种方案中选择一种，因此，这是一个二者择一型的题目。

2. AB 二元类题型的推荐结构

2.1 ABAB 式结构

在例 1 中，道德教育和科学教育的关系是两者并重的关系，因此可以使用 ABAB 式。

ABAB 式的写法如下：

层次	结构	写法 ❶ 正面写	写法 ❷ 反面写
开头		引材料，并提出论点。	引材料，并提出论点。
正文	第 1 层	A 有好处。	只有 A 有问题。
	第 2 层	B 有好处。	只有 B 也有问题。
	第 3 层	因此，需要 AB 并重。	因此，需要 AB 并重。
	第 4 层	提建议。	提建议。
结尾		总结全文。	总结全文。
口诀：ABAB 提建议。			

157

例 1 的 ABAB 式结构范文如下：

以教育促进实业发展

吕建刚

引材料，提出论点

发展实业关键在人才，而要想育人，关键在于教育。

A：道德教育是基础

首先，道德教育是基础。我们都知道，追求财富是企业的天然动机。亚当·斯密也告诉我们，人是天然的利己者，企业家当然也不例外。但是，如果企业家不具备足够的德行，其追求财富的行为就容易误入歧途。从前几年的毒奶粉、地沟油、瘦肉精、苏丹红，到今年的糖水燕窝事件，无一不是见利忘义的产物。可见，企业家有足够的德行，企业才会行稳致远，此所谓"厚德载物"也。因此，要做好企业家的道德教育。

B：科学教育是关键

其次，科学教育是关键。这是因为，对任何一个企业来讲，其人力、物力、财力以及其他资源，都具备稀缺性，如何将这些有限的资源用到刀刃上，产生最好的效果，需要企业家科学的判断力。而且，几乎所有决策都是在信息不对称、信息不完整的情况下做出的，这就特别考验企业家的观察力、推论力和判断力。因此，要做好企业家的科学教育。

AB：两者并重

由此可见，道德教育是企业家的精神保障，它能规范企业家的行为，让企业家的才华用在正道上；科学教育则是企业家才能的来源，它能让一个普通的管理者成长成为真正的企业家。因此，道德教育和科学教育相辅相成，缺一不可。

提建议

那么，如何做好两种教育呢？我认为以下两点非常重要。

第一，道德教育要和法治建设相结合。一方面，加强对企业家的道德教育和法治教育，让企业家自发自觉地诚信经营，承担社会责任；另一方面，对于一些违法乱纪的企业家，应该重拳出击，不能姑息。

第二，要搭建更多的企业家学习平台，加强对企业家的科学教育。一方面，可以发展诸如 MBA、EMBA、DBA 等学历教育，引导更多的企业家学习管理学的科学理论；另一方面，规范非学历教育的发展，让企业家的终身学习成为可能。

总之，国家发展在于实业，实业发展基于人才，人才发展寄于教育。以教育促进实业发展势在必行。

> 总结全文

------------------- 全文共 720 字

2.2 A 上加 B 式结构

如果题干中 A 和 B 两个元素是需要二者并重的，但你想特意强调一点时，可以使用 A 上加 B 式结构：A 有好处，但只有 A 不行，因此，需要 B。

在例 2 中，"多样性"与"一致性"是二者并重，一致性有好处，但是一致性有限度，因此需要多样性，故可以使用 A 上加 B 式。

A 上加 B 式的写法如下：

层次	结构	内容	
开头		引材料，并提出论点。	
正文	第 1 层	A 有好处。	A 有好处（1）。
	第 2 层	但是，只有 A 有问题。	A 有好处（2）。
	第 3 层	因此，需要 B。	当然，B 也不能忽略。
	第 4 层	提建议。	提建议。
	说明	此结构适合两种情况：① AB 并重；② AB 并重且倾向于 A。	此结构适合 AB 并重且倾向于 A。口诀：AA 加 B 提建议。
结尾		总结全文。	

例 2 的 A 上加 B 式结构范文如下：

"多样性"应发展，"一致性"应保障

吕建刚

亚里士多德说："城邦的本质在于多样性，而不在于一致性。"但我认为，既要提倡"多样性"发展，但也需要"一致性"的保障。

> 引材料，提出论点

A 有必要（1）
多样性是个人发展之需

首先，多样性发展，是个人发展之需。一方面，我们都有表达自己想法、展现自己个性的权利。一花一世界，一人更是一世界；你听你的京戏，我爱我的杰伦，这正是你我的权利。另一方面，"尺有所短、寸有所长"，每个人都有自己的不足，再加上时间和精力有限，我们不可能掌握所有知识和技能，因此，样样精通不可取，各有所长才可行。

A 有必要（2）
多样性是社会发展之要

其次，多样性发展，是社会发展之要。现代人类社会高速发展的基础，是越来越精细的社会分工机制。社会分工至少在以下三个方面产生了价值：一，它让我们可以集中精力发展自己的优势和专长，不擅长的部分则可通过交易或合作解决；二，它减少了工作转移时产生的效率损失；三，它让规模效应得以实现，从而推动了劳动生产率的提高。可见，精细化的社会分工，决定了社会必须多样发展。

当然，也要有 B
一致性

当然，提倡多样性发展，并不代表忽略"一致性"。这是因为"一致性"为我们提供主流价值观和共同的行为准则。前者让多数人在道德层面具备相对的一致性，从而使很多事情的执行、很多问题的解决成为一种自觉行为；而后者从法律法规的层面上确定了利益边界、减少了谈判成本。

提建议

要想实现在一致性基础上的多样发展，教育是关键。

一方面，要培养"多样性"的人才，就要建立和健全多层次、多元化的教育体系。比如既要搞好以培养专家学者为目标的学术型学位，也要搞好以培养专业能手为目标的专业型学位；既要搞好普通高等教育，也要着力发展中等、高等职业教育。

另一方面，要培养"一致性"的价值观。要通过教育形成全社会认可的主流价值观，也要通过教育让人才具备完整的、向上的道德观和法治观。

总结全文

总之，"多样性"发展应该提倡，"一致性"思想应该保障。

------------- 全文共 731 字

2.3 非 A 推 B 式结构

非 A 推 B 式结构的原理，基于我们在形式逻辑中学过的一个公式："$A \vee B = \neg A \rightarrow B$"。

将这个公式用在论证中，可称为选言论证。例如：

拔尖∨冒尖＝¬拔尖→冒尖。

模仿∨创新＝¬模仿→创新。

非 A 推 B 式的 4 层结构		
层次	结构	内容
开头		引材料，并提出论点。
正文	第 1 层	A 有问题。
	第 2 层	B 有好处（可写 2 段）。
	第 3 层	因此，应该采取 B。
	第 4 层	提建议。
结尾		总结全文。
口诀：非 A 推 B 提建议。		

例 3 中，材料给了两种方案"扩大生产旧产品"和"研发新产品"。如果我们立意为应该研发新产品，可以使用非 A 推 B 式结构，即，方案 A 不可行（扩大生产旧产品），而方案 B 有好处（研发新产品），因此，应该采用方案 B。

范文如下：

着眼未来，研发新品

吕建刚　芦苇

企业拥有有限的资金时，是应该用于扩大生产还是研发新产品呢？基于企业未来发展的角度来看，应该用于研发新产品。 引材料，提出论点

有些人认为在原产品还可以畅销三到五年，获得丰厚利润的时候，应加大资金投入，扩大生产。殊不知，产品本身的生命周期可能并不足以支撑接下来的三到五年。市场行情瞬息万变，消费者的喜好也会随时发生改变，只依靠一个优势产品便想立于不败之地显然是不现实的。 A 有问题（1）旧产品的生命周期进入尾声

而且，旧产品往往会面临同质化竞争。竞争对手很容易在产品的外观

161

A 有问题（2）
旧产品面临同质化竞争

设计、理化性能、使用价值、包装与服务、营销手段上相互模仿，以致产品的技术含量、使用价值逐渐趋同，这必然会导致利润下滑。

B 有好处（1）
新产品意味着更高的利润率

而新产品往往意味着更高的利润率，这是由于新产品在某一方面领先于对手，比如性能更好、价格更低、有更多的差异性，等等。如果这种新产品是市场上独有的，那么企业就掌握了定价权，当然会有更高的利润率。

B 有好处（2）
提高企业经营能力

而且，研发新产品的过程往往也是提高企业经营能力的过程。因为在研发新品的过程中，必然需要招募创新人才、改善创新机制、改进工艺流程，等等，这就可以积累企业的研发能力，从而推动企业进入正向循环。

提方案
一是要有所定位，二是要防范风险

当然，研发新产品不能盲目。一是要有所定位，新产品的研发方向要符合企业的经营定位，更要符合顾客需求的变化，盲目的多元化研发容易导致一事无成。二是要防范风险，因为在研发新产品的过程中，必然会耗费本就稀缺的各种资源，而且，我们也很难保证研发新产品一定成功，因此，必须要做好新品研发失败的高风险预案。

总结全文

综上所述，扩大生产旧产品最多保住现在，而研发新产品有助于赢得未来。因此我认为，研发新品，势在必行。

------------- 全文共 647 字

母题 21 短视与远见

1. 命题方向

红顶商人胡雪岩曾说过:"如果你拥有一县的眼光,那你可以做一县的生意;如果你拥有一省的眼光,那可以做一省的生意;如果你拥有天下的眼光,那你就可以做天下的生意。"的确,是否拥有长远目光、远见卓识,是衡量一个企业是否成熟的重要标准,更是决定企业发展广度与深度的重要因素。面对同样的商机,有的企业是一日千里,有的企业是日行万里。在效益规模和发展速度天壤之别的背后,是眼光的长短与格局的差异。古语有云:"君子务知大者远者。"着眼企业的长期发展,也许会出现短期的阵痛、历经低迷的过程,但阵痛过后,迎来的是企业长期的价值成长与优势竞争能力的提升。所以,管理者只有目光长远,才能使企业长盛不衰。

2. 解题思路

荀子曰:"以近知远,以一知万,以微知明,此之谓也。"所谓远见,就是要见微知著、未雨绸缪,既不拘于一时利弊,也不计较眼下得失,摒弃"短视思维",把目光放得足够长远,以长期性的战略规划引导企业稳健发展。

短视和远见互为反义词,而短视带来的危害是显而易见的。所以,针对"远见"这个话题,大家可以采取"非A推B式"的行文结构:先说明短视(缺乏远见)有弊端、不可行;再说明拥有远见有好处,两相对比,应该提倡后者;最后提建议,点明在培养远见和执行长远规划时要注意的问题、要解决的困难等。

另外,"眼前利益与长远利益"与"短视与远见"是近似话题,范文素材可互通互用。

3. 结构导图

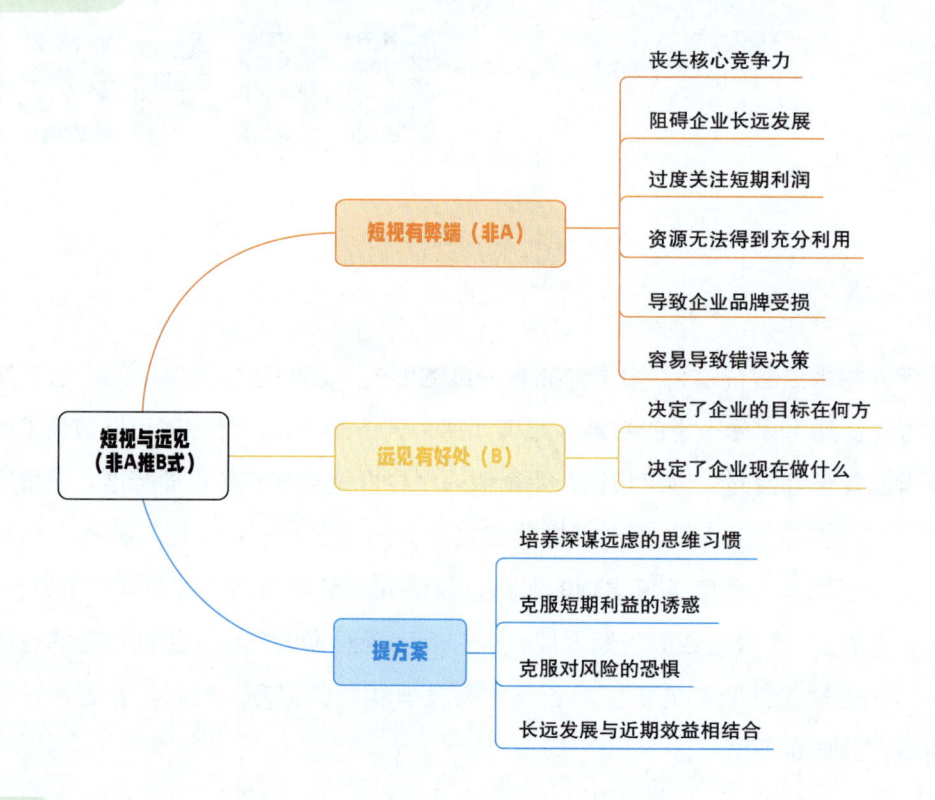

```
                          ┌─ 丧失核心竞争力
                          ├─ 阻碍企业长远发展
           ┌─ 短视有弊端（非A）─┼─ 过度关注短期利润
           │                ├─ 资源无法得到充分利用
           │                ├─ 导致企业品牌受损
           │                └─ 容易导致错误决策
短视与远见  │
（非A推B式）├─ 远见有好处（B）─┬─ 决定了企业的目标在何方
           │                └─ 决定了企业现在做什么
           │
           │                ┌─ 培养深谋远虑的思维习惯
           └─ 提方案 ───────┼─ 克服短期利益的诱惑
                            ├─ 克服对风险的恐惧
                            └─ 长远发展与近期效益相结合
```

4. 母段

结构	段落	母理或要点
短视有弊端	目光短浅，会使企业逐渐丧失核心竞争力。现在的市场环境瞬息万变，"一招鲜，吃遍天"的经营模式已经难以奏效。如果企业缺乏战略远见，只顾着眼前的"一亩三分地"，就很难识别潜在机会，迎合市场需求，也就无法抢占市场先机、建立竞争优势、提高竞争门槛。久而久之，企业会丧失自己的核心竞争力，迟早要被市场和时代淘汰出局。	丧失核心竞争力
	目光短浅，会阻碍企业的长远发展。有的管理者为了大出业绩、快出业绩，动辄否决对企业长久发展有利的决策，甚至打着"为企业好"的幌子，大搞"杀鸡取卵""竭泽而渔"式的发展模式，只顾眼前，不顾长远，不仅给继任者留下了隐患，也阻碍了企业的长远发展。	阻碍企业长远发展

21 短视与远见

结构	段落	母理或要点
短视有弊端	目光短浅，会让企业过度关注短期利润。许多企业深受目光短浅之害，他们太关注立竿见影的结果和短期目标，极易被当前市场和利润左右，以至于无法高瞻远瞩，以更宽广的胸襟和眼光去看待当下与未来的格局。而缺乏战略规划与长远布局，往往会使企业陷于被动甚至破产。	过度关注短期利润
	目光短浅，会使企业资源无法得到充分利用。由于缺乏全局性、长期性的战略规划作指导，管理者往往缺乏有效整合和充分调动企业资源的能力，在企业出现问题时很容易"头痛医头，脚痛医脚"，这就造成了企业现有资源的浪费和人才的流失，使得企业本就有限的资源更加匮乏。	资源无法得到充分利用
	目光短浅，容易导致企业品牌受损。有时候，企业会为了追求眼前利益而做出一些突破底线的短视行为，而随着互联网技术的快速发展，信息的传递速度越来越快，这些行为已经很难不被发现。而这些恶劣行径一旦被曝光，企业的信誉就会有损失。	导致企业品牌受损
	目光短浅，容易导致错误决策。缺乏远见的管理者，要么是片面追求"见效快、花钱少"，要么是"安于现状、看不到危机"。受到短期利益的诱惑，管理者在做决策时往往容易急功近利、舍本逐末，为了利益不惜突破底线。而这些决策，极易使企业偏离正确的前进路线，发展之路只会越走越窄。	容易导致错误决策
远见有好处	远见，决定了企业的目标在何方。我们常常提企业的愿景，但是如果管理者没有远见，又怎么能确定企业的愿景在何方呢？管理者是否有远见，决定了企业的目标在哪里，决定了企业会走向何方，也决定了企业经营的广度与深度。	决定了企业的目标在何方
	远见，决定了企业现在做什么。有远见的管理者，更能够洞察行业有哪些新变化、新技术，商业模式上有哪些创新，企业将要面对哪些重大机遇等，从而改善企业当前的经营行为。而且，有远见的管理者可以把企业的内部资源和外部条件联系起来，从而最大化利用资源，将资源应用到将来最能产生价值的地方。	决定了企业现在做什么
提方案	想拥有远见卓识，需要管理者培养深谋远虑的思维习惯。"欲思其利，必虑其害，欲思其成，必虑其败。"管理者考虑问题要深远、辩证，凡事多思、由小及大，培养见微知著的良好思维方式，学会长远地看待问题、规划战略。	培养深谋远虑的思维习惯

结构	段落	母理或要点
提方案	想拥有远见卓识，管理者要克服短期利益的诱惑。追求利益是每个企业的目标，但企业不能一味强调短期利益。尤其是当眼前利益与长远发展出现矛盾时，要敢于为了长远发展牺牲一些眼前的利益。	克服短期利益的诱惑
	想要培养远见卓识，管理者要克服对风险的恐惧。一般而言，越是长远的目标，越是宏大的战略，越不可能一帆风顺，其中必然蕴含着各种不确定性和种种潜在风险。因此，管理者要克服对风险的恐惧，不被挫折和困难吓退，才能建立有利于企业长远发展的战略规划。	克服对风险的恐惧
	当然，强调远见，并不意味着要完全放弃企业的短期效益。根据经济人假设，谋利是企业一切经营活动的出发点，如果没有短期效益作为激励和保障，长远发展的目标也同样难以完成。所以，管理者要做到短期效益与长远发展的有机结合与良好平衡，以短期效益不断激励企业向着长远的目标发展。	长远发展与近期效益相结合

5. 母题应用

（1）腾讯的远见卓识

论说文：根据下述材料，写一篇 700 字左右的论说文，题目自拟。

2008 年是全球金融危机爆发的一年，当时，大多数企业都在为追求眼前利益而不断发力，腾讯却依旧能够立足长远，在这个投资周期，抓紧布局投资。正如马化腾所说："我们并不希望腾讯把利润放在账面上，我们更加希望把很多利润投入到长远的发展里。"

参考范文

管理者需拥有远见

吕建刚

引材料 + 点明主题　　马化腾没有计较暂时的得失，而是立足长远来思考问题，让腾讯可以轻松面对金融危机，并为其取得长期利润打下了良好的基础。所以说，远见是管理者不可或缺的品质。

目光短浅有弊端
阻碍企业的长远发展

目光短浅，往往会阻碍企业的长远发展。有的管理者为了大出业绩、快出业绩，动辄否决对企业长久发展有利的决策，甚至打着"为企业好"的幌子，大搞"杀鸡取卵""竭泽而渔"式的发展模式，只顾眼前，不顾长远，不仅给继任者留下了隐患，也阻碍了企业的长远发展。

远见有好处（1）
决定了企业的目标

因此，管理者必须要有远见，因为：

远见，决定了企业的目标在何方。我们常常提企业的愿景，但是如果管理者没有远见，又怎么能确定企业的愿景在何方呢？管理者是否有远见，决定了企业的目标在哪里，决定了企业会走向何方，也决定了企业经营的广度与深度。

远见有好处（2）
决定了企业现在在做什么
① 洞察环境变化
② 结合内外资源

远见，决定了企业现在做什么。有远见的管理者，更能够洞察行业有哪些新变化、新技术，商业模式上有哪些创新，企业将要面对哪些重大机遇等，从而改善企业当前的经营行为。而且，有远见的管理者可以把企业的内部资源和外部条件联系起来，从而最大化利用资源，将资源应用到将来最能产生价值的地方。

提方案
① 克服短期利益的诱惑
② 克服对风险的恐惧

想拥有远见卓识，管理者至少要做到以下两点：

一要克服短期利益的诱惑。追求利益是每个企业的目标，但企业不能一味强调短期利益。尤其是当眼前利益与长远发展出现矛盾时，要敢于为了长远发展牺牲一些眼前的利益。

二要克服对风险的恐惧。一般而言，越是长远的目标，越是宏大的战略，越不可能一帆风顺，其中必然蕴含着各种不确定性和种种潜在风险。因此，管理者要克服对风险的恐惧，不被挫折和困难吓退，才能建立有利于企业长远发展的战略规划。

两句结尾
引用句+总结句

古语云："君子务知大者远者。"想要落实大战略、推动新发展，企业必须立足长远。

------------------ 全文共 693 字

（2）吴京的远见

论说文：根据下述材料，写一篇 700 字左右的论说文，题目自拟。

之前，科幻片一直是国产电影领域的空白，在国内市场一向不被人看好，很多电影人都不敢冒险砸钱进去。但吴京在看完《流浪地球》的剧本、和剧组深入沟通交流后，认为这是一部非常有潜力的电影。所以，他决定投资 6 000 万元，并以出品人的身份，零片酬参与电影拍摄。

意想不到的是，一开始并不被业内看好的《流浪地球》，在上映后却口碑爆棚，以黑马的速度一举赶超其他同档期电影，最终内地总票房达 46.54 亿元，坐稳了历史上内地票房亚军宝座。吴京投资的 6 000 万元，回报约达到 1.52 亿元。这部电影，也使吴京带领国产片走出了国门、打破了好莱坞科幻片的垄断，其成就载入中国电影史册。

参考范文

有远见方能远行

老吕团队　张英俊

引材料＋点明主题

吴京投拍《流浪地球》的故事告诉我们：以长远目光看待问题，往往可以收获更多。

目光短浅有弊端
错失机会
① 难以识别潜在机会
② 难以抢占市场先机

管理者目光短浅，会使企业错失机会。现在的市场环境瞬息万变，"一招鲜，吃遍天"的经营模式已经难以奏效。如果企业缺乏战略远见，只顾着眼前的"一亩三分地"，就很难识别潜在机会、迎合市场需求，也就无法抢占市场先机、建立竞争优势。吴京的《流浪地球》成功之前，国内电影企业不敢投身科幻片市场，也因此错过了引领国产科幻电影市场的先机。

远见有好处（1）
形成竞争优势
① 精准预测市场动向
② 洞察潜在商机

相反，拥有远见，能够让企业顺应时代发展，形成竞争优势。面对变化多端的市场需求，有远见的管理者，往往能精准预测市场动向、洞察潜在商机，以长远眼光来做周全应对，使企业发展能够顺应国家政策导向和时代变革，从而在竞争激烈的红海中形成优势。吴京在看完《流浪地球》剧本并与剧组深入沟通交流后，看到了电影的潜力，投资六千万。最终，电影在上映后口碑爆棚，以黑马的速度一举赶超其他同档期电影。

　　此外，管理者的远见决定着企业的发展上限。红顶商人胡雪岩曾说过："如果你拥有一县的眼光，那你可以做一县的生意；如果你拥有一省的眼光，那可以做一省的生意；如果你拥有天下的眼光，那你就可以做天下的生意。"管理者是否拥有长远目光、远见卓识，是衡量一个企业是否成熟的重要标准，更是决定企业发展广度与深度的重要因素。正如拥有远见卓识的吴京带领国产片走出了国门、打破了好莱坞科幻片的垄断，管理者的远见和韬略，也会使企业不断突破发展上限。

　　当然，要有远见卓识，需要管理者克服对风险的恐惧。管理者只有像吴京那样，勇敢面对不确定的事物以及潜在风险，才能不被挫折和困难吓退，做出有利于企业发展的决策。

　　荀子曰："以近知远，以一知万，以微知明，此之谓也。"管理者要把目光放得足够长远，以长期性的战略规划引导企业才能收获更多。

全文共 733 字

远见有好处（2）
决定企业的发展上限

提方案
克服对风险的恐惧

两句结尾
引用句 + 总结句

母题 22 计划（战略）与执行

1. 命题方向

1953 年，我国开始制定第一个"五年计划"，标志着我国系统建设社会主义的开始。2021 年，是我国"十四五"规划的开局之年，我国已经全面建成了小康社会，开启全面建设社会主义现代化国家的新征程。回顾过去一系列的"五年计划"，它们不仅描绘出了我国新中国以来经济发展的脉络，而且帮助我们探索着经济发展的规律，并通过有效执行总结出了宝贵的经验。而这一切，又能对我国未来经济发展发挥重要的指导作用。

"不谋万事者，不足谋一域。"大到整个国民经济的发展，小到一家企业的运营，计划与执行都是必不可少的。对于一家企业来说，找准自身定位和目标，做好发展计划，确保执行到位，才能有力地推动企业全面、持续、协调发展。

2. 解题思路

企业只有有了战略计划和强大的执行力，才能保证企业基业长青。所以，针对"计划与执行"这个话题，大家可以采取"ABAB 式"的行文结构：先说明计划的好处，再说明执行的好处，因此二者应该并重，最后就是针对可能出现的问题，提出一些行之有效的建议。

计划可以分为长远的计划和眼前的计划。长远的计划，其实就是企业战略目标，因此如果考到"目标与执行""战略与执行"这一话题，本质上和"计划与执行"是完全相同的。

3. 结构导图

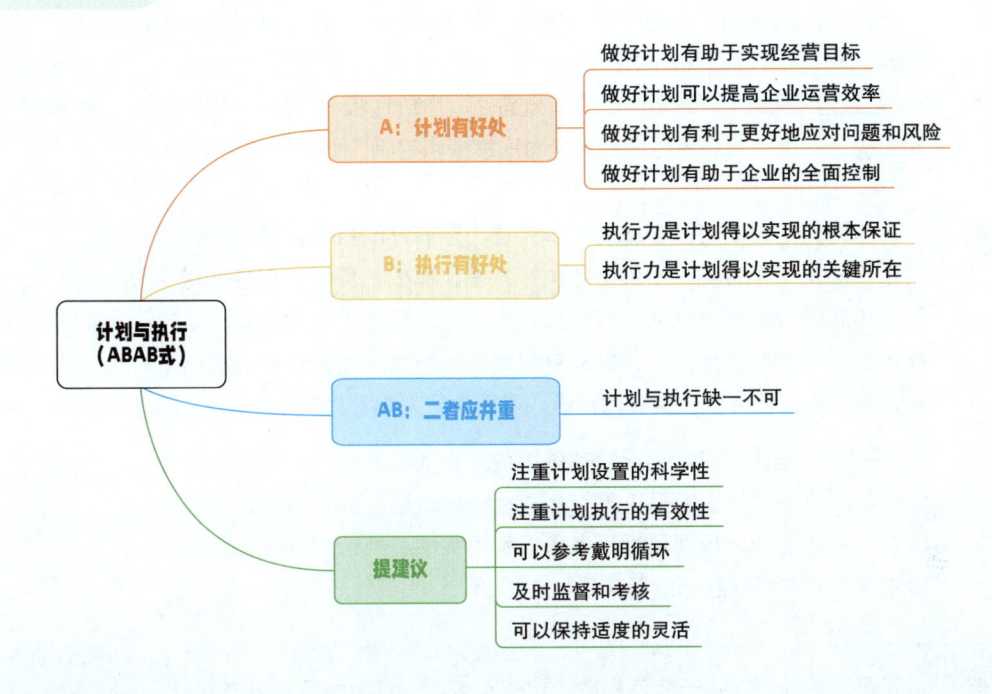

计划与执行（ABAB式）

- **A：计划有好处**
  - 做好计划有助于实现经营目标
  - 做好计划可以提高企业运营效率
  - 做好计划有利于更好地应对问题和风险
  - 做好计划有助于企业的全面控制

- **B：执行有好处**
  - 执行力是计划得以实现的根本保证
  - 执行力是计划得以实现的关键所在

- **AB：二者应并重**
  - 计划与执行缺一不可

- **提建议**
  - 注重计划设置的科学性
  - 注重计划执行的有效性
  - 可以参考戴明循环
  - 及时监督和考核
  - 可以保持适度的灵活

4. 母段

结构	段落	母理或要点
计划有好处	做好计划有助于实现经营目标。计划对企业的生产、经营活动都起着指导性作用。有了清晰的计划，管理者能更好地看清当下企业的活动是否符合战略目标、各项指标是否达到预期，如果未达到要求，可及时进行纠偏和矫正，从而推动企业向战略目标迈进。	有助于实现经营目标
	做好计划可以提高企业运营效率。在制订科学的计划前，企业必定先初步分析其经营活动所处的综合环境和其自身情况并做出判断，在此基础上，再对其计划的可行性进行严谨的论证。制定科学可行的计划，一方面企业能少走弯路，尽可能地减少犹豫和试错的时间；另一方面，企业能更合理地分配人力、物力和财力资源，从而达到时间和资源利用最大化，提高效率。	帮助企业提高运营效率
	做好计划有利于更好地应对问题和风险。为了完成特定目标，企业在制定计划前，必定要先对其经营活动所处的综合环境和企业自身情况进行分析和判断，在这个过程中，企业会对自身的优势、劣势以及市场环境中存在的机遇和风险有一个初步的预测，当计划赶不上变化时，未雨绸缪的企业已经形成了一定的预期甚至补救方案，能够临危不乱地应对。	帮助企业更好地应对问题和风险

结构	段落	母理或要点
计划有好处	做好计划有助于企业的全面控制。制定计划的过程，既是将企业的战略目标分解到各个部门的过程，也是给各个部门具体分配工作的过程。因此，计划本身就具有全面性、系统性和统筹性的特征，如果执行到位，管理者也就能更全面地掌握和控制企业的经营活动。	有助于企业的全面控制
执行有好处	执行力是计划得以实现的根本保证。没有好的执行，再好的计划也只能是空中楼阁。如果企业执行力差，那么在贯彻企业经营理念、实现经营目标上就会大打折扣，小计划总是完不成的话，大目标更会成为空谈。反之，企业拥有强大的执行力，能使企业的战略与计划落地，才会产生实质的价值，可见执行力是计划落地的保证。	执行力是计划得以实现的根本保证
执行有好处	执行力是计划得以实现的关键所在。老话说得好，说十分不如做一分。执行力是企业员工贯彻企业经营者战略目标、方案计划的能力。它让意图、规划从纸面上落地到现实中。执行力的强弱，直接决定企业的经营目标能否实现。	执行力是计划得以实现的关键所在
二者应并重	可见，计划与执行相辅相成，缺一不可。计划为执行提供方向，执行让计划得以实现。	计划与执行缺一不可
提建议	有效的计划和执行，要做好两个方面： 一是计划设置的科学性。这一方面可以参考目标管理的 SMART 原则，即，目标必须具体 (Specific)、可以衡量 (Measurable)、可以达到 (Attainable)、和其他目标具有相关性 (Relevant)、具有明确的截止期限 (Time-based)。 二是计划执行的有效性。既要做好事中的监督和指导，又要做好事后的激励和改进。	注重计划设置的科学性，计划执行的有效性
提建议	做好计划与执行，可以参考管理学中的一个简单易用的理论，即戴明循环，即要做好计划、执行、检查、改进四个方面。事前要注重对计划的审核和科学预测，确保计划的可行和可靠；事中应注重加强跟踪和监控，确保措施都落实到位，以便于对计划执行质量进行控制；事后一是要注重绩效的考核，二是要总结经验、复盘改进。	可以参考戴明循环

22 计划（战略）与执行

结构	段落	母理或要点
提建议	计划的实现，取决于科学的目标。过高的目标会使企业的计划管理方案难以取得想要达到的效果，过低的目标虽然容易完成，但在一定程度上也浪费了企业的资源。因此，企业在设定经营目标时，应对内外经营环境做出系统科学的评估和预测，设置一个可达到并能使资源实现最优配置的合理目标。	设置科学的目标
	执行的有效，关键在于监督和考核。一是做好计划执行过程中的监督，及时发现问题、解决问题，不能等计划落空时才大吃一惊、懊悔不已；二是要做好结果的考核，干得好的要奖励，干得差的要惩罚，这样员工才有干劲。	及时监督和考核
	当然，在计划的执行中可以保持适度的灵活。不管是由于市场环境变化，还是企业自身原因，当计划实在完成不了时，可以针对实际情况进行适度调整，否则，如果计划和现实差别太远，员工反而会觉得反正也完不成任务，还不如偷偷懒少出点力，这样更加不利于实现经营目标。	可以保持适度的灵活

5. 母题应用

（1）魏桥集团布局全产业链

论说文：根据下述材料，写一篇 700 字左右的论说文，题目自拟。

10 年前，魏桥集团就已经布局了铝业全产业链的蓝图，尽可能降低上游到下游中间环节上的各种消耗，又通过严格的管理和有效的执行让魏桥集团在后来进军铝业的红海搏杀中，利用成本优势不断碾压其他对手。

参考范文

计划与执行，缺一不可

吕建刚

魏桥集团 10 年前就做好了战略计划，通过一步步的执行到位，如今才能不断地在竞争中碾压对手。可见，计划与执行在企业经营中缺一不可。 | 引材料＋点明主题

首先，做好计划有助于实现经营目标。计划对企业的生产、经营活动都 | **计划有好处**
有助于实现经营目标

173

① 指导日常运营
② 利于及时纠偏

起着指导性作用。有了清晰的计划，管理者能更好地看清当下企业的活动是否符合战略目标、各项指标是否达到预期，如果未达到要求，可及时进行纠偏和矫正，从而推动企业向战略目标迈进。以魏桥集团为例，该企业10年前就开始布局铝业全产业链的蓝图，这种提前的、有效的计划，为其发展战略指明了方向。

执行有好处
计划得以实现的关键

其次，执行力是计划得以实现的关键所在。老话说得好，说十分不如做一分。执行力就是企业员工贯彻企业经营战略目标、方案计划的能力。它让意图、规划从纸面上落地到现实中。执行力的强弱，直接决定企业的经营目标能否得以实现。魏桥集团并没有让其铝业蓝图成为空谈，而是用严格的管理和有效的执行让其成为了现实，由此可见执行力的重要性。

计划与执行缺一不可

可见，计划与执行相辅相成，缺一不可。计划为执行提供方向，执行让计划得以实现。有效的计划和执行，要做好两个方面：

提方案
① 计划设置的科学性（SMART原则）
② 计划执行的有效性（做好监督和结果考核）

一是计划设置的科学性。这一方面可以参考目标管理的SMART原则，即，目标必须具体(Specific)、可以衡量(Measurable)、可以达到(Attainable)、和其他目标具有相关性(Relevant)、具有明确的截止期限(Time-based)。

二是计划执行的有效性。一是做好计划执行过程中的监督，及时发现问题、解决问题，不能等计划落空时才大吃一惊、懊悔不已；二是要做好结果的考核，干得好的要奖励，干得差的要惩罚，这样员工才有干劲。

总结全文

总之，管理者既要谋全局，也要谋一域；既要重计划，也要抓执行。计划与执行，缺一不可。

-------------------- 全文共648字

（2）完成钻石的切割

论说文：根据下述材料，写一篇700字左右的论说文，题目自拟。

一位商人买下了一块晶莹剔透、大如蛋黄的钻石，他请专家检验，专家大加赞赏，但为钻石中有道裂纹表示惋惜，并说："如果沿着裂纹切割成两块，能使钻石增值，只是一旦失败，损失就大了。"怎样切割这块钻石呢？

后来，一位技艺高超的老切割师答应试试，他设计了周密的切割方案，然后指导年轻的徒弟动手操作。当着商人的面，徒弟一下子就把钻石切成了两块。商人问老切割师为什么不自己动手，老切割师说："我提供了计划，但我老了，不如徒弟执行得好，好的计划得有好的执行才能取得理想的效果。"

参考范文

计划与执行需并重

老吕团队　芦苇

面对一块有裂纹的钻石，老切割师制定了周密的切割方案，徒弟提供了良好的执行能力，才使得切割任务圆满完成。企业也应从中得到启示，计划与执行需并重。

> 引材料 + 点明主题

首先，计划可以帮助管理者对企业的经营活动进行全面的管理。管理者在制定计划时，会确认整个计划时段的发展目标，这个目标是整个企业的目标，会涉及到下属大大小小的各个部门。材料中的老师傅也是同样制定了周密的计划，才使得切割任务顺利完成。因此，计划本身就具有全面性、系统性和统筹性的特征，如果计划得当，管理者也就能更全面地掌握企业的经营活动。

> **计划有好处**
> 利于全面管理
> ① 计划具有全面性、系统性和统筹性的特征

其次，强大的执行力是企业生存的根本保证。企业执行力差，会直接导致其在贯彻企业经营理念、实现经营目标上大打折扣，更重要的是它削弱了团队的斗志，破坏了工作氛围，丧失了企业核心竞争力，影响了企业的整体利益。反之，当企业拥有强大的执行力，就能使企业的战略与计划体现出实质的价值，能将它们落到实处，并进行有效地联结和整合，而这正是市场竞争中取胜的根本保证。

> **执行有好处**
> 企业生存的根本保证
> ① 执行力将战略与计划落到实处并联结整合

因此，谋行合一，才能逐步实现目标。周密的策略是执行的基础，而严格地执行则为策略的实施做好后勤保障。材料中的老师傅与徒弟的完美

> **计划与执行缺一不可**
> ① 策略是执行的基础

> **2** 执行是策略的保证

配合，也是如此。就如登山者，既要手握地图，心有方向，又要踩实地面，坚持攀顶。既不做"迷路人"，又不做"踩空者"。懂得两者结合，在进度中反思，修正方向，方为正道。

> **提方案**
> 重视流程
> **1** 事前：科学预测
> **2** 事中：加强监控
> **3** 事后：绩效考核

　　当然，制定计划与执行方案时，要重视每个流程。事前、事中和事后，三个阶段的工作各有侧重，在安排部署的时候应当有重点地开展。事前要注重对计划的审核和科学预测，确保计划的可行和可靠；事中应注重加强跟踪和监控，确保措施都落实到位；事后注重绩效的考核，总结经验并吸取教训。

> 两句结尾
> 引用句 + 总结句

　　不谋全局者，不足谋一域。做好计划，落地执行，企业实现目标指日可待。

------------------ 全文共 716 字

母题 23 过程与结果

1. 命题方向

过程与结果是辩证统一的关系。一方面，过程影响和制约结果，但不一定能决定结果；另一方面，结果可以体现过程，但不能反映全部。过程导向型，更注重事物动态发展的情况；结果导向型，则是更注重结果、以效果来评价过程。

事实上，"过程与结果"并不是选择题，二者是互相影响、密不可分的。过程是结果的孵化器，尽管好的过程不一定产生好的结果，但没有好的过程，就一定不会产生好的结果。当你看重一个结果时，也必然会在过程中努力，从而得到收益；而当你关注了过程、足够认真细致，也大概率会得到一个好的结果。

2. 解题思路

"过程与结果"这个母题中的两个要素，事实上是相辅相成的，二者密不可分。过程是事物发展所经过的程序、阶段，而结果是在某一阶段内，事物达到的最后的状态。从一定程度上说，结果的好坏，是过程中的一点一滴积累导致的（量变质变规律）。

我们在分析"过程与结果"这类母题时，有两种思路：

一是，如果我们认为要两者兼顾，可以采用"ABAB 式"的行文结构：先论述"注重结果的重要性"，再论述"注重过程的重要性"，最后点明要把过程与结果相结合，并给出建议。

二是，如果我们认为二者虽然要兼顾，但需要更加重视其中一个，可以采用"A 上加 B 式"的行文结构。比如说要强调结果，结构可以是：注重结果很重要（A 第 1 段），注重结果很重要（A 第 2 段），当然，注重结果不代表忽略过程（加 B），最后，提出建议。

3. 结构导图

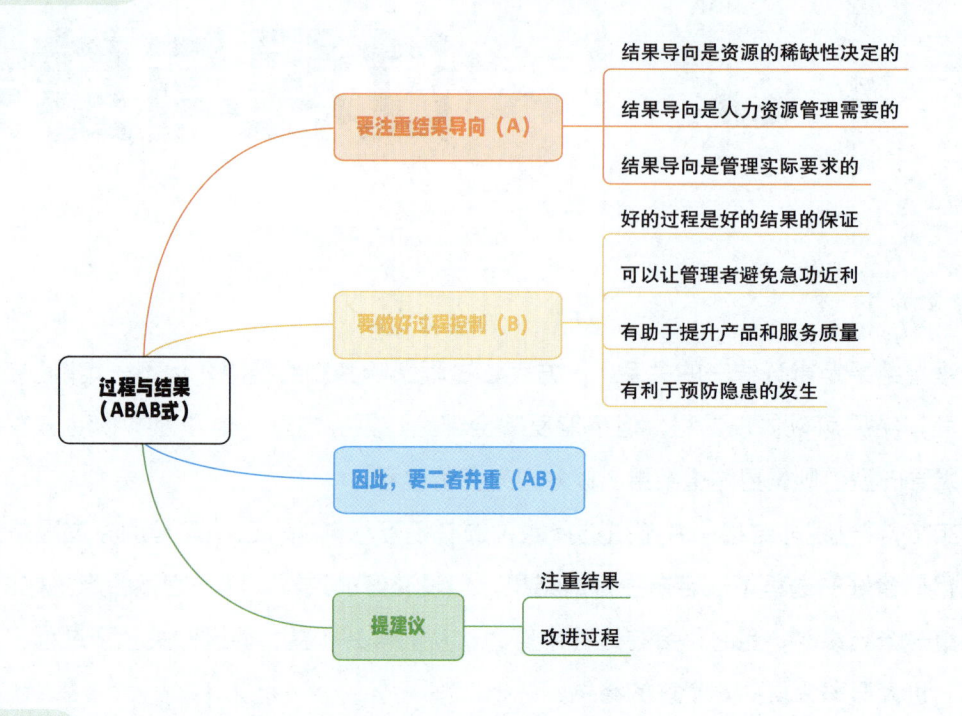

```
                              ┌── 结果导向是资源的稀缺性决定的
                  要注重结果导向（A）──┼── 结果导向是人力资源管理需要的
                 │            └── 结果导向是管理实际要求的
                 │
                 │            ┌── 好的过程是好的结果的保证
过程与结果        │            ├── 可以让管理者避免急功近利
（ABAB式）────── 要做好过程控制（B）──┤
                 │            ├── 有助于提升产品和服务质量
                 │            └── 有利于预防隐患的发生
                 │
                 ├── 因此，要二者并重（AB）
                 │
                 │            ┌── 注重结果
                 └── 提建议 ───┤
                              └── 改进过程
```

4. 母段

结构	段落	母理或要点
A：要注重结果导向	企业经营应以结果为导向。不论是长远的愿景，还是短期的利润目标，这都是以结果来反馈的。有了这样一个对结果的追求和估计，才能科学合理地规划研发投入、营销投入、生产计划、人力资源战略等一系列与企业经营有关的问题。因此，以结果为导向是企业发展必然要求。	企业经营应以结果为导向
	结果导向是资源的稀缺性决定的。任何一种资源都不是取之不尽、用之不竭的，如何高效利用资源是每个管理者都要思考的问题。结果导向可以高效评价各项指标的完成情况，分析各项人力、物力、财力的支出是否合理有效，从而进行改进和优化，提高资源的利用率。	结果导向是资源的稀缺性决定的
	结果导向是人力资源管理需要的。我们中国人常说一句话："没有功劳，也有苦劳"，实际上没有结果的"苦劳"往往没有意义——你投入了大量的时间、精力、金钱，去做了一件没有"功劳"的事，不仅没有产生什么价值，还浪费了本应产生价值的资源。而且，"苦劳"往往没办法考核，一个在领导面前勤勤恳恳的"好员工"，领导不在时可能是个偷奸耍滑的投机分子。因此，考核员工主要是考核结果。	结果导向是人力资源管理需要的

23 过程与结果

结构	段落	母理或要点
A：要注重结果导向	结果导向是管理实际要求的。过程中的指导和管控虽然重要，但是，我们不可能时时刻刻、方方面面都进行管控，因此，过程导向听起来很美好，实际上不可行。因此，通过对结果的考核，让员工自发自觉地为了目标去努力，才是提高企业执行力的关键。	结果导向是管理实际要求的
B：要做好过程控制	好的过程是好的结果的保证。过程做得不好，想要好的结果就只能是空谈。道理其实很简单，任何结果都是由一个一个环节、一步一步流程得来的，一个环节出了问题、一个流程出了差错，结果就会跟着出错。因此，好的结果要从过程中来，要从流程中来，要从日常管理中来，要从长期投入中来。	好的过程是好的结果的保证
	重视过程，可以让管理者避免急功近利。企业在评判项目的可行性时，因为需要对未来收益做评判，管理者很容易出现急功近利的心态，导致过度关注结果而忽略了过程。但过程又是企业经营必将经历的阶段，过程做不好就会阻碍企业目标的达成。可见，管理者必须培养"注重过程"的意识和习惯，避免其急功近利。	可以让管理者避免急功近利
	重视过程，有助于提升产品和服务质量。产品和服务质量其实是由一点一点的细节、一项一项的改进来实现的，这就要求企业注重过程、精益求精。	有助于提升产品和服务质量
	重视过程，有利于预防隐患的发生。墨菲定律曾言，如果一件事有变坏的可能，不管可能性多小，这件事终究会发生，并往最坏的结果发展。在过程当中出现的小问题，往往会演变成比较大的灾祸。而对过程的控制，可以有效地把潜在隐患扼杀在摇篮中。	有利于预防隐患的发生
AB并重	因此，过程与结果并重才是最好的选择。如果只追求过程而不顾结果，就可能在企业经营过程中偏离方向、事倍功半；而如果一味追求结果，不求过程，就容易浮躁偏激、投机取巧。所以，企业经营，既要重结果，更要重过程；既要干成事，又要干好事。	过程与结果并重
提建议	抓好结果和过程，要从以下两个方面用力。 一要注重结果。一方面要做好针对结果的考核和激励，干得好的要奖励，干得差的要惩罚，这样员工才有干劲。另一方面要做好结果的复盘，吸取过去的教训，总结过去的经验，改进未来的计划。 二要改进过程。做好过程中的监督，及时发现问题、及时解决问题，不能等计划落空时才大吃一惊、懊悔不已。	注重结果 改进过程

5. 母题应用

（1）行好事与问前程

论说文：根据下述材料，写一篇 700 字左右的论说文，题目自拟。

古语有云："但行好事，莫问前程。"但也有人认为，要行好事，也要问前程，你怎么看？

参考范文

要问前程，也行好事

吕建刚

引材料+点明主题

古语有云："但行好事，莫问前程。"但对于企业经营来说，既要问前程，也要行好事。也就是说，既要结果导向，也要过程控制。

注重结果导向（1）
企业经营以结果为重
① 企业利润目标都是以结果反馈

首先，企业经营应以结果为导向。不论是长远的愿景，还是短期的利润目标，这都是以结果来反馈的。有了这样一个对结果的追求和估计，才能科学合理地规划研发投入、营销投入、生产计划、人力资源战略等一系列与企业经营有关的问题。

注重结果导向（2）
人力资源管理的需要
① 没有结果，苦劳没有意义
② 苦劳没有办法考核

其次，结果导向也是人力资源管理的需要。我们中国人常说一句话："没有功劳，也有苦劳"，实际上没有结果的"苦劳"往往没有意义——你投入了大量的时间、精力、金钱，去做了一件没有"功劳"的事，不仅没有产生什么价值，还浪费了本应产生价值的资源。而且，"苦劳"往往没办法考核，一个在领导面前勤勤恳恳的"好员工"，领导不在时可能是个偷奸耍滑的投机分子。因此，考核员工主要是考核结果。

也要注重过程
① "结果至上"往往是"利益至上"
② 过分强调"结果"会压抑员工积极性

当然，以结果为导向，并不意味着忽略过程。一方面，"结果至上"的结果往往是"利益至上"。这会使得一些管理者为了彰显自己的工作成果，会更加注重眼前利益，甚至不惜以伤害长远利益为代价。另一方面，过分强调"结果"，往往会造成管理上的简单粗放，压抑员工的积极性和创造性。

可见，过程与结果并重才是最好的选择。如果只追求过程而不顾结果，就可能在企业经营过程中偏离方向、事倍功半；而如果一味追求结果，不求过程，就容易浮躁偏激、投机取巧。

所以，企业经营，既要重结果，更要重过程，这要从以下两个方面用力。

一要注重结果。一方面要做好针对结果的考核和激励，干的好的要奖励，干的差的要惩罚，这样员工才有干劲。另一方面要做好结果的复盘，吸取过去的教训，总结过去的经验，改进未来的计划。

二要改进过程。做好过程中的监督，及时发现问题、及时解决问题，不能等计划落空时才大吃一惊、懊悔不已。

总之，企业既要问前程，也要行好事，二者并举，企业才会有好的发展。

------- 全文共 757 字

过程与结果二者并重

提方案
① 注重结果（考核和激励）
② 改进过程（做好监督）

总结全文

（2）**绩效考核**

论说文：根据下述材料，写一篇 700 字左右的论说文，题目自拟。

企业绩效考核，到底是重过程还是重结果？有人认为，应该考核看得见的"结果"。也有人认为，结果考核是一种"事后管理"的模式，存在一定的弊端，因此应该考核"过程"。你怎么看？

参考范文

绩效考核应该重结果

吕建刚

企业的绩效考核，应该重结果，还是重过程？显然易见，应该考核结果。

引材料 + 点明主题

首先，考核结果是人力资源管理的需要。我们中国人常说一句话："没有功劳，也有苦劳"，实际上没有结果的"苦劳"往往没有意义——你投入

注重结果导向（1）
人力资源管理的需要

181

侧边栏	正文
① 没有结果，苦劳没有意义 ② 苦劳没有办法考核	了大量的时间、精力、金钱，去做了一件没有"功劳"的事，不仅没有产生什么价值，还浪费了本应产生价值的资源。而且，"苦劳"往往没办法考核，一个在领导面前勤勤恳恳的"好员工"，领导不在时可能是个偷奸耍滑的投机分子。因此，考核员工主要是考核结果。
注重结果导向（2） 企业管理实际的要求 ① 过程管控不可能面面俱到	其次，考核结果是管理实际的要求。过程中的指导和管控虽然重要，但是，我们不可能时时刻刻、方方面面都进行管控，因此过程导向听起来很美好，实际上不可行。因此，通过对结果的考核，让员工自发自觉地为了目标去努力，才是提高企业执行力的关键。
也要注重过程 ① "结果至上"往往是"利益至上" ② 过分强调"结果"会压抑员工积极性	当然，考核结果不代表忽略过程。一方面，"结果至上"的结果往往是"利益至上"。这会使得一些员工为了彰显自己的工作成果，会更加注重眼前利益，甚至不惜以伤害长远利益为代价。另一方面，过分强调"结果"，往往会造成管理上的简单粗放，压抑员工的积极性和创造性。
二者需并重（提方案） ① 注重结果（明确绩效考核标准、激励标准） ② 抓好过程控制（做好员工培训、绩效辅导）	因此，我们要从以下两个方面下手来提高人力资源管理的效率。 一要抓好结果考核。首先要明确绩效考核标准，而且这种标准要具体化、可衡量，还要兼顾不同岗位的公平性。对于一些实在无法量化考核的指标，也应该拿出相对具体的打分方案。其次要明确激励标准，干的好的要奖励，干的差的要惩罚，这样员工才有干劲。 二要抓好过程控制。一方面，要做好员工培训，提高员工的劳动技能，最大化人力资源价值；另一方面要做好绩效辅导，对于绩效好的工作方式要逐渐标准化并推广，对于绩效不好的员工要进行辅导。
总结全文	综上所述，绩效考核的核心必须是结果考核，但是，我们也不能忽略过程中的控制。二者并举，人力资源的价值才能得到最大程度的发挥。

------------------ 全文共 744 字

母题 24 授权与激励

1. 命题方向

作为企业中高层管理者，想要驱动员工，除了必要的管理和控制，更有效的是授权与激励。传统企业驱动靠管人管事，随着员工的学历越来越高，员工越来越年轻化，会授权、善激励才更能激发员工的活力。人是企业最大最具潜力的资源，现代管理追求更人性化，人的需求层次也对应着管理技术的演进而升级。如何掌握授权与激励的技巧，让工作更有效率，是管理者应深入思考的问题。

2. 解题思路

授权是领导者通过为员工和下属提供更多的自主权，以达到组织目标的过程。授权不仅可以调动员工工作的积极性，培养员工的主人翁意识，还可以为管理层减负，提高组织的沟通效率。激励是人力资源的一项重要内容，管理层通过设计适当的奖酬机制和工作环境，以及一定的行为规范和惩罚性措施，借助信息沟通，来激发、引导、保持和规范组织及其个人的行为，从而有效地实现组织的目标。授权和激励对于企业管理来说都十分重要，从某种程度上说，授权亦为企业进行激励的手段。不过，在运用授权和激励手段进行企业管理时，也要有张有弛，进退有度，谨防过度放权或奖惩过度带来的负面影响。因此，"授权与激励"母题可使用"ABAB 式"结构进行写作，即"授权很重要—激励很重要—因此二者都要选—提建议"。

3. 结构导图

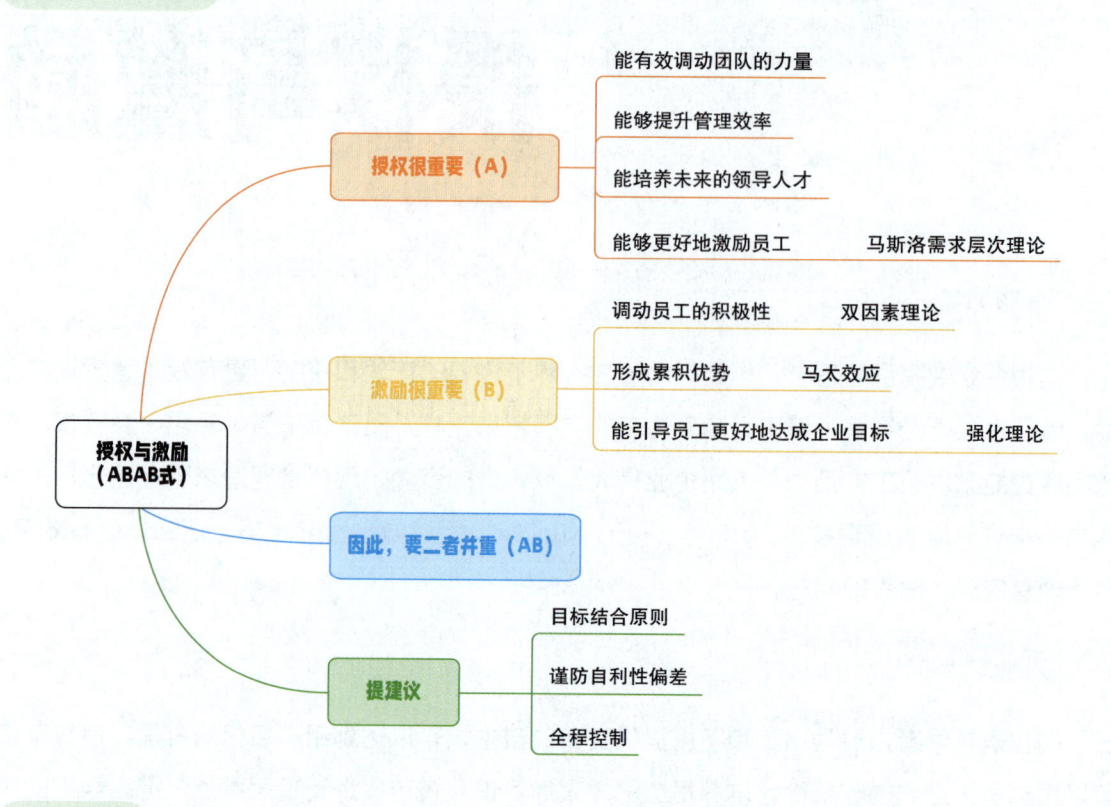

```
                           ┌─ 能有效调动团队的力量
                           │
                           ├─ 能够提升管理效率
          授权很重要（A）────┤
                           ├─ 能培养未来的领导人才
                           │
                           └─ 能够更好地激励员工 —— 马斯洛需求层次理论

                           ┌─ 调动员工的积极性 —— 双因素理论
                           │
授权与激励   激励很重要（B）────┼─ 形成累积优势 —— 马太效应
（ABAB式）                  │
                           └─ 能引导员工更好地达成企业目标 —— 强化理论

          因此，要二者并重（AB）

                           ┌─ 目标结合原则
                           │
          提建议 ──────────┼─ 谨防自利性偏差
                           │
                           └─ 全程控制
```

4. 母段

结构	段落	母理或要点
授权很重要	授权能有效调动团队的力量。尺有所短，管理者由于精力有限，很难做到面面俱到。授权不仅给予了员工更大的权限，还能让管理者分身有术，让"专人"解"专题"，提高组织的运营和管理效率。	发挥团队力量
	授权能够提升管理效率。这是因为，管理者能够有效监督并管理其直接下属的人数是有限的，当超过这个限度时，管理的效率就会随之下降。想要避免这种情况的发生，合理授权以寻求管理幅度与管理层次之间的平衡、降低沟通成本、提高沟通效率便成为必然的选择。	提升管理效率
	授权能培养未来的领导人才。一方面，被授权人能够被委以重任，足以证明其具有成为领导者必备的核心品质和成为优秀领导者的潜力；另一方面，运用权限自主解决问题的过程，能够促使被授权者对所负责的工作进行整体规划，从"局中人"到"执子者"的改变，有利于其自身能力的发挥与提高。	培养领导人才

24 授权与激励

结构	段落	母理或要点
授权很重要	授权能够更好地激励员工。授权意味着管理者对下级能力的认可，也代表着对员工自我实现欲望的肯定。马斯洛需求层次理论告诉我们，尊重需要和自我实现需要都属于人的较高层次需求。因此，授权能够更加有力地调动员工的积极性和潜力，从而为企业创造出更大的价值。	更好地激励员工（马斯洛需求层次理论）
激励很重要	科学的激励机制能够通过调动员工的积极性，为企业创造更大的价值。在满足员工最基本的工作条件和外部环境后，善于激励的公司往往会通过及时满足员工"物质小康"和"精神小康"的需求，调动员工的积极性。也正是有了这些"激励因素"，才能使人们有更好的工作状态和工作成绩，促进企业价值的提升。	调动员工的积极性（双因素理论）
	善于通过激励手段进行管理的企业，更容易形成累积优势。这是因为，懂得激励、舍得激励的企业往往能够通过优惠的引进政策、优厚的物质奖励和优越的晋升制度吸引并留住优秀的人才。马太效应的存在，让这些先人一步拥有更多优质人力资源的企业，能够在利用已有资源创造效用和价值的同时，赢得更多的发展机会，从而在激烈的市场竞争中脱颖而出。	形成累积优势（马太效应）
	科学的激励机制，能引导员工更好地达成企业目标。激励不仅包括利用奖赏鼓励符合组织目标的员工行为，也包括通过制裁抑制与组织目标相悖的事件发生。正激励和负激励双管齐下，正反两方面的强化作用便能够在无形中让员工"心往一处想、劲往一处使"，更高效地促进企业目标的实现。	帮助企业完成目标（强化理论）
提建议	无论是授权还是激励，都要遵循"目标结合原则"。无论是何种管理手段，最终目的都是促进企业目标的达成。因此，在进行授权和激励之前，一定要明确组织目标的要求，并在实施过程中目光长远，始终遵循目标的指引。	目标结合原则
	管理者要谨防"自利性偏差"的陷阱。如果管理者在项目成功时认为自己"调兵遣将"有方，而忽略下属的努力，将本应分享的奖励贪婪独占；在项目失败时认为失败与己无关，只归因于下属的执行不力，将本应承担的责任果断推卸，这就背离了授权与激励的初衷，只会带来与预期完全相反的恶果。	谨防自利性偏差

185

结构	段落	母理或要点
提建议	想要通过授权和激励达成预期的管理效果，全程控制必不可少。第一，要做好事前预防。事先立规矩、丑话讲在前，为员工留有空间的同时让其明白制度的界限。第二，要做好事中控制。既要进行有效的沟通，也要及时发现问题、解决问题。第三，要做好事后激励。优者赏、劣者罚；无论是成功的经验还是失败的教训，都要认真总结反思，以便日后改进。	全程控制

5. 母题应用

（1）顺驰天价竞拍

论说文：根据下述材料，写一篇 700 字左右的论说文，题目自拟。

顺驰地产创始人孙宏斌是地产界传奇。有一次，顺驰参与石家庄某块土地的拍卖。拍卖会上，价格越来越高。当报价超过 5 亿时，所有竞标人员，此起彼伏地打电话请示，只有顺驰的项目负责人，一个 28 岁的小伙子纹丝不动。最终顺驰以 5.97 亿元中标，所有人对这个小伙子能做这么大的决策都不敢相信。孙宏斌说："他已经被授权了，当然可以决定职责范围内的任何事情。"那假如决策失误怎么办？孙宏斌说："那就算顺驰成长的成本吧。谁的工作没有失误？"

——材料选自简书

参考范文

授之以权，激之以"利"

吕建刚

引材料＋点明主题

顺驰地产以 5.97 亿的价格竞拍石家庄土地，竞拍全权由一个 28 岁的小伙子负责。面对众人的错愕，创始人孙宏斌表示："他已经被授权了，可以决定任何事。"而竞拍的成功也反映出授权与激励对于企业管理的重要性。

授权很重要
提升管理效率
① 管理幅度有限

授权能够提升管理效率。这是因为，管理者能够有效监督并管理其直接下属的人数是有限的，当超过这个限度时，管理的效率就会随之下降。想要避免这种情况的发生，合理授权以寻求管理幅度与管理层次之间的平衡、降低沟通成本、提高沟通效率便成为必然的选择。以材料中的案例为例，在拍卖场上，时间就是金钱，若因竞拍者无法自主决策而求告上级，可能就会失去竞拍土地的最佳时机。

授权也是孙宏斌给予这位年轻人的一种激励。激励是以"利"激之，而这里的"利"不仅仅指金钱回报，更指精神富足。授权意味着管理者对下级能力的认可，也代表着对员工自我实现欲望的肯定。满足了员工自身"精神小康"的需求，其积极性很快便会被调动起来。也正是有了这些"激励因素"，才能使人们有更好的工作状态和工作成绩，促进企业决策的成功和价值的提升。

可见，授权和激励对于企业发展而言都非常重要。但在执行过程中，企业中的上级们一定要谨防"自利性偏差"的陷阱。如果上级们在项目成功时认为自己"调兵遣将"有方，而忽略下属的努力，将本应分享的奖励贪婪独占；却在项目失败时认为失败与己无关，只归因于下属的执行不力，将本应承担的责任果断推卸，这就背离了授权与激励的初衷，只会带来与预期完全相反的恶果。

真正善于管理的人，懂得适时放手，亦懂得无形中牵引着他人的方向。授之以权，激之以"利"，孙宏斌的成功值得我们学习。

全文共 671 字

激励很重要
给予员工鼓励
① 对员工能力的认可
② 满足员工"精神小康"的需求

激励因素
那些能带来积极态度、满意和激励作用的因素。如果这些因素具备了，就能对人们产生更大的激励。

二者需并重
① 谨防"自利性偏差"

两句结尾

（2）**希尔顿的用人之道**

论说文：根据下述材料，写一篇 700 字左右的论说文，题目自拟。

希尔顿在经营酒店的时候时常恼火，原因在于其父亲经常干预他的决策。父亲总是不能完全信任他，一方面是因为父亲觉得他还太年轻，另一方面是因为事业尚未稳固，经不起失误所带来的重大打击。也许是因为亲历了处处受制约之苦，所以当希尔顿独立经营酒店时，总是慎之又慎地选拔人才，但只要一下决定，就给予其全权，他只是在一旁观察自己的选择是对是错。希尔顿对员工的管理也充满积极向上的激励色彩，尊重激励、荣誉激励、人才银行等举措均在企业内部获得了很好的成效。而希尔顿也凭借着这种管理方法，成就了自己的商业帝国。

好企业，善激励懂授权

老吕团队 花爷

引入材料＋分析材料＋点明主题

希尔顿独立经营酒店后，不仅敢于放手，还创立了各式各样的激励机制。希尔顿的放手胆大心细，激励行之有效，他也凭借着这种管理方法，成就了自己的商业帝国。这启发管理者，善激励、懂授权是能让企业发展壮大的良策。

授权很重要
提升管理效率
① 超过管理幅度管理效率会下降
② 降低沟通成本、提高沟通效率

有人认为，授权意味着权力的分散，不利于企业的管理，实则不然，授权能够提升管理效率。这是因为，管理者能够有效监督并管理其直接下属人数是有限的，当超过这个限度时，管理的效率就会随之下降。想要避免这种情况的发生，合理授权以寻求管理幅度与管理层次之间的平衡、降低沟通成本、提高沟通效率便成为必然的选择。

授权很重要
培养未来的领导人才
① 被授权者代表有足够能力
② 从"局中人"到"执子者"的改变

授权能培养未来的领导人才。一方面，被授权人能够被委以重任，足以证明其具有成为领导者必备的核心品质和成为优秀领导者的潜力；另一方面，运用权限自主解决问题的过程，能够促使被授权者对所负责的工作进行整体规划，从"局中人"到"执子者"的改变，有利于其自身能力的发挥与提高。由此足见希尔顿的高明，不仅使集团内部人尽其才，更在这一过程中为其商业帝国物色和培养了潜在的掌舵人，为集团未来的发展提供了保障。

二者相辅相成
提建议
全程控制
① 事前预防
② 事中控制
③ 事后干涉

授权与激励相辅相成，而想要通过授权和激励达成预期的管理效果，全程控制必不可少。第一，要做到事前预防。事先立规矩、丑话讲在前，为员工留有空间的同时让其明白制度的界限。第二，要做到事中控制。及时、规律的沟通和公允、公正的绩效考核，都能在克服管理疲软的同时尽可能避免与目标的偏差。第三，要做到事后干涉。优者赏、劣者罚；无论是成功的经验还是失败的教训，都要认真总结反思，为日后制定更为切实、高效的方案奠定基础。

"海阔凭鱼跃，天高任鸟飞。"管理者作为企业的掌舵人，不仅要为"鱼"造海、为"鸟"铺天，还要激"鱼"跃、任"鸟"飞，如此方能使企业朝气蓬勃、繁荣兴盛。

两句结尾
引用句＋总结句

------------------ 全文共 728 字

母题 25 空降与内部提拔

1. 命题方向

管理的核心是用人，那么，当企业中出现管理层的空缺职位时，应该从外界引入空降兵？还是从内部择优提拔？这是每个企业家都应该思考的问题。

2. 解题思路

引入空降兵的好处显而易见。例如，可以引入新的管理思想、新的运营模式。但是，也容易出问题，比如说空降兵可能由于对本企业的了解程度不够，导致水土不服。

内部择优提拔的好处也十分明显。比如，内部择优提拔是可以激励员工努力奋斗。当然它也存在问题，比如容易造成内部过度竞争引发矛盾，等等。

可见，引入空降兵和内部择优提拔各有优劣，具体在企业运营中，到底是引入空降兵还是内部择优提拔要视情况而定。

所以这个母提可以使用"A 上加 B 式"结构：

思路一：

引入空降兵有好处（A 好），但是也存在问题（但 A 有问题），因此，也需要内部提拔（B），最后提建议。

思路二：

内部择优提拔有好处（B 好），但是也存在问题（但 B 有问题），因此，也需要引入空降兵（A），最后提建议。

3. 结构导图

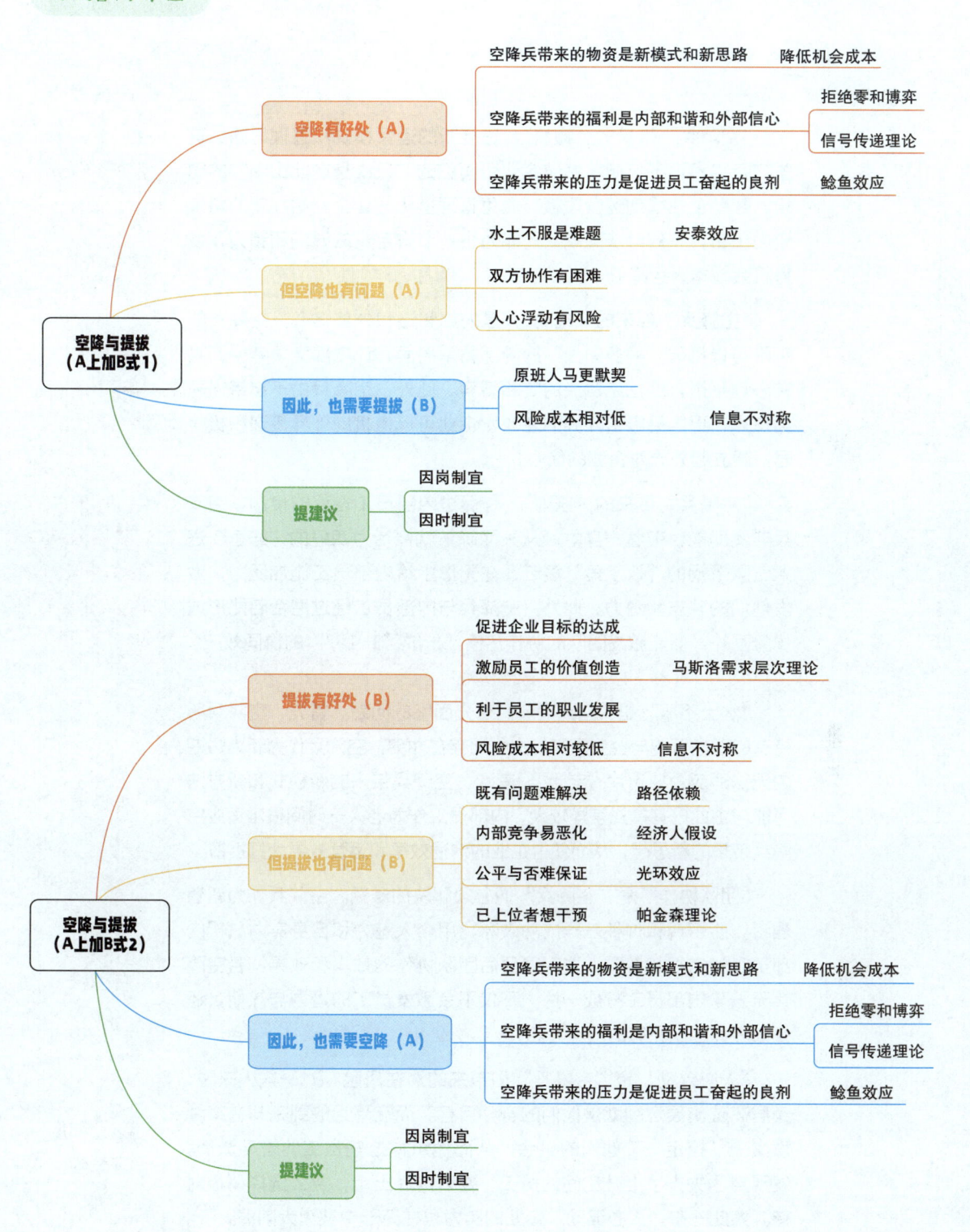

空降与提拔（A上加B式1）

- **空降有好处（A）**
  - 空降兵带来的物资是新模式和新思路 — 降低机会成本
  - 空降兵带来的福利是内部和谐和外部信心
    - 拒绝零和博弈
    - 信号传递理论
  - 空降兵带来的压力是促进员工奋起的良剂 — 鲶鱼效应

- **但空降也有问题（A）**
  - 水土不服是难题 — 安泰效应
  - 双方协作有困难
  - 人心浮动有风险

- **因此，也需要提拔（B）**
  - 原班人马更默契
  - 风险成本相对低 — 信息不对称

- **提建议**
  - 因岗制宜
  - 因时制宜

空降与提拔（A上加B式2）

- **提拔有好处（B）**
  - 促进企业目标的达成
  - 激励员工的价值创造 — 马斯洛需求层次理论
  - 利于员工的职业发展
  - 风险成本相对较低 — 信息不对称

- **但提拔也有问题（B）**
  - 既有问题难解决 — 路径依赖
  - 内部竞争易恶化 — 经济人假设
  - 公平与否难保证 — 光环效应
  - 已上位者想干预 — 帕金森理论

- **因此，也需要空降（A）**
  - 空降兵带来的物资是新模式和新思路 — 降低机会成本
  - 空降兵带来的福利是内部和谐和外部信心
    - 拒绝零和博弈
    - 信号传递理论
  - 空降兵带来的压力是促进员工奋起的良剂 — 鲶鱼效应

- **提建议**
  - 因岗制宜
  - 因时制宜

4. 母段

（1）A上加B式1

结构	段落	母理或要点
空降有好处（A）	"空降兵"带来的"物资"，是全新的运营模式和管理思路。这些"新物资"不仅能够打破企业所面临的"只缘身在此山中"的困境，帮助企业找到运营短板、避免管理僵化，让企业站在新的角度全力出击，有效解决问题；还能为企业节省宝贵的时间和精力，使得机会成本大大降低。	空降兵带来新模式和新思路
	"空降兵"带来的"福利"，是内部和谐和外部信心。空降兵的空降可以打破"狼多肉少"的内部厮杀局面，让内部竞争者得到某种心理平衡，终止无意义的零和博弈。此外，空降兵由于自带光环与焦点，更容易吸引外界的注意，企业可以借机向外界传递积极信号，建立起外界对企业的信心。	空降兵带来内部和谐和外部信心
	"空降兵"带来的"压力"，是促进内部员工奋起的良剂。空降兵非贤即能，带着一身本领从天而降，就像活力四射的"鲶鱼"进入气氛沉闷的"沙丁鱼"鱼缸，在无形中给内部员工施加压力，激发他们的斗志和潜力。此外，空降兵与内部员工经过磨合若能形成优势互补，便能激发团队的协作热情，形成"1+1>2"的协同效应。	空降兵带来促进员工奋起的良剂
但空降也有问题（A）	"水土不服"是"空降兵"们首先面临的问题。首先，空降兵所持有的理念可能与企业原有的文化间存在冲突，空降兵作为新人短期内无法适应企业这片"老土"。其次，空降兵带来的新模式和新方法可能与企业已有模式差异较大，内部员工作为老人一时间很难适应空降兵带来的新思想，从而使得企业的沟通效率和运营效果大打折扣。	水土不服是难题
	"团队协作"是"空降兵"们必须解决的难题。空降兵作为新管理者，能否调和种种差异成功破冰，用个人魅力和自身实力赢得内部员工的信任和尊重，决定了日后团队协作的效率和效果。若空降兵无法与内部员工打成一片，不仅不会激发员工的潜力与热情，还会破坏掉团队原有的战斗力。	双方协作有困难
	"人心浮动"是"空降兵"们带来的潜在风险。对一些人来说，身居高位施展宏图就是他们的奋斗目标。而空降兵的到来却在某种意义上"抢走"了他们的机会，从而扼杀掉这些员工的奋斗激情。发现自己失去了上升空间的员工，要么选择出走，要么选择消极对待。如此一来，人心浮动，企业的实力也在无形中被大大削弱。	人心浮动有风险

25 空降与内部提拔

结构	段落	母理或要点
因此，也需要提拔（B）	内部提拔选出的管理者，更容易与已有员工进行协作。首先，这些管理者长期受企业文化的熏陶，对企业的愿景与使命有更深的认同与共鸣。其次，他们熟悉公司的运营模式和管理方法，更容易与员工进行沟通和协调，增强企业这个大团队的凝集力和战斗力，从而更快促进企业目标的达成。	原班人马更默契
	内部提拔的风险和成本相对较低。一方面，企业对于内部候选人的工作态度、素质能力和发展潜力有着比较准确的认识和把握，可以降低由于信息不对称而带来的潜在风险。另一方面，内部候选人通常比较认可企业现有的薪酬体系和福利待遇，内部提拔后，其薪酬待遇要求更加符合企业现状。	风险成本相对低
提建议	选择空降还是内部提拔，应该"因岗制宜"。企业首先要做好岗位需求分析，制作好岗位说明书，明确该岗位对人才的具体要求。其次，要做好人才分析，看企业内部是否有合适的人才，内部人才若能够与岗位匹配，则优先内部提拔，若不能，就必须选择外聘。	因岗制宜
	选择空降还是内部提拔，应该"因时制宜"。著名管理学大师德鲁克有言："管理者不同于技术和资本，不可能依赖进口。"长远来看，企业可以通过内部提拔的方式满足大多数岗位的需求。但若人才缺口比较严重、急需用人，或岗位较稀缺、内部人员无人可以胜任时，就必须审时度势，求助空降。	因时制宜

（2）A上加B式2

结构	段落	母理或要点
提拔有好处（B）	内部提拔选出的管理者，更容易帮助企业完成既定的目标。首先，这些管理者长期受企业文化的熏陶，对企业的愿景与使命有更深的认同与共鸣。其次，他们熟悉公司的运营模式和管理方法，更容易与员工进行沟通和协调，从而更快地贯彻执行企业的方针决策，促进企业目标的达成。	促进企业目标的达成
	内部提拔是一种有效的激励机制。实行内部提拔意味着管理者对下级能力的认可，也代表着对员工自我实现欲望的肯定。由马斯洛需求层次理论可知，实行内部提拔能够更加有力地调动员工的积极性和潜力，从而为企业创造出更大的价值。	激励员工的价值创造

结构	段落	母理或要点
提拔有好处（B）	内部提拔有助于员工的职业发展。一方面，身处高位自主解决问题的过程，能够促使被提拔者对所负责的工作进行整体规划，从"局中人"到"执子者"的改变，有利于其自身能力的发挥与提高。另一方面，被提拔者作为"标杆"，为其他员工提供职业典范的同时，也能够鼓舞员工士气，促进员工的职业发展。	利于员工的职业发展
	内部提拔的风险和成本相对较低。一方面，企业对于内部候选人的工作态度、素质能力和发展潜力有着比较准确的认识和把握，可以降低由于信息不对称而带来的潜在风险。另一方面，内部候选人通常比较认可企业现有的薪酬体系和福利待遇，内部提拔后，其薪酬待遇要求更加符合企业现状。	风险成本相对较低
但提拔也有问题（B）	内部提拔起来的员工，有可能无法解决企业的既有问题。"路径依赖"的存在，很容易让内部提拔起来的管理者沉浸在旧有的模式和既得利益中，在遇到亟待解决的问题时"不识庐山真面目"，只知道用固有的思路想办法，耽误问题的解决进程。	既有问题难解决
	内部提拔容易造成内部恶性竞争。空缺的高位不仅十分有限，还多年难遇。人都是理性的经济人，面对"狼多肉少"的情况，不良竞争极易一触即发。候选人之间勾心斗角、相互拆台，导致组织内部乌烟瘴气，而一旦有人被提拔，其他候选人还有可能会出现不满情绪，以致消极懈怠，不服管理，企业的运营效率大大降低。	内部竞争易恶化
	内部提拔还有一个缺陷就是会有失公允。有被提拔的"千里马"，自然有选马的"伯乐"，而"伯乐"的选择未必公允。一方面，由于光环效应的存在，"伯乐"可能会因为"千里马"的显著优势便忽略掉其致命缺陷；另一方面，"伯乐"也有私心，为了形成自己的势力，很有可能会任人唯亲，作出不利于公司整体发展的决策。	公平与否难保证
	内部提拔还可能会受到当权者的限制。出于权力危机感的心理，很多当权者在进行内部提拔时往往会倾向于选择不具威胁的弱者，而非能切实解决问题的能者。"帕金森理论"告诉我们，拥有权力的管理者，大多想要把握这样的权力，避免受到其他威胁。长此以往，企业不仅流失人才，早晚也会落入败局。	已上位者想干预
因此，也需要空降（A）	"空降兵"带来的"物资"，是全新的运营模式和管理思路。	与上表相同
	"空降兵"空降带来的"福利"，是内部和谐和外部信心。	与上表相同
	"空降兵"带来的"压力"，是促进内部员工奋起的良剂。	与上表相同

结构	段落	母题或要点
提建议	选择空降还是内部提拔,应该"因岗制宜"。	与上表相同
	选择空降还是内部提拔,应该"因时制宜"。	与上表相同

5. 母题应用

论说文:根据下述材料,写一篇 700 字左右的论说文,题目自拟。

某公司的销售部门有两位主管,一位是公司的"原住民",与公司共成长,被一步步提拔上来;另一位在两年前空降到公司,直接坐上"销售总监"的宝座。

内部提拔的领导对公司的产品参数、业务流程了解的十分透彻,对组织架构和人员情况知根知底。晋升之后,几乎不需要磨合就能驾轻就熟。但这位领导处理事情比较审慎保守,倾向于按照熟悉的流程走,虽然稳妥可靠却不能大刀阔斧。

空降来的领导经常能有一些新点子、新思路提供到高层,反响不错,虽然对公司内部的情况还不够了解,却也少了对人事关系的顾忌,在工作上反而能大展拳脚放得更开。不过,虽然空降领导已经来公司两年,对于公司产品参数和业务流程的掌握程度依旧不如内部提拔来的领导。

内部提拔和空降兵,哪个才是选择公司内部管理者的上乘之选?谈谈你的看法。

——材料改编自知乎

参考范文(1)

"空降兵"虽好,但"原住民"更佳

吕建刚

空降兵能为企业注入新血液、带来新力量,不失为一种选拔管理者的方法。但我认为,想要选出更符合公司需求的领头人,内部提拔"原住民"才是更佳的选择。

"空降兵"能够为企业带来全新的运营模式和管理思路。这不仅能够打破企业所面临的"只缘身在此山中"的困境,帮助企业找到运营短板、避免管理僵化,让企业站在新的角度全力出击,有效解决问题;还能为企业节省宝贵的时间和精力,使得机会成本大大降低。

> 引材料+
> 点明主题
>
> **"空降兵"有好处**
> 为企业带来新模式,新思路
> ① 解决当前困境
> ② 打开全新思路
> ③ 降低机会成本

"空降"有问题
① 理念与企业文化不一致
② 原公司成员难以接受新思想

但想要大展拳脚，"水土不服"是"空降兵"们首先要克服的问题。一方面，空降兵所持有的理念可能与企业原有的文化间存在冲突，空降兵作为新人短期内无法适应企业这片"老土"。另一方面，空降兵带来的新模式和新方法可能与企业已有模式差异较大，内部员工作为老人一时间很难适应空降兵带来的新思想，从而使得企业的沟通效率和运营效果大打折扣。

因此，也要内部提拔
① 企业愿景与使命相同
② 易沟通，更快达成目标
③ 降低信息不对称的风险

而内部提拔选出的管理者，更容易与已有员工进行协作。首先，这些管理者长期受企业文化的熏陶，对企业的愿景与使命有更深的认同与共鸣。其次，他们熟悉公司的运营模式和管理方法，更容易与员工进行沟通和协调，增强企业这个大团队的凝集力和战斗力，从而更快促进企业目标的达成。此外，内部提拔的风险也相对较低。企业对于内部候选人的工作态度、素质能力和发展潜力有着比较准确的认识和把握，可以降低由于信息不对称而带来的潜在风险。

提建议
因岗制宜
① 岗位需求分析
② 人才分析

当然，选择空降还是内部提拔，还是应该应该"因岗制宜"。企业首先，做好岗位需求分析，制作好岗位说明书，明确该岗位对人才的具体要求。其次，要做好人才分析，看企业内部是否有合适的人才，内部人才若能够与岗位匹配，则优先内部提拔，若不能，就必须选择外聘。

------- 全文共 686 字

参考范文（2）

"原住"虽然有好处，"空降"才能解问题

老吕团队　花爷

引材料 + 点明主题

内部提拔的管理者，虽然作为"原住民"更加熟悉企业环境，具有先天优势。但我认为，企业想要发展就要求新求变，管理者职位空缺，求助外援引入空降，才是更优的选择。

提拔有好处
激励员工的价值创造

内部提拔的确有其优势，不仅能选出熟悉环境的管理者，也不失为一

25 空降与内部提拔

种有效的激励机制。马斯洛需求层次理论告诉我们，实行内部提拔是对员工能力和自我实现欲望的肯定，能够更有力地调动员工的积极性和潜力，为企业创造出更大的价值。

然而，内部提拔容易造成内部恶性竞争。空缺的高位不仅十分有限，还多年难遇。面对"狼多肉少"的情况，不良竞争极易一触即发。候选人之间勾心斗角、相互拆台，导致组织内部乌烟瘴气，而一旦有人被提拔，其他候选人还有可能会出现不满情绪，以致消极懈怠，不服管理，企业的运营效率大大降低。

"空降兵"可以克服内部提拔的缺陷，带来内部和谐和外部信心。空降兵的空降可以打破"狼多肉少"的内部厮杀局面，让内部竞争者得到某种心理平衡，终止无意义的零和博弈。此外，空降兵由于自带光环与焦点，更容易吸引外界的注意，企业可以借机向外界传递积极信号，建立起外界对企业发展的信心。此外，"空降兵"带来的"压力"，也是促进内部员工奋起的良剂。空降兵非贤即能，他们的到来就像活力四射的"鲶鱼"进入气氛沉闷的"沙丁鱼"鱼缸，在无形中给内部员工施加压力，激发他们的斗志和潜力。

不过，选择空降还是内部提拔，应该"因时制宜"。德鲁克有言："管理者不同于技术和资本，不可能依赖进口。"长远来看，企业可以通过内部提拔的方式满足大多数岗位的需求。但若人才缺口比较严重、急需用人，或岗位较稀缺、内部人员无人可以胜任时，就必须审时度势，求助空降。

------- 全文共 687 字

马斯洛需求层次理论❶

提拔有问题
内部竞争恶化
① 引起不良竞争
② 降低运营效率

因此，也要空降
带来内部和谐与外部信心
1. 打破厮杀局面
2. 传递积极信号
3. 激发内部斗志

零和博弈❷
鲶鱼效应❸

提建议
因时制宜

---

❶ 人类需求的五级模型，通常被描绘成金字塔内的等级。从层次结构的底部向上，需求分别为：生理（食物和衣服），安全（工作保障），社交需要（友谊），尊重和自我实现。

❷ 参与博弈的各方，在严格竞争下，一方的收益必然意味着另一方的损失，博弈各方的收益和损失相加总和永远为"零"，双方不存在合作的可能。

❸ 采取一种手段或措施，刺激一些企业活跃起来投入到市场中积极参与竞争，从而激活市场中的同行业企业。

197

母题 26 治标与治本

1. 命题方向

"治标与治本"原是中医的术语，治标就是指缓解症状，治本就是根治病因。

"治标与治本"这个话题是非常重要的。一方面，任何企业的经营，任何社会的治理，都不可能是完美的，一定会有问题，出了问题怎么办？要治标但更要治本。可见，这个母题本身就有考查的价值。另一方面，当诸如环保、危机等反面现象类母题出现时，一般都可以在提方案的部分用上"治标与治本"。

2. 解题思路

"治标与治本"是有着内在联系的一个问题的两个方面，治标不治本，难以解决根本问题；治本而不治标，必困于当前。这个母题可以采取两种思路：

一是"非 A 推 B 式"结构，即，治标有坏处，治本有好处（可写两段），然后提出建议。

二是"ABAB 式"结构。即，治标是有好处的（A），治本也是有好处的（B），因此，要标本兼治（AB），最后提建议。

3. 结构导图

结构一：非 A 推 B 式

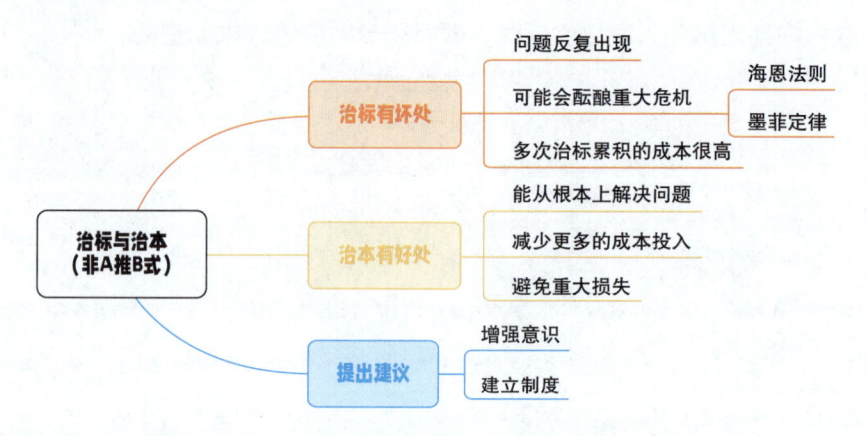

```
                    ┌─ 问题反复出现
          ┌─治标有坏处─┼─ 可能会酝酿重大危机 ─┬─ 海恩法则
          │           └─ 多次治标累积的成本很高 └─ 墨菲定律
          │
治标与治本 │           ┌─ 能从根本上解决问题
(非A推B式)─┼─治本有好处─┼─ 减少更多的成本投入
          │           └─ 避免重大损失
          │
          └─提出建议──┬─ 增强意识
                     └─ 建立制度
```

结构二：ABAB式

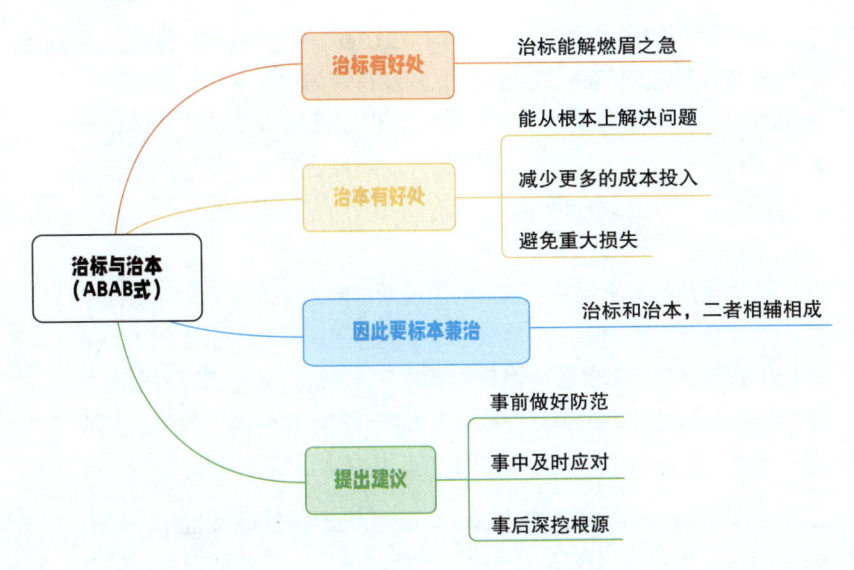

```
治标与治本
(ABAB式)
├── 治标有好处 ── 治标能解燃眉之急
├── 治本有好处 ── 能从根本上解决问题
│              ── 减少更多的成本投入
│              ── 避免重大损失
├── 因此要标本兼治 ── 治标和治本，二者相辅相成
└── 提出建议 ── 事前做好防范
            ── 事中及时应对
            ── 事后深挖根源
```

4. 母段

▶ 结构一：非A推B式

结构	段落	母理或要点
治标有坏处	仅仅治标无法从根本上解决问题。在企业经营过程中，很多问题席卷而来，于是，许多管理者忙于头痛医头、脚痛医脚。他们不再是"指点江山"的战略家，反倒成了"勤勤勉勉"的救火员。一旦管理者忙于解决表面问题，就容易忽视本质问题所在，问题就会反复发生。	问题会反复出现
	仅仅治标有可能会酝酿重大危机。因为，治标仅仅是解决了表面的"症状"，问题的本质并没有解决。从长远来看，那些看似解决了的危机终将爆发，并且随着时间的累积，它所积蓄的破坏力也越强，我们所付出的代价也越大。比如说长春长生，此前已经多次被爆出疫苗质量不合格，还不加以改正，直到"百白破"事件的爆发，使得几十年声誉，一朝散尽，令人唏嘘。	可能会酝酿重大危机（墨菲定律与海恩法则）
	仅仅治标有可能会酝酿重大危机。因为，治标仅仅是解决了表面的"症状"，问题的本质并没有解决。正如海恩法则所言：每一起严重事故的背后，必然有29次轻微事故和300起未遂先兆及1 000起事故隐患。如果出了问题就只是治"标"，那么背后的隐患则会不断积累，最终爆发，必然造成更大的损失。	

结构	段落	母理或要点
治标有坏处	治标累积的成本很高。由于治标往往都是以"快刀斩乱麻"的架势去快速解决眼前的"烂摊子",并没有深刻地去剖析本因,因此问题往往会不断复现,这样循环往复,慢慢就陷入了恶性循环,不断累积相同的成本。"雪球"越滚越大,到最后发现,不仅产生了巨大的成本,还没有解决问题。	多次治标累积的成本很高
治本有好处	治本能从根本上解决问题。与出现问题时治标的"救火"行为不同,治本需要探索原因。探索原因像是剥洋葱,洋葱的表皮代表的是我们所观察到的问题的表象,而洋葱的正芯儿部位才是问题的根本原因所在。治本往往就是通过现象深入本质,揭示事物内在的关系,从源头上进行深入思考,再加以"治疗",从根本上解决问题。	能从根本上解决问题
	治本可以减少更多的成本投入。以我国的扶贫政策为例,如果只治标,采用输血式扶贫,一次投入相对较少、见效却很快,但当问题再次出现的时候还需要再次投入,而精准扶贫、造血式扶贫前期虽然投入大,但能从根本上解决问题,从长远来看,反而成本更低。所以遇到问题先治本,可以减少成本投入。	减少更多的成本投入
	治本可以避免重大损失。一件事情的走向是好是坏,虽有内外因素共同作用,但本质上取决于内部根源的性质如何。在本源无误的情况下,事情的发展更有可能一帆风顺。其实,根源更像是标杆的作用,从本质里就无懈可击,那么之后的行为、决策就会顺延下去,形成良性的路径依赖。以新冠疫情为例,此次防疫工作相较于其他国家来说,我们更加快速地抑制疫情的蔓延,从根本解决问题,避免了更重大的损失,整体上取得了相当亮眼的成绩。	避免重大损失
因此要治本(提建议)	首先,要意识到治"本"的重要性,清楚地认识到"头痛医头,脚痛医脚"的思想不可取,克服短见,多多听取有效的意见与方法;其次,需建立起全备的"制度篱笆",并严格执行,且落实在实处,对于投机取巧的部门严格惩治,对于脚踏实地的部门还要有物质奖励,做到赏罚分明。	增强意识 建立制度

▶ 结构二：ABAB 式

结构	段落	母理或要点
治标的重要性	治标能解燃眉之急。当危机以迅雷之势席卷而来之时，企业往往很难在短时间内找到有效的解决策略以"治本"，但是又不能听之任之。所以，企业需要当机立断，采取适当的应急措施以"治标"。例如遇到政策法规的变化、自然灾害的爆发、公关危机的出现等情况时，首要的便是予以尽快调整。	治标能解燃眉之急
治标的重要性	同上表。	同上表。
要标本兼治	因此，在解决问题时需要标本兼治。	无
提建议	如何做到标本兼治？ 　　一方面，当危机发生时，管理者需要拿出及时应对的方案，快刀斩乱麻，迅速解决问题。 　　另一方面，表面问题解决后，绝不能觉得万事大吉。要对问题进行复盘，深挖问题产生的原因，解决问题的根本。所谓"事急则治标，事缓则治本"说的就这个道理。	及时应对危机 事后深挖根源
	如何做到标本兼治？ 　　一方面，危机发生后，要及时应对。尤其是那些突发事故或问题，要快刀斩乱麻，迅速解决，这是治标之术。 　　另一方面，危机发生前，要做好预案。要深度分析各方面有可能出现的问题，提前准备好解决方案，这是治本之道。	及时应对危机 事前做好防范

5. 母题应用

（1）以汤止沸

论说文：根据下述材料，写一篇 700 字左右的论说文，题目自拟。

以汤止沸，沸乃不止，诚知其本，则去火而已。

参考范文

治"标"更要治"本"

吕建刚　林小西

引入材料＋分析材料＋点明主题

"以汤止沸，沸乃不止，诚知其本，则去火而已。"以汤止沸能暂时降低温度，却不如釜底抽薪来的利落。这对企业运营也有一定的指导意义，在企业运营出现危机时，要治标更要治本。

治标的坏处
难以产生持久的作用

以汤止沸，是治标之举。"扬汤"虽然使温度暂时低于了沸点，但随着不断加热，水又会沸腾起来。同样的，治"标"也难以产生持久的作用。正如海恩法则所言：每一起严重事故的背后，必然有 29 次轻微事故和 300 起未遂先兆及 1 000 起事故隐患。如果出了问题就只是治"标"，那么背后的隐患就会不断积累，最终爆发，给企业造成更大的损失。

治本的好处（1）
从根本上解决问题

去薪灭火，是治本之道。与出现问题时治标的"救火"行为不同，治本需要探索原因，探索原因像是剥洋葱，洋葱的表皮代表的是我们所观察问题的表象，而洋葱的正芯儿部位才是问题的根本原因所在。治本往往就是通过现象深入本质，揭示事物内在的关系，从源头上进行深入思考，才能从根本上解决问题。

治本的好处（2）
不用重复投入治标成本

长期来看，"治本"的成本要远低于"治标"。因为，治本能从根本上解决问题，其一次投入的成本看似很高，但它杜绝了问题再次发生，从而不用总是重复投入治标的成本。因此，从长期总投入来看，治本是优于治标的。

提建议
❶ 思想上重视
❷ 行动上落实

想要做到治本，要做到以下两点：

首先，要在思想上重视。要意识到治"本"的重要性，清楚地认识到"头痛医头，脚痛医脚"的思想不可取，克服短见，多多听取有效的意见与方法。

26 治标与治本

其次，要在行动上落实。要打造治"本"的机制，并严格执行，落在实处。要对投机取巧的部门予以惩治，对脚踏实地的部门予以奖励，做到赏罚分明。

鲁莽行事，不如对症下药；扬汤止沸，不如釜底抽薪。诚然，这是一个漫长且艰辛的过程，但每向治"本"迈出一步，就会离质的飞跃更近一步。

两句结尾

——————— 全文共 690 字

（2）输血式扶贫

论说文：根据下述材料，写一篇 700 字左右的论说文，题目自拟。

有些扶贫干部到贫困村慰问，只慰不问，一味送钱送物；久而久之，让一些贫困户形成惯性思维，听说有上面领导看望贫困户就把家里的值钱东西藏起来以示贫困，期望得到更多的照顾。还有些贫困户进城找了工作，才干了几天就嫌太累，不干了。单纯送钱送物而罔顾剖析贫户致贫原因、增强其发展能力，引导其树立自信并通过自身努力走上脱贫致富之路，这是典型的"输血式"扶贫。

——材料取自《人民日报》"来论"栏目刊文《贫困户为啥藏起值钱的》

参考范文

"造血式"扶贫方可治本

老吕团队　江徕

在党中央大力倡导精准扶贫的当下，部分扶贫干部依然延续"输血式"扶贫的简单粗糙做派，难怪造就出"精神贫困"的懒汉。可见，在扶贫问题上，"造血式"扶贫方可治本。

引入材料＋分析材料＋点明主题

"输血式"扶贫不可取。"输血式"扶贫是指政府直接给贫困地区送钱送物，来解决贫困地区居民的生活问题。这种治标之举，当然也是有作用的，尤其是对那些突发危机的家庭。但是，它并没有从根本上解决贫困地区致贫的问题，所以，贫穷会不断复现。

"输血式"扶贫的坏处（1）
❶贫穷会复现

"输血式"扶贫的坏处（2）
① 忽略问题根本
② 出现弄虚作假的现象

"输血式"扶贫还会有其他问题。一方面，在扶贫过程中，很多表面问题显而易见。干部们容易陷入"头痛医头，脚痛医脚"的状况，忽视问题的根本所在；另一方面，"输血式"扶贫可以立竿见影地解决贫困问题，因而极易催生贫困群众的惰性，产生等、拿、靠、要等问题，甚至出现为了争抢"贫困"这顶帽子从而弄虚作假的现象。

"造血式"扶贫的好处
可治本

"造血式"扶贫可治本。贫困不仅仅是"吃不饱、穿不暖"的问题，它还涉及经济社会发展各个方面，包括产业基础、教育医疗水平、社会公平正义等，任何一个环节"掉链子"，都可能带来已脱贫人口返贫或边缘人口致贫的风险。因此，扶贫事业绝不是"一锤子买卖"，而是一个治本"拔穷根"的长期过程，需要我们着眼长远，做好一系列制度安排。

提建议
① 思想上重视
② 制度上落实

可见，"治本"才能从根源上解决贫困问题。

首先，干部要意识到"治本"的重要性，清楚地认识到"输血式"扶贫这种"头痛医头，脚痛医脚"的治标之举不可取，应从劳动力、交通、环境等方面出发，多多听取有效的意见与方法，打造"造血式"扶贫。

其次，要想真正摘掉贫困帽，还需建立完备的"制度篱笆"，严格落实"造血式"扶贫工作，拒绝培养"懒汉"。对于干部中的"懒汉"，该罚当罚；对于群众中的"懒汉"，要从根本上扶智、扶技、扶信心。

总结全文

综上，对待贫困问题应从根本入手，"造血式"的扶贫方可治本。

------------- 全文共 714 字

母题 27 扬长与补短

1. 命题方向

企业以盈利为目的，企业的使命是创造顾客和企业价值，要想创造更多的顾客价值和企业价值，企业就需要有效利用内、外部资源，以获得持续竞争优势。而资源是有限的，企业到底该拿这些有限的人力和财富资源来发展自己的长处，还是去想办法去弥补自己的不足，是管理者需要进行判断和决策的一个重要问题。

2. 解题思路

"扬长"与"补短"对于企业来说当然都是重要的，但老吕认为，"扬长"的优先级要高于"补短"。为什么呢？因为，决定一个企业成败的是它的核心竞争力，也就是说，和别人相比，哪个是你最擅长的东西。而对于企业的短板，则要一分为二地去看：一方面，那些影响企业核心竞争力的短板，要尽快补足；另一方面，那些与企业核心竞争力无关的短板，应该寻求合作，而不是试图弥补所有短板，成为面面俱到的企业。

可见，此话题可使用"A 上加 B 式"结构，即：扬长是关键（A，可以写两段），当然，提倡扬长不代表忽略短板（加 B），最后提出建议。

此外，"扬长补短"主题中的素材，通常可以应用于"合作""核心竞争力"等主题，大家在平日积累素材时要学会举一反三。

3. 结构导图

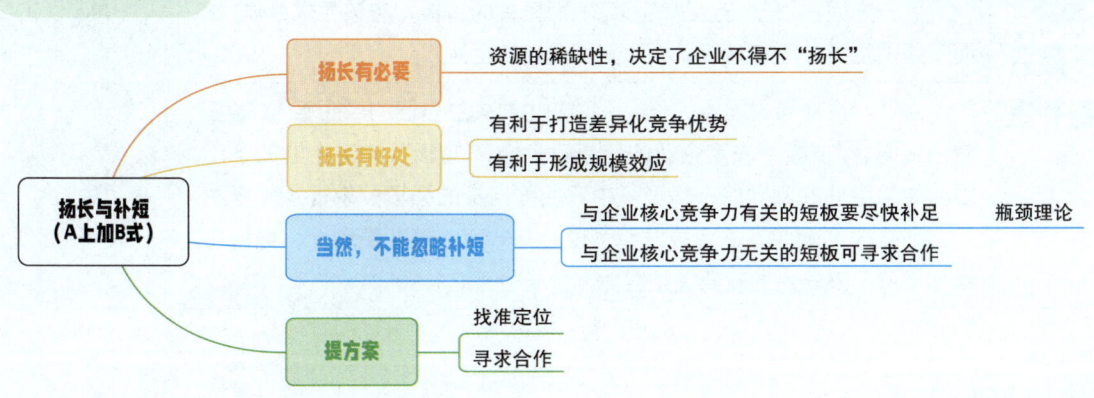

扬长与补短（A 上加 B 式）
- 扬长有必要 —— 资源的稀缺性，决定了企业不得不"扬长"
- 扬长有好处
  - 有利于打造差异化竞争优势
  - 有利于形成规模效应
- 当然，不能忽略补短
  - 与企业核心竞争力有关的短板要尽快补足 —— 瓶颈理论
  - 与企业核心竞争力无关的短板可寻求合作
- 提方案
  - 找准定位
  - 寻求合作

205

4. 母段

结构	段落	母理或要点
扬长有必要	资源的稀缺性，决定了企业不得不"扬长"。无论企业发展到什么规模，它的资源和人才都不是无穷尽可以任意分配的，这就导致并不是每一块短板都可以补上，而长板往往才是决定企业生存与否的关键。华为专注研发、VIVO擅长营销、富士康以制造为本，都证明了企业有效整合优势资源，利用自身的差异化优势，才能赢得市场。	资源稀缺性
	资源的稀缺性，决定了企业只能集中精力、发展长板。企业经营中，无论是人才、还是资金、还是其他资源，都不可能取之不尽、用之不竭。因此，企业的经营只能集中精力在某一领域，以求形成规模效应、降低边际成本、提高边际收益，取得竞争优势。反之，面面俱到的发展模式往往并不能让你成为样样精通的公司，很可能是样样平庸。	
扬长有好处	"扬长"有利于打造差异化竞争优势。随着经济发展，产品同质化愈来愈严重，由此形成的价格竞争也越演越烈，从而形成一片"红海"。为此，企业应当建立属于自己的长板，将某一领域做到极致，打造差异化和核心竞争力。	差异化竞争
	"扬长"有利于形成规模效应。在资源有限的情况下，我们不可能面面俱到地去发展，而是应该集中优势资源，在某一领域形成规模效应。以富士康为例，如果它不能在生产上形成规模优势，就不可能以成本优势立足于制造业。	规模效应
当然，不能忽略补短	当然，提倡"扬长"不代表忽略短处。 一方面，瓶颈理论告诉我们，即使是企业最擅长的方面，也一定存在一些薄弱环节，这些环节的效率制约着企业的整体效率，因此，对于那些影响企业核心竞争力的短板，要尽快补足。 另一方面，那些与企业核心竞争力无关的短板，应该寻求合作，而不是试图弥补所有短板，成为面面俱到的企业。	与企业核心竞争力有关的短板要尽快补足（瓶颈理论）；与企业核心竞争力无关的短板可寻求合作。
	当然，企业着力发展"长板"时，也要关注自己的"短板"。通常情况下，"长板"决定企业的核心竞争力，"短板"决定企业的下限。如果企业在激烈的市场竞争中只加强自身的强项，忽视运营瓶颈，那就很难确保其不会拉低整个企业的效率。想要更均衡、更持续地发展下去，企业就要关注整体，扬长也不忘补短。	瓶颈理论

结构	段落	母理或要点
提方案	想进行"扬长补短",企业要找准自身定位。借助 SWOT 模型,企业一方面要发现和分析自己的优势和劣势,另一方面也要发现外部环境正在发生和即将面临的变化,通过科学的判断,总结外部环境的变化趋势,再结合自身状况,顺势而为。在"发展长板"的同时,也要时刻保持理性,不能因为短期的收益而迷失自我、盲目冒进。	找准定位
	企业可以通过合作来实现扬长补短。社会分工机制让我们每个人、每个企业能各司其职,做自己最擅长的事情,这样就可以减少工作转移时的效率损失,大大提高资源利用的效率。因此,企业应专注于发展自己的长板,而对于不影响核心竞争力的那些短板,就可以交给合作伙伴去处理。	寻求合作

5. 母题应用

(1) 木桶效应

论说文:根据下述材料,写一篇 700 字左右的论说文,题目自拟。

木桶理论认为,一只水桶能装多少水取决于它最短的那块木板。一只木桶想盛满水,必须每块木板都一样平齐且无破损,如果这只桶的木板中有一块不齐或者某块木板下面有破洞,这只桶就无法盛满水。一只木桶能盛多少水,并不取决于最长的那块木板,而是取决于最短的那块木板。也可称为短板效应。但也有人不这么认为,而是认为决定企业成败的是其最长的木板。

参考范文

企业经营,补短不如扬长

吕建刚

"木桶理论"认为,一只水桶能装多少水取决于最短的那块木板。但我认为,与其一味地补"短板",不如扬长避短,把自己的优势发挥到极致,反而更容易取得成功。

> 引材料+
> 点明主题

首先,决定企业成败的,往往是企业的"长板"而不是"短板"。我们常说企业要有核心竞争力,这种核心竞争力就是企业的独特竞争优势,就

> **扬长有必要(1)**
> 决定企业成败

207

扬长有必要（2）

资源的稀缺性

规模效应：
因规模增大带来的经济效益的提高，但是规模过大可能使信息传递的速度变慢且容易造成信息失真、管理官僚化等弊端，反而产生"规模不经济"。

边际成本：
在一定产量水平下，增加或减少一个单位产量所引起成本总额的变动数。

边际收益：
增加一单位产品的销售所增加的收益，即最后一单位产品的售出所取得的收益。

也要发展短板
① 制约企业竞争力的短板应补齐
② 与核心竞争力无关的短板可寻求合作

总结全文

是它特别擅长的"长板"。比如华为以研发见长、VIVO以营销取胜、富士康以制造起家，他们各有不同、各有所长，但都取得了企业经营的成功。如果非要让制造大亨富士康去搞研发、去做营销，非但不能补齐所谓的"短板"，反而会拖累其"长板"的发展，使其成为一家平庸的企业。

其次，资源的稀缺性决定了企业只能集中精力发展长板。企业经营中，无论是人才还是资金，抑或是其他资源，都不可能取之不尽、用之不竭。因此，企业的经营不可能面面俱到，只能集中精力在某一领域，以求形成规模效应、降低边际成本、提高边际收益，取得竞争优势。科技巨头苹果是全球现金储备最多的公司，即使如此，他们也仅仅集中精力发展自己在研发上的长板，把自己并不擅长的生产制造交给富士康等合作伙伴。可见，面面俱到的发展模式往往并不能让你成为样样精通的公司，很可能是样样平庸。

当然，发展"长板"不代表置"短板"于不顾。一方面，TOC理论告诉我们，任何一个系统、任何一个企业，都有制约其发展的瓶颈，瓶颈的效率决定了整个系统、整个企业的效率。因此，对于那些制约企业形成独特竞争优势的短板，我们要尽快补齐。另一方面，我们要清醒地认识到，我们不可能做到面面俱到，那些与企业核心竞争力无关的"短板"，用合作的方式，取别人之长、补己之短是更佳策略。

总之，企业非木桶，与其拼死拼活地修补"短板"，不如扬其长，避其短，打造核心竞争力！

------ 全文共 708 字

（2）百事可乐中国

论说文：根据下述材料，写一篇 700 字左右的论说文，题目自拟。

长板理论认为：当你把桶倾斜，你会发现能装最多的水决定于你的长板，而当你有了一块长板，围绕这块长板展开布局，能为你赚到利润。百事可乐在中国的战略就是这样：他们把所有的制作、渠道、发货、物流全部外包，只保留市场部的寥寥几个人运营百事可乐的品牌。仅仅做好品牌这个长板，收获了巨大的成功。

企业经营，应"扬长"

老吕团队　江徕

百事可乐中国仅用寥寥几个人做品牌运营，也在中国收获了巨大的成功。这告诉我们，企业经营要"扬长"。

引材料＋点明主题

首先，资源的稀缺性决定了企业不得不扬长。一个企业中，无论是资源还是人才都是有限的。贪"全"则意味着难以图"精"。与其样样通，样样稀松，倒不如专攻某一个领域，将其发展到极致，以此博得属于自己的"蓝海"。正如百事可乐中国，仅仅几个运营就把品牌"玩"到了极致。

扬长有必要（1）
资源的稀缺性

其次，扬长有利于企业打造核心竞争力。董明珠曾说："企业有核心竞争力才有话语权。"这无疑说明了决定一个企业成功的其实是其"长板"。每个企业都有其核心竞争力，比如苹果公司专注于研发，公牛插座专注于安全，富士康专注于制造。他们都是在各自擅长的领域集中精力发展其"长板"，打造差异化的竞争优势，最终取得了成功。你看，百事可乐的品牌够响，核心竞争力够强，就可以立于不败之地。

扬长有必要（2）
打造企业核心竞争力

当然，企业着力发展"长板"时，也要关注自己的"短板"。通常情况下，"长板"决定企业的核心竞争力，"短板"决定企业的下限。如果企业在激烈的市场竞争中只加强自身的强项，忽视运营瓶颈，那就很难确保其不会拉低整个企业的效率。想要更均衡、更持续地发展下去，企业就要关注整体，扬长，也不忘补短。

也要发展短板
"短板"决定企业的下限

因此，需要合理地扬长补短。一方面企业应当准确分析市场，结合自身优势和实际情况，明确自己的定位，着力发展那些与自身核心竞争力有关的长板；另一方面，对于与自身核心竞争力无关的短板，可以交给合作伙伴去处理。

提方案
❶ 明确定位
❷ 寻求合作

综上，社会分工机制让我们每个人、每个企业做自己擅长的事情。欲收获成功，企业经营要顺势而为，扬长补短。

两句结尾

全文共 658 字

母题 28 专业化与多元化

1. 命题方向

自从 1950 年战略管理的鼻祖——安索夫提出了多元化经营战略的概念，专业化经营与多元化经营孰优孰劣之争便一直没有间断。企业发展以"多元化"战略为好，还是"专业化"战略为重，始终是管理者热烈讨论的热点问题。事实上，各企业的实际情况不同，所以专业化还是多元化并没有统一的答案。企业的发展战略如何定？怎么定？最终的答案都要依托于企业自身的发展现状，企业要在全方位衡量自身发展情况后，提前做好战略发展方向规划。

2. 解题思路

专业化是指企业专注于某一个行业或领域，集中公司所有的资源和能力不断地深耕该行业，不断提高公司在该领域的竞争力和影响力；而多元化是指企业不断拓展业务范围，进入多个业务领域，推动业务的横向多元化发展，它是与专业化经营战略相对的一种企业发展战略。

专业化的优点，是可以在某一个优势领域做专、做深，并构建该领域的技术壁垒，拉开与竞争对手的差距，提高自身在该领域的影响力；缺点是"鸡蛋都放到了一个篮子里"，如果行业动荡，则企业很容易遇到瓶颈；而多元化可以分散行业带来的风险，同时构建业务协同优势；缺点是有限的资源需要分散到多个领域，最终容易导致各个领域专业性水平参差不齐。总的来说，专业化能力是企业多元化的基础，二者各有利弊，企业要在专业化的基础上，积极探索多元化发展；但同时，不能盲目追求多元化，更不能连专业优势都没建立起来就急于多元发展。

因此，老吕认为，"专业化"与"多元化"是有倾向性的："专业化"是核心，这是企业竞争力的来源；"专业化"是"多元化"的前提，因为多元不是放弃专业，而是要在多个相关领域都变得专业；合理的"多元化"可以提高企业的利润和抗风险能力。

可见，针对"专业化与多元化"这个话题，宜采用"A 上加 B 式"的行文结构：先论述"专业化的重要性"，再论述"在专业化的基础上，也可以适度的多元发展"，最后给出建议。

3. 结构导图

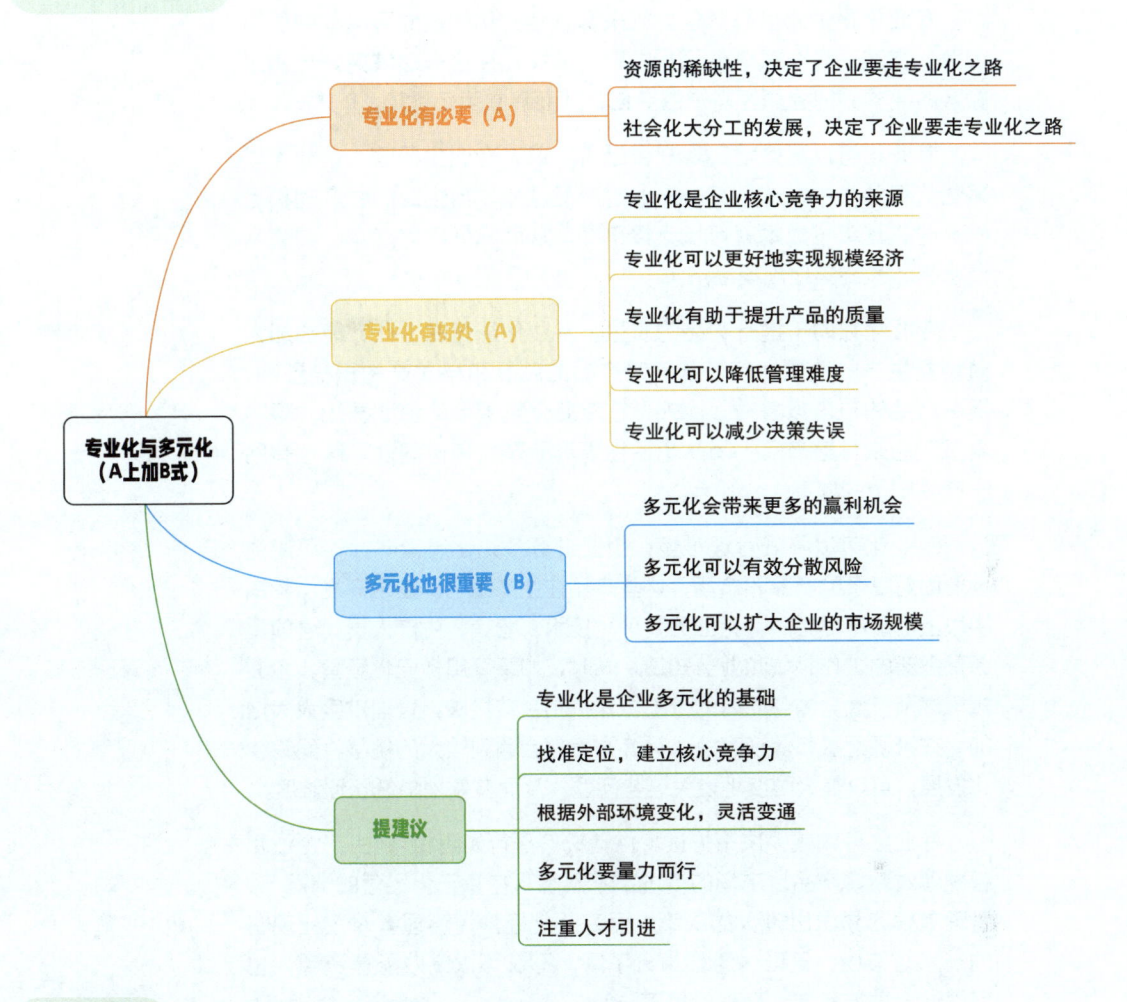

- **专业化与多元化（A上加B式）**
  - **专业化有必要（A）**
    - 资源的稀缺性，决定了企业要走专业化之路
    - 社会化大分工的发展，决定了企业要走专业化之路
  - **专业化有好处（A）**
    - 专业化是企业核心竞争力的来源
    - 专业化可以更好地实现规模经济
    - 专业化有助于提升产品的质量
    - 专业化可以降低管理难度
    - 专业化可以减少决策失误
  - **多元化也很重要（B）**
    - 多元化会带来更多的赢利机会
    - 多元化可以有效分散风险
    - 多元化可以扩大企业的市场规模
  - **提建议**
    - 专业化是企业多元化的基础
    - 找准定位，建立核心竞争力
    - 根据外部环境变化，灵活变通
    - 多元化要量力而行
    - 注重人才引进

4. 母段

结构	段落	母理或要点
专业化有必要	资源的稀缺性，决定了企业要走专业化之路。任何一家企业所能占有的资源是有限的，因此，要把优势资源用在最能发挥其价值的地方。专业化经营，可以让管理者更加明确、合理地分配和使用有限的资源；而过度的多元化往往带来资源的分散，反而稀释了企业的竞争力。	资源稀缺性
	社会化大分工的发展，决定了企业要走专业化之路。社会分工机制让每个企业能各司其职，做自己最擅长的事情，这样就可以减少工作转移时的效率损失，大大提高资源的利用效率。	社会分工机制

结构	段落	母理或要点
专业化有好处	专业化是企业核心竞争力的来源。专业化的企业可以集中优势资源，在某一专业领域做深、做专、做精，在这一领域更好地满足顾客的要求，把握顾客需求的变化，从而建立竞争优势。	企业核心竞争力的来源
	专业化可以更好地实现规模经济。通过专业化经营，企业可以将优势资源集中投放到某一产业或产品领域，当企业的生产规模足够大时，其单位成本就可以大幅下降，从而降低平均成本、提高利润水平，最终实现规模经济。	实现规模经济
	专业化有助于提升产品的质量。专业化经营的企业，能够加大对精益生产的追求力度，从而对产品的质量和档次产生积极影响，提高产品的市场竞争力。此外，在专业化氛围下的企业员工，更容易沉下心来打磨产品，团队也往往更具凝聚力和协同性，这也有助于产品质量的提高。	提升产品质量
	专业化可以降低管理难度。企业进行多元化经营时，不可避免地要面对复杂的产品和市场，这些产品在生产工艺、技术开发、营销手段上可能不尽相同，企业的管理、技术、营销、生产人员，必须重新熟悉新的工作领域和业务知识。同时，如果采用多元化经营，企业规模逐渐扩大，内部原有的分工协作机制会被打破，管理难度大大增加，在资源配置和保证竞争优势等方面都会遇到较大的挑战。而专业化发展，可以最大限度地避免这些问题，从而有效地降低管理难度。	降低管理难度
	专业化可以减少决策失误。俗话说"隔行如隔山"，由于企业和管理者对新增产品、市场的情况都不熟悉，在多元化经营的情况下，管理者很容易做出错误的决策；而专业化经营，管理者对企业现有的技术、市场、管理优势都十分了解，不仅可以高效配置资源，也可以做出更加科学、合理的经营决策。	减少决策失误
多元化也很重要	多元化会带来更多的赢利机会。一方面，多元化经营的企业，抵御行业风险的能力要比单一经营的企业强大很多；另一方面，多元化经营的企业能更好地发现不同领域的商机，抓住市场的风口。	带来赢利机会
	多元化可以有效分散风险。正如诺贝尔经济学奖得主詹姆斯·托宾说："鸡蛋不要放在一个篮子里。"如果企业资源过于集中在某一产业，就很容易形成对某一产业市场的高度依赖，一旦该行业出现动荡或企业自身产品的竞争力减弱，企业将会面临巨大的经营风险。而多元化的经营战略，可以通过分散投资的方式有效降低风险，避免经营范围单一造成企业过于依赖某一市场的弱点，即使"一个篮子被打翻了"，也不至于一无所获。	有效分散风险

28 专业化与多元化

结构	段落	母理或要点
多元化也很重要	多元化可以扩大企业的市场规模。专业化最大的问题在于，企业的产品往往会随着时间的发展成为同质化产品，进而稀释利润。此时在专业化的基础之上发展多元化战略，能更好地形成差异化竞争，扩大市场份额，获得超额利润。	扩大市场规模
提出建议	首先，管理者应该知道，专业化能力是企业多元化的基础。"工欲善其事，必先利其器"，企业首先要有专业化能力，牢牢抓住核心业务，在培育和巩固专业化能力的基础上，再根据企业需要，适度地向多元化方向发展，适当扩大营业规模，提高盈利能力。	专业化是企业多元化的基础
	企业的多元化，必须建立在自身核心竞争力之上。企业必须先找准市场定位、明确自身的核心竞争力，再去关注、分析和寻找合适的多元化领域。如果在不了解市场的情况下，盲目地把产品线和顾客群扩展到没有竞争优势的细分市场，只会事倍功半，甚至导致企业陷入困境、遭到重创。	找准定位，建立核心竞争力
	企业要根据外部环境变化灵活变通。在不同的领域和时期，企业应采取不同的策略。例如，在创业阶段或规模较小时采取专业化战略，集中所有精力和资源做好一个产品，最大限度地获取市场份额和顾客认可；而当企业规模足够庞大、市场趋于饱和或竞争白热化，或者所处行业走向没落时，企业可以考虑多元化战略，通过改变商业模式及时分散风险，避免被市场淘汰。	根据外部环境变化，灵活变通
	企业多元化发展，一定要量力而行。正如大家看过的杂技表演，技艺再高超的杂技演员，也只能让一定数量的盘子同时转动，盘子再多就很难控制了。同理，任何企业的发展都存在管理幅度，如果盲目地追求多元化，很容易出现资源和资金短缺，反而让企业陷入困境。因此，多元化一定要量力而行，要以足够强的控制力、抗风险能力和获取资源的能力为前提。	多元化要量力而行
	企业在多元化发展的同时，要注重人才的积累和引进。由于企业在多元化进程中，可能会涉及不熟悉的领域，如果企业缺乏这些领域内的专业人才，就会出现"外行管内行"的现象，导致管理混乱。通过人才的引进和培养，可以让企业在多元发展的同时保持专业，从而实现企业的多元化创新与发展。	注重人才引进

213

4. 母题应用

（1）"美团的多元化"与"携程的专业化"

论说文：根据下述材料，写一篇700字左右的论说文，题目自拟。

美团点评CEO王兴在接受财经专访时，谈到美团的多元化扩展："美团点评有外卖、酒旅、打车、餐饮、电影票等各种业务，且每个领域都发展得不错。目前，我们在各个垂直行业都在做更深层次的连接，只要有机会，我们就会不断尝试各种业务。"对此，携程创始人有着不同观点，并用美国公司案例、携程的国际化案例反驳王兴，提出"公司发展更需要专业化。"

参考范文

保持专业化，适度多元化

吕建刚

【引材料＋点明主题】

企业走多元化还是专业化发展之路，美团点评CEO与携程创始人持有完全相反的观点。在我看来，专业与多元应该相辅相成，企业应该在专业化的基础上，适度进行多元化探索。

【专业化有必要】
资源稀缺性
① 专业化可以合理分配资源；过度多元化稀释竞争力

资源的稀缺性，决定了企业要先走专业化之路。任何一家企业所能占有的资源是有限的，因此，要把优势资源用在最能发挥其价值的地方。专业化经营，可以让管理者更加明确、合理地分配和使用有限的资源；而过度的多元化往往带来资源的分散，反而稀释了企业的竞争力。

【专业化有好处】
降低管理难度
① 多元化经营要求高
② 多元化经营易出问题

专业化可以降低管理难度。企业进行多元化经营时，不可避免地要面对复杂的产品和市场，这些产品在生产工艺、技术开发、营销手段上可能不尽相同，企业的管理、技术、营销、生产人员等必须重新熟悉新的工作领域和业务知识。同时，如果采用多元化经营，企业规模逐渐扩大，内部原有的分工协作机制会被打破，管理难度大大增加，在资源配置和保证竞争优势等方面都会遇到较大的挑战。而专业化发展，可以最大限度地避免这些问题，从而有效地降低管理难度。

28 专业化与多元化

当然，提倡专业化经营，不代表无视多元化发展。因为，多元化会带来更多的赢利机会。一方面，多元化经营的企业，抵御行业风险的能力要比单一经营的企业强大很多；另一方面，多元化经营的企业能更好地发现不同领域的商机，抓住市场的风口。

也要多元化发展
① 抵御风险能力强
② 易抓住新风口

但是，管理者应该知道，专业化能力是企业多元化的基础。"工欲善其事，必先利其器"，企业首先要有专业化能力，牢牢抓住核心业务，在培育和巩固专业化能力的基础上，根据企业需要，适度地向多元化方向发展，适当扩大营业规模，提高盈利能力。

提方案
① 优先专业化
② 适度多元化

综上所述，保持专业化是一个企业发展的基础，适当的多元化可以拓展企业的边界，这就是美团与携程的两位老总争议的答案。

总结全文

------- 全文共 694 字

（2）乐视之殇

论说文：根据下述材料，写一篇 700 字左右的论说文，题目自拟。

2010 年 8 月 12 日，乐视网上市。作为业内的"二线玩家"，乐视的上面有优酷、腾讯视频、爱奇艺，IPO 成功让乐视融资 6.81 亿元，这笔钱怎么花考验着乐视的智慧。钱的去处很快就有了方向，乐视选择了扩张新业务，进军电商、电影、电视、体育版权、手机甚至是地产行业，一个新的商业帝国似乎正渐渐成型。然而，四处讨伐征战的乐视，其旗下的每一个业务都缺乏竞争力，在行业内仅仅是二三流的水平。2017 年，"穷兵黩武"的乐视被曝负债累累，最终被法院冻结资产，昔日的乐视"帝国"很快土崩瓦解。

参考范文

企业经营宜走专业化道路

张英俊　江徕

《桃花扇余韵》有这样一句唱词："眼看他起朱楼，眼看他宴宾客，眼看他楼塌了"，这句话恰好可以形容乐视帝国的崩塌，这确实让人唏嘘。可见，企业不应该盲目多元化，应该优先走专业化道路。

引材料＋点明主题

215

多元化有风险
① 影响核心业务发展
② 容易被行业巨头打击

竞争壁垒：
企业在市场竞争中，基于自身的资源与市场环境约束，构建的有效的针对竞争对手的"竞争门槛"，以达到维护自身在市场中的优势地位的市场竞争活动。

多元化经营的企业，往往面临更大的风险。首先，资源的分散在一定程度上会影响企业核心业务的发展，鱼和熊掌都想要的结果很可能是二者皆失。其次，企业在新市场上作为"外来者"想要站稳脚跟并非易事，即使成功突破竞争壁垒，也很容易被行业巨头盯上，成为"待宰的羔羊"。乐视在主营业务优势不强的情况下进军的行业既是热门，又有巨头压制，其开疆拓土的计划几乎从一开始就注定失败。

专业化有好处
易形成积累优势
① 资源集中，获益更多
② 巩固地位，避免淘汰

专业化经营更易形成积累优势。专业化战略要求资源集中在一处，"劲往一处使"往往能让企业在这一处拥有更多的发展机会，并利用已有资源获得更多利益。借由马太效应，优势企业可以进一步巩固其地位，相对弱势的企业也可以另辟蹊径站住脚跟，避免被激烈的竞争所淘汰。如果乐视 IPO 成功后能专注于主业发展，争做行业一流，也许就不会落得如此田地。

提方案
结合自身情况选好方向
① SWOT 分析法
② 建立差异化竞争

不过，在进行专业化经营之前，企业一定要结合自身情况选好经营方向。借助 SWOT 分析法，既要明白自己的优势，也要了解自己的缺陷，在定位时尽量将自身优势与外部机会相结合，挖掘自身的独特性；同时也要保护自身软肋，避开潜在的威胁。劲儿往正确的地方使，才能得到期望的回报。此外，专业化经营的最终目的是建立差异化竞争优势，专精一处并不是机械地投入资源，而是为了培养独一无二的核心技术，唯有做到"人无我有、人有我精"，才能在市场上脱颖而出。

总结全文

综上所述，企业经营应走专业化道路，"宁精勿杂，宁专勿多"，才能真正建立属于自己的商业帝国。

-------------- 本文为非 A 推 B 式结构，全文共 692 字

母题 29 创新与借鉴

1. 命题方向

"创新"是永恒的热点。创新对企业发展的重要性早已不言而喻，在当下，创新既是手段，也是目的，它作为企业的核心动力，推动企业不断发展并为企业带来丰厚的回报。

"借鉴"对于企业来说，同样是一个重要的发展手段。借鉴不同于模仿或抄袭，它更倾向于"把已有的经验当成镜子来对照自己，然后总结经验，发展自己"。在学习已有经验的基础上加以思考，得到新的灵感与方法。这样的发展方式，不仅可以帮助企业节省大量成本，还能让很多企业少走弯路，更快更好地实现自我发展。

2. 解题思路

创新很重要，这已经成为社会的共识。在强调"原创"的创新热潮下，很多人不齿于借鉴他人已有的经验，认为"借鉴"等同于"抄袭"他人想法，其实不然。"借鉴"中同样包含思考，当我们学习他人先进经验的时候，如果加以自己的思考，就可能会得到一个新的想法，当我们同样创造出自己的新东西的时候，我们的想法也会被借鉴，被进一步发展下去，进而又形成对创新的推力，最终就会形成一片欣欣向荣，共同发展的景象。

因此，在企业的发展过程中，我们应该更全面地去思考"创新"与"借鉴"的关系，既要重视对创新的投入，又不能固执地埋头苦干。学习借鉴他人已有的经验，同样是我们提高发展效率的重要手段。

"创新"与"借鉴"的母题有三种考法，分别对应四种写法：

一、如果考的是"创新"与"借鉴"的关系，可以使用"A上加B式"结构：创新有好处（A），但借鉴也有作用（B），最终提出建议。

二、如果考的是"创新"与"盲目模仿"的关系，可以使用"非A推B式"结构，即：盲目模仿有坏处（非A），但创新有好处，因此要创新（B），最终提出建议。

三、如果考"创新"这个单一话题，可以使用"正面提倡式"结构（创新有好处，当然也会有风险/困难，风险/困难可规避/克服）或"现象分析式"结构（不创新的现象、不创新的原因、不创新的危害，针对创新提出建议）。

下文中我们将分析"A上加B式"的结构导图和母段，"非A推B式"和"现象分析式"仅给出范文。

3. 结构导图

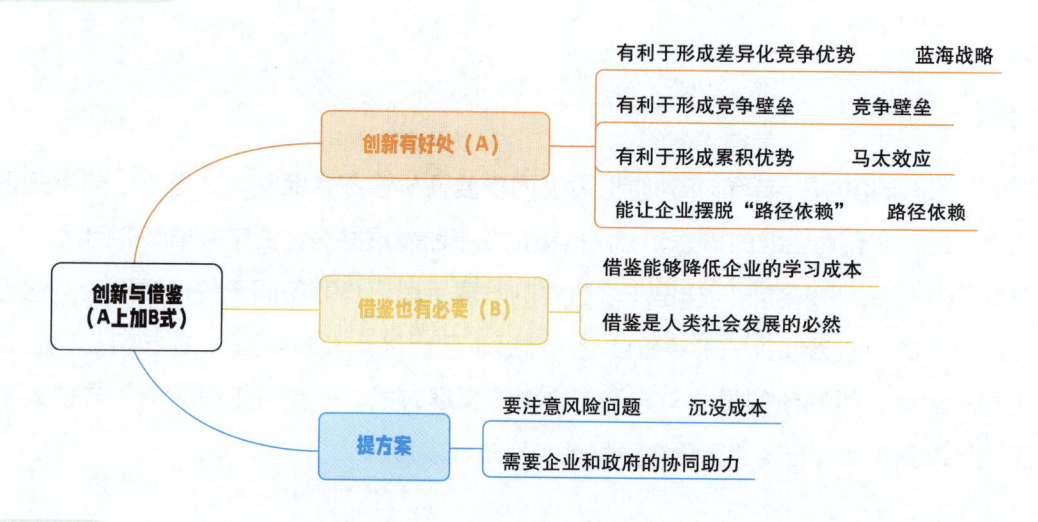

创新与借鉴（A上加B式）
- 创新有好处（A）
  - 有利于形成差异化竞争优势 —— 蓝海战略
  - 有利于形成竞争壁垒 —— 竞争壁垒
  - 有利于形成累积优势 —— 马太效应
  - 能让企业摆脱"路径依赖" —— 路径依赖
- 借鉴也有必要（B）
  - 借鉴能够降低企业的学习成本
  - 借鉴是人类社会发展的必然
- 提方案
  - 要注意风险问题 —— 沉没成本
  - 需要企业和政府的协同助力

4. 母段

结构	段落	母理或要点
创新有好处	创新，有利于形成差异化竞争优势。在完全竞争市场上，同质化产品一般都会走向价格竞争，这就摊薄了企业的利润。但通过创新，可以让企业发现新需求、造出新产品，从而让企业走出红海，发现蓝海，从而提高利润。	蓝海战略
	创新，有利于形成竞争壁垒。拥有知识产权的企业，可以凭专利权、商标权坐收渔利，甚至钳制竞争对手的发展。华为的芯片为什么陷入短缺，其实还是因为我们没有掌握芯片制造的核心技术。而且，习近平总书记提出"保护知识产权就是保护创新"，不难预测，未来我国在知识产权领域的保护力度会逐渐加强，这更加要求企业应该有创新意识。	竞争壁垒
	创新，有利于形成累积优势。创新的过程既是累积资源的过程，也是壮大自己的过程。一方面，敢于创新并取得成果的企业会比别人先一步拥有更多资源，从而拥有更多的发展机会，并利用已有资源获得更多利益。另一方面，创新过程中完善了创新机制、培养了创新人才，这就很容易形成累积优势，进而做出更多的创新。这正是马太效应的原理。	马太效应

29 创新与借鉴

结构	段落	母理或要点
创新有好处	创新，能让企业摆脱"路径依赖"。当旧有的经验和模式取得成功时，企业很容易沉浸在既得利益中，从而忽略外部环境的变化，或盲目自大不思进取，或幡然醒悟却为时已晚。而追求创新要求企业不安于现状，对抗习惯、不断挑战，从而降低了企业躺在功劳簿上睡大觉的可能。	路径依赖
借鉴也有必要	借鉴能够降低企业的学习成本。对企业来说，借鉴其他企业的先进经验，学习同行业或跨行业的知识，可以迅速弥补自身不足。这样，就减少了一些研发创新的环节，从而节约了人力、物力和财力。	借鉴能够降低企业的学习成本
	借鉴是人类社会发展的必然。其实，人类社会的发展历史既是创造的历史，也是学习借鉴的历史。没有创造，就无法产生新知识；没有学习借鉴，新知识就无法普及和传承。企业也是如此，应该通过学习借鉴行业先进经验，迅速弥补不足，进而争取创新实现弯道超车。	借鉴是人类社会发展的必然
提建议	创新的过程中，要注意风险问题。因为"新"的另一端拴着"险"。创新就意味着人力、物力、财力的投入，但这种投入的收入预期并不确定，创新的结果也未必尽如人意。一旦创新失败，之前的投入可能都会成为沉没成本，造成难以挽回的损失。因此，做好创新的风险预案必不可少。	要注意风险问题（沉没成本）
	要走创新之路，需要企业和政府的协同助力。对企业来说，要引进创新人才、加强创新激励、增加创新投入，因时而变，随事而制；对政府来说，一是要完善法律法规，加强对知识产权的保护力度，让勇于创新者得好处，让抄袭剽窃者受处罚；二是要打造创新机制、搭好创新平台，政府搭好了台子，企业才能更好地唱戏。	企业和政府协同助力

5. 母题应用

（1）创新

论说文：根据下述材料，写一篇 700 字左右的论说文，题目自拟。

习近平总书记说："惟改革者进，惟创新者强，惟改革创新者胜。"

参考范文

以创新谋发展

吕建刚

引材料＋点明主题

习近平总书记曾说过一句话："惟改革者进，惟创新者强，惟改革创新者胜。"企业应树立创新意识，以创新，谋发展。

不创新的原因
① 收入预期不确定
② 可能产生沉没成本

现实中，我们常见很多企业提起创新头头是道，做起创新缩头缩脑。这并不难理解——"新"的另一端拴着"险"。创新就意味着人力、物力、财力的投入，但这种投入的收入预期并不确定，创新的结果也未必尽如人意。一旦创新失败，之前的投入可能都会成为沉没成本，造成难以挽回的损失。反倒是模仿看起来成本更低、风险更小，因此出现"康帅傅""雷碧"等山寨现象便不足为奇了。

不创新的危害
产品同质化
① 利润薄弱，产品被淘汰

其实，模仿和借鉴往往意味着产品的同质化。在企业发展初期，通过模仿和借鉴降低学习成本，尽快追上行业领头羊确实是一种理性的选择。但当别人通过一步步的创新开拓新领域、占领新市场、提高利润率时，同质化的产品就很可能面临利润微薄、逐渐被淘汰的命运。因此，低风险不是选择模仿、拒绝创新的理由。

谈好处
① 差异化优势
② 抢占市场先机
③ 提高利润水平

我认为，创新是提高企业核心竞争力的必经之途，理由有三。第一，研发新产品、走出新路径，可以帮助企业走出"红海"，发现"蓝海"，打造差异化优势；第二，发现新需求、创造新需求、满足新需求，是抢占市场先机的不二法门；第三，新技术的使用、新流程的推广，可以帮助企业提高生产效率，进而提高利润水平。

提建议
① 企业：引进创新人才、加强创新激励、增加创新投入

当然，要走创新之路，需要企业和政府的协同助力。
对企业来说，要引进创新人才、加强创新激励、增加创新投入，因时而变，随事而制。

对政府来说，一是要完善法律法规，加强对知识产权的保护力度，让勇于创新者得好处，让抄袭剽窃者受处罚；二是要打造创新机制、搭好创新平台，政府搭好了台子，企业才能更好地唱戏。

改革关乎国运，创新决胜未来。企业应该用创新的脚步，走出发展的加速度。

------------- 本文为现象分析式结构，全文共710字

(2) 借鉴与创新

论说文：根据下述材料，写一篇700字左右的论说文，题目自拟。

有人认为企业成功的关键是借鉴，也有人认为企业成功的关键是创新，你怎么看？

参考范文

企业成功需创新

吕建刚　食饱饱

习近平总书记曾说过一句话："惟改革者进，惟创新者强，惟改革创新者胜。"因此，我认为，企业成功的关键是创新。

首先，创新有利于形成差异化竞争优势。在完全竞争市场上，同质化产品一般都会走向价格竞争，这就摊薄了企业的利润。但通过创新，可以让企业发现新需求、造出新产品，从而让企业走出红海，发现蓝海，从而提高利润。

其次，创新有利于形成竞争壁垒。拥有知识产权的企业，可以凭专利权、商标权坐收渔利，甚至钳制竞争对手的发展。华为的芯片为什么陷入短缺？其实还是因为我们没有掌握芯片制造的核心技术。可见，想在市场上有真正的核心竞争力，创新必不可少。

再其次，创新有利于形成累积优势。创新的过程既是累积资源的过程，

创新的好处（3）
形成累积优势
1. 抢先一步拥有资源、机会、利益
2. 完善创新机制、培养创新人才

也是壮大自己的过程。一方面，敢于创新并取得成果的企业会比别人先一步拥有更多资源，从而拥有更多的发展机会，并利用已有资源获得更多利益。另一方面，创新过程中完善了创新机制、培养了创新人才，这就很容易形成积累优势，进而做出更多的创新。这正是马太效应的原理。

创新有风险
1. 收入预期不确定
2. 产生沉没成本

企业想走好创新之路，要注意风险问题。因为"新"的另一端拴着"险"。创新就意味着人力、物力、财力的投入，但这种投入的收入预期并不确定，创新的结果也未必尽如人意。一旦创新失败，之前的投入可能都会成为沉没成本，造成难以挽回的损失。因此，做好创新的风险预案必不可少。

借鉴也有必要
借鉴可以降低企业的学习成本
1. 迅速弥补自身不足
2. 在借鉴的基础上有所创新

当然，我们提倡创新，并不是拒绝借鉴，因为借鉴能够降低企业的学习成本。对企业来说，借鉴其他企业的先进经验，学习同行业或跨行业的知识，可以迅速弥补自身不足。但借鉴不是我们的目的，借鉴之后有所创新才是。只有通过创新，才能实现对标杆的超越。

总结全文

总之，企业发展的路上需要借鉴，但借鉴不是成功的关键，企业成功的关键是创新。

-------------------- 本文为 A 上加 B 式结构，全文共 709 字

（3）模仿与创新

论说文：根据下述材料，写一篇 700 字左右的论说文，题目自拟。

在 IT 行业中，有很多的"模仿"行为，例如我们常用的 QQ，就是由 OICQ 模仿而来。并且随着 QQ 界面的更新，功能的完善，OICQ 渐渐淡出了人们的视线。MSN 也很少有青少年使用。这种行为很难议论对错。因为创新是可以在模仿的基础上建立的。拿 QQ 来说，它一开始确实是模仿，但是不得不说，它的一些功能是有创新的。

参考范文

企业发展应该走创新之路

吕建刚　食饱饱

QQ成功的军功章上，刻着模仿的姓名，也刻着创新的功绩。但是，我认为，创新才是QQ成功的真正关键，企业发展应该走创新之路。

首先，我们得承认，模仿对企业的发展有作用。尤其是在企业发展的初期，模仿可以迅速让我们学会其他企业的先进经验，迅速弥补自身不足，帮助我们快速地追上行业领头羊，进而争取实现弯道超车。QQ其实就走了这么一条路。

但是，一味模仿不可取。一方面，一味模仿的产品一定是同质化的，而同质化的结果往往就是陷入价格竞争的泥潭，从而摊薄企业利润甚至无利可图；另一方面，习近平总书记提出"保护知识产权就是保护创新"，不难预测，未来我国在知识产权领域的保护力度会逐渐加强，想再像以前那样抄袭模仿就能赚钱，大概率是"此路不通"了。

可见，企业应该走创新之路。
其一，创新有利于形成差异化竞争优势。通过创新，可以让企业发现新需求、造出新产品，从而让企业走出红海，发现蓝海，从而提高利润。其实，分析腾讯的发展之路，从一开始的QQ，到后来的微信，他们在产品体验上的不断改进和创新才是成功的关键。

其二，创新有利于形成竞争壁垒。拥有知识产权的企业，可以凭专利权、商标权坐收渔利，甚至钳制竞争对手的发展。华为的芯片为什么陷入短缺，其实还是因为我们没有掌握芯片制造的核心技术。可见，想在市场上有真正的核心竞争力，创新必不可少。

引材料＋点明主题

模仿的好处
对企业发展有帮助
① 弥补自身不足
② 追赶行业领头羊

但模仿有危害
① 陷入同质化竞争、摊薄利润

因此，应该创新创新的好处（1）
形成差异化竞争
① 走出红海，发现蓝海，提高利润

创新的好处（2）
形成竞争壁垒
① 拥有核心竞争力

创新的好处（3）

形成积累优势

① 抢先一步拥有资源、机会、利益
② 完善创新机制、培养创新人才

其三，创新有利于形成积累优势。创新的过程既是累积资源的过程，也是壮大自己的过程。一方面，敢于创新并取得成果的企业会比别人先一步拥有更多资源，从而拥有更多的发展机会，并利用已有资源获得更多利益。另一方面，创新过程中完善了创新机制、培养了创新人才，这就很容易形成积累优势，进而做出更多的创新。这正是马太效应的原理。

总结全文

总之，模仿并非正道，企业发展还是应该走创新之路。

-------------------- 本文为非 A 推 B 式结构，全文共 737 字

母题 30 粗放式发展与高质量发展

1. 命题方向

高质量发展于 2017 年中国共产党第十九次全国代表大会首次提出，它表明中国经济由高速增长阶段转向高质量发展阶段。

党的十九大报告中提出的"建立健全绿色低碳循环发展的经济体系"为新时代下高质量发展指明了方向。高质量发展根本在于经济的活力、创新力和竞争力。而经济发展的活力、创新力和竞争力都与绿色发展紧密相连，密不可分。

高质量发展要求我们：

"1. 推动发展方式转变。改革开放之初，我国物资短缺，经济发展的主要任务就是通过数量追赶弥补短缺。经过改革开放 40 年的数量追赶，不少领域出现了产能过剩。在高质量发展阶段，经济发展面临的突出问题是生产过剩且产品质量不高，增强发展的质量优势成为新时代经济发展的关键，因此在发展方式上要实现从数量追赶转向质量追赶。

2. 实现产业体系和产业结构的转型升级。高质量发展要求，实现由要素密集型产业为主的产业体系，转向以技术和知识密集型产业为主的产业体系，从而促进我国产业向国际价值链的中高端迈进。同时，产品结构上要实现由目前低技术含量、低附加值产品为主的产品体系，转向高技术含量、高附加值的产品体系为主。❶

3. 打造环境友好型经济。过去一段时间，我国更多地依靠资源、资本、劳动力等要素投入，实现了经济快速增长和规模扩张，这种粗放型经济发展方式，造成了对资源和环境的破坏。高质量发展阶段的经济发展方式，必须把资源利用和环境代价考虑进去，要求在经济发展过程中加强生态环境保护，有效利用自然资源，避免过度开发，走绿色发展道路。"

从管理类联考和经济类联考的命题方向来看，直接考"高质量发展"这一话题的概率并不是很大，但是，涉及相关内容的可能性就较大。比如 2021 年经济类联考真题考的话题"可持续发展"，就和"高质量发展"相关。

---

❶ 引用自任保平《我国高质量发展的目标要求和重点》。

2. 解题思路

"高质量发展"这一母题，可以使用以下两种思路解题：

思路一，正面提倡式。即，高质量发展有好处——当然有困难——困难能克服。

思路二，非A推B式。即，粗放式发展有弊端——高质量发展有好处——因此，要高质量发展——提建议。

3. 结构导图

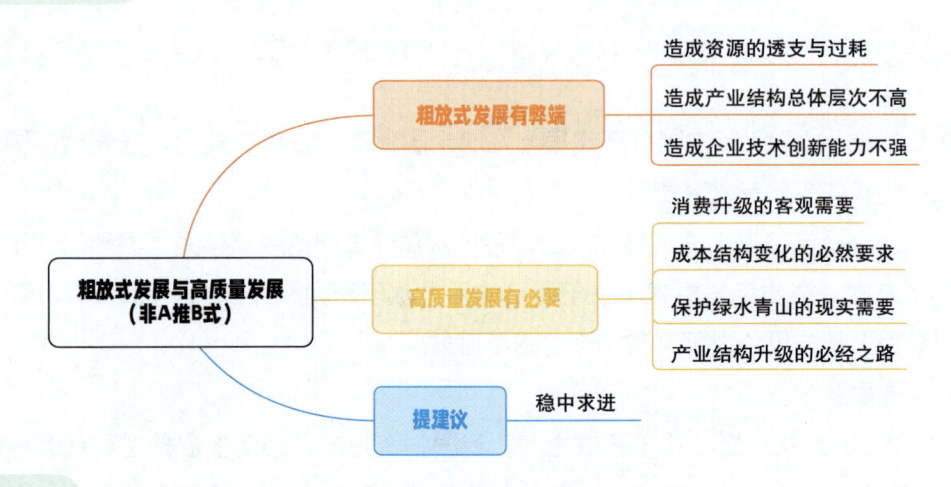

```
                              ┌─ 造成资源的透支与过耗
                 粗放式发展有弊端 ─┼─ 造成产业结构总体层次不高
                              └─ 造成企业技术创新能力不强

                              ┌─ 消费升级的客观需要
粗放式发展与高质量发展           ├─ 成本结构变化的必然要求
   （非A推B式）    高质量发展有必要 ┤
                              ├─ 保护绿水青山的现实需要
                              └─ 产业结构升级的必经之路

                 提建议 ── 稳中求进
```

4. 母段

结构	段落	母理或要点
粗放式发展有弊端	粗放式发展容易造成资源的透支与过耗。在粗放发展模式下，经济增长的特征是依靠增加生产要素量的投入来扩大生产规模。这就必然会消耗大量的资源，不利于资源的可持续开发和利用，有时候甚至会造成严重的环境污染。	造成资源的透支与过耗
	粗放式发展容易造成产业结构总体层次不高的问题。过去我国的产业结构以生产要素密集型产业为主，比如说劳动密集型产业，此类产业大多科技含量不足、附加值不高。而且，也出现过遇到新兴项目一拥而上，造成产能过剩的问题。	造成产业结构总体层次不高
	粗放式发展容易造成企业技术创新能力不强。粗放式发展中，不求最好，但求最快。投入大量的资源就可以带动行业或企业发展。这就造成技术创新不够、科研成果转化少等弊端。高新技术引进多而消化更新少，拥有自主知识产权的强势产业和企业很少，高新技术产品多处于"三来一补"型的低级阶段，附加值较低，出口效益不高。	造成企业技术创新能力不强

30 粗放式发展与高质量发展

结构	段落	母理或要点
高质量发展有必要	高质量发展是消费升级的客观需要。过去的消费，以模仿型、排浪式的消费为主。在这种消费模式下，部分居民同时达到同一消费热点，如自行车、手表、缝纫机、黑白电视机等产品都经历了这样的阶段。而随着经济的发展，消费逐渐走向高端化、个性化、多样化。在这样的消费趋势下，高质量的、引领创新的产品才能真正活下来、走出去。	消费升级的客观需要
	高质量发展是我国成本结构变化的必然要求。过去，我国的人口红利比较大，人力成本较低，因此我国在制造业尤其是劳动密集型产业上成本优势突出。但是，随着我国人口老龄化的逐渐加剧，农村富余劳动人口减少，靠人口规模驱动经济发展的难度就越来越大。因此，我们必须走高质量发展之路。	成本结构变化的必然要求
	高质量发展是保护绿水青山的现实需要。粗放式、资源驱动的经济发展模式，必然会造成资源过度开采，环境污染严重等一系列的副作用。但是，现在环境承载能力已达到或接近上限，资源驱动型的经济发展模式也难以永续存在，因此，就必须采取更加节能环保的高质量发展模式。	保护绿水青山的现实需要
	高质量发展是产业结构升级的必经之路。现在的市场竞争模型已逐渐由价格竞争转向重质量、重差异的竞争。在这样的市场环境下，必须通过研发创新、技术变革实现产业升级，使我国的产业结构逐渐向产业链的中上游转移，从而提高产品的竞争力和附加值。因此，我们必须走高质量发展之路。	产业结构升级的必经之路
提建议	坚持高质量发展，需要做到稳中求进。 稳，就是要稳就业、稳金融、稳外贸、稳外资、稳投资、稳预期，要稳住经济的基本盘，兜住基本民生的底线。 进，就是要着力推进高质量发展，大力振兴实体经济、激发各类市场主体活力、实施区域协调发展战略，推动新兴产业快速发展、传统产业加快升级。	稳中求进

5. 母题应用

（1）高质量发展

论说文：根据下述材料，写一篇 700 字左右的论说文，题目自拟。

过去我国的经济发展模式比较粗放，以资源、人力来驱动发展，成本低，发展快，取得了令世人瞩目的经济成就。但这一发展模式也有一些问题，比如说资源透支问题、环境污染问题，等等。可见，我们要走高质量发展之路。

227

高质量发展势在必行

吕建刚

粗放式的经济发展模式曾经取得过令世人瞩目的成就,但现在这一发展模式已不合时宜,我们要走高质量发展之路。

粗放式的发展存在一些弊端。一方面,这种发展模式容易造成资源的透支与过耗。在这种模式下,经济增长的特征是依靠增加生产要素量的投入来扩大生产规模,这就必然会消耗大量的资源,有时候甚至会造成严重的环境污染。另一方面,粗放式发展容易造成企业技术创新能力不强。粗放式发展过程中,不求最好,但求最快。投入大量的资源就可以带动行业或企业发展。这就带来了技术创新不够、科研成果转化少等弊端。

高质量发展是产业结构升级的必经之路。现在的市场竞争模型已逐渐由价格竞争转向重质量、重差异的竞争。在这样的市场环境下,必须通过研发创新、技术变革实现产业升级,使我国的产业结构逐渐向产业链的中上游转移,从而提高产品的竞争力和附加值。因此,我们必须走高质量发展之路。

高质量发展是保护绿水青山的现实需要。粗放式、资源驱动的经济发展模式,必然会带来资源过度开采,环境污染严重等一系列的副作用。而且,现在环境承载能力已达到或接近上限,资源驱动型的经济发展模式也难以永续存在,因此,就必须采取更加节能环保的高质量发展模式。

坚持高质量发展,需要做到稳中求进。

稳,就是要稳就业、稳金融、稳外贸、稳外资、稳投资、稳预期,要稳住经济的基本盘,兜住基本民生的底线。

进,就是要着力推进高质量发展,大力振兴实体经济、激发各类市场主体活力、实施区域协调发展战略，推动新兴产业快速发展、传统产业加快升级。

> ② 推动新兴产业发展、传统产业加快升级

习近平总书记说："新时代新阶段的发展必须贯彻新发展理念，必须是高质量发展。"坚持高质量发展，势在必行。

> 两句结尾
> 引用句+总结句

———————— 全文共 675 字

（2）习近平在西藏考察

论说文：根据下述材料，写一篇 700 字左右的论说文，题目自拟。

习近平指出，推动西藏高质量发展，保护好西藏生态环境，利在千秋、泽被天下。要牢固树立绿水青山就是金山银山、冰天雪地也是金山银山的理念，保持战略定力，提高生态环境治理水平，推动青藏高原生物多样性保护，坚定不移走生态优先、绿色发展之路，努力建设人与自然和谐共生的现代化，切实保护好地球第三极生态。

参考范文

走出符合西藏的高质量发展之路

食饱饱

这些年来，西藏各族群众生活和精神面貌都发生了很大变化，这得益于西藏地区的经济高速增长，人民共享脱贫攻坚成果。但是，经济发展带来的一些环境问题，也引起习总书记的重视，因此，要走出一条符合西藏实际的高质量发展之路。

> 引材料+点明主题

提高资源的利用效率、由贫至富本是一种循序渐进的社会发展方式，而粗放式发展却是一种透支未来支付现在的手段。在粗放发展模式下，经济增长的特征是依靠增加生产要素量的投入来扩大生产规模。这就必然会消耗大量的资源，不利于资源的可持续开发和利用，有时候甚至会造成严重的环境污染。

> **粗放式发展有弊端**
> 透支未来

而高质量发展是适应经济发展新常态的主动选择。西藏的经济发展进

> **高质量发展有必要**
> 适应经济发展新常态

229

入了新常态。在这一大背景下，我们要扬长避短，因地制宜，深化改革开放，加快铁路、公路及其他重大基础设施建设，发展特色产业，主动适应经济发展新常态。要牢固树立正确的政绩观，不单纯以 GDP 论英雄，不被短期经济指标的波动所左右，坚定不移走绿色发展之路，加快建设国家清洁能源基地。

提建议（1）
高质量发展离不开辩证法
① 量变质变理论

当然，推动高质量发展离不开辩证法的指导。经济发展是一个螺旋式上升的过程，上升不是线性的，量积累到一定阶段，必须转向质的提升，这是经济发展的规律使然，也合乎唯物辩证法的基本原理。我们要学好、用好辩证法，审时度势，科学设计，以辩证思维来处理推动高质量发展中遇到的各种矛盾关系。

提建议（2）
保持战略定力

具体来说，我们必须保持战略定力。坚持久久为功，统筹做好跨越关口、推动高质量发展的顶层设计和总体谋划，正确把握实现长远目标和做好当前工作的关系，发扬钉钉子精神，把经济发展各项工作做好做实。

总结全文

综上，坚持保护优先，守护好这里的生灵草木、万水千山，才能走出一条符合西藏实际的高质量发展之路。

------------------ 全文共 677 字

母题 31 效率与公平

1. 命题方向

实现社会公平是构建和谐社会的根本前提，高效率的发展是构建和谐社会的重要保证，构建社会主义和谐社会，必须协调好公平和效率之间的关系，这对进一步促进改革及社会的可持续发展有着非常重要的意义。在经济类联考中出现的"是否应该给穷人福利""减税降费"等话题中，也包含着对于效率与公平的讨论。

2. 解题思路

习近平主席曾在 2005 年发表的《坚持效率优先兼顾公平》一文中提出，"公平要建立在效率的基础上，效率也要以公平为前提才得以持续。"

"效率与公平"属于二者并重类的母题，可以用两种结构来写。

ABAB 式：既要注重效率——也要兼顾公平——最后提建议。

A 上加 B 式：效率要优先——当然只注重效率也会产生问题——因此需要兼顾公平——最后提建议。

3. 结构导图

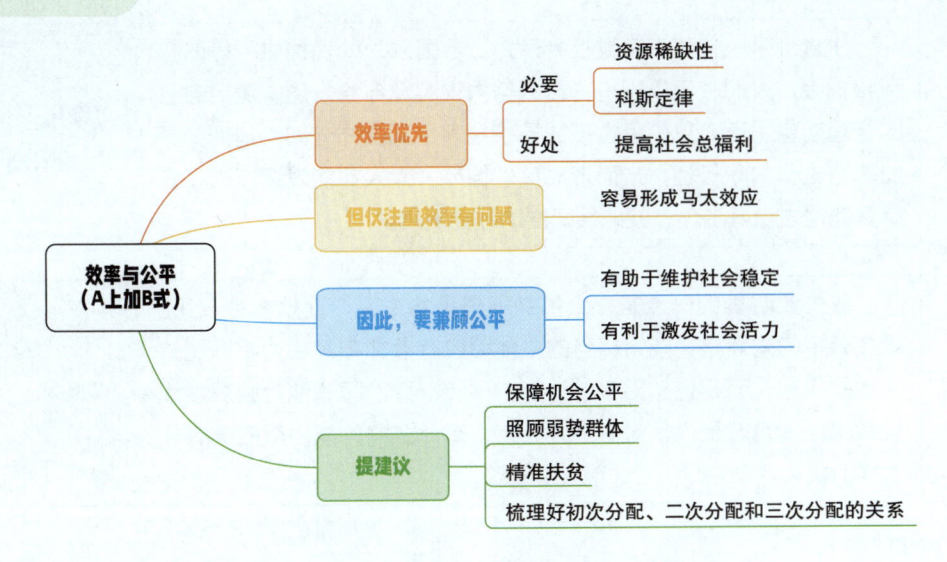

效率与公平（A上加B式）
- 效率优先
  - 必要
    - 资源稀缺性
    - 科斯定律
  - 好处
    - 提高社会总福利
- 但仅注重效率有问题
  - 容易形成马太效应
- 因此，要兼顾公平
  - 有助于维护社会稳定
  - 有利于激发社会活力
- 提建议
  - 保障机会公平
  - 照顾弱势群体
  - 精准扶贫
  - 梳理好初次分配、二次分配和三次分配的关系

4. 母段

结构	段落	母理或要点
效率优先	效率优先是由资源的稀缺性决定的。无论是哪一个国家，它所能掌握的资源都不是取之不尽，用之不竭的，想要让有限的资源发挥出最大的效用，创造出更多的价值，就要重视资源使用者的效率，将生产资源按"能"分配。	资源稀缺性
	想要让有限的社会资源发挥出最大的效用，就要在分配过程中注重效率。科斯定律告诉我们，同样的资源，谁用的好就归谁。将生产资源按"能"分配，才能把蛋糕做大。	科斯定律
	重视效率的优势在于，能够促进社会总福利的提高。这是因为，社会总福利是由生产力决定的，想要扩大生产力，就要专注于劳动生产率的提高，注重资源配置与社会分工。因此，重视效率能够"做大蛋糕"，增加整个社会可创造物质财富总量和整体经济福利。	提高社会总福利
只注重效率会出问题	只注重效率，很容易拉大强者与弱者之间的差距。马太效应告诉我们，先一步拥有更多资源的人，往往会有更多的发展机会，并可以利用已有资源获得更多利益。但"强者越强"侵蚀的是弱者的利益，过分强调效率而忽视公平，反而不利于和谐社会的建设及社会总福利的提高。	容易形成马太效应
兼顾公平	人民总是不公平，社会就会不太平。家国天下，物资贫瘠并不是最可怕的事情，最可怕的是劳动成果分配不均。"不患寡而患不均"便是这个道理。分配公平才能人心安定，人心安定才能社会和谐，社会和谐才能国家安定。	有助于维护社会稳定
	注重公平，有利于激发社会活力。若国家为公民提供平等的权利和机会，人们就可以通过各自的努力去实现自身发展，满足自己的合理期望。而自我价值实现的需求被满足又会充分调动他们要更加努力工作的积极性，从而形成良性循环。人人都能发挥所长，各尽其能地去做好工作，就能共同推动社会发展。	有利于激发社会活力
提建议	首先要明确的一点是，公平并不是平均主义，而是机会公平。机会公平的内涵是，能力相当的主体都应有参加与其能力相匹配的活动的权利，而不论其出身、性别、种族、身份和其他社会属性或自然属性。也就是说，对于个人而言，有什么样的能力就应该有什么样的机会。	保障机会公平

结构	段落	母题或要点
提建议	其次，公平也不是给予每个人同样的待遇，而是更多地照顾弱势群体。很多弱势群体的出现，并不是因为他们不努力，而是受客观条件所限，比如家庭环境、教育环境、地区经济环境等。社会若能够给弱势群体以更多的照顾、更多的政策倾斜，弥补其在追逐机会时的先天缺陷，这种看似的条件"不平等"，才是达成了结果上的公平。	照顾弱势群体
	我国的精准扶贫政策就是"兼顾公平"的体现。精准扶贫的对象为"贫困者"，属于社会中的弱势群体，而照顾弱势群体，给予其更多的政策倾斜，弥补其在追逐机会时的先天缺陷，这种看似的条件"不平等"，能真正促成结果上的公平。其次，精准扶贫通过科学评估、创新资源配置方法，有效解决了"如何扶"的问题，从而让贫困者真正享有在市场竞争中的公平机会，才能形成发展的自信，激发自力更生的发展意识，更公平地享有改革发展带来的机会，最终实现机会公平。	精准扶贫
	效率优先，兼顾公平，要梳理好初次分配、二次分配和三次分配的关系。 初次分配是根据土地、资本、劳动力、数据等各种生产要素在生产过程中的贡献进行分配。它主要体现效率优先的原则，谁把资源用得最好，谁的贡献最大，就应该拿最多的收益。 二次分配是政府通过税收或者非税收入，将社会财富进行再次分配。它主要体现公平的原则，比如说教育、卫生等公共事业的发展，都离不开二次分配。 三次分配要由高收入人群在自愿基础上，以募集、捐赠和资助等慈善公益方式对社会资源和社会财富进行分配，是对初次分配和二次分配的有益补充，有利于缩小社会收入差距，实现更合理的收入分配。	要梳理好初次分配、二次分配和三次分配的关系

5. 母题应用

（1）"公平"与"效率"之间的讨论

论说文：根据下述材料，写一篇 700 字左右的论说文，题目自拟。

关于"公平"与"效率"之间的关系有如下几种常见观点。

第一种观点认为，应继续坚持"效率优先，兼顾公平"的原则。第二种观点认为，当前应该实行"公平优先，兼顾效率"的收入分配政策。第三种观点认为，要逐步加重公平的分量，逐步实现从"效率优先，兼顾公平"向"效率与公平并重"或"公平与效率优化结合"

过渡。第四种观点认为，效率与公平是辩证统一的关系，有公平也就有了效率，效率有助于实现公平，探讨谁先谁后，是个类似于"鸡生蛋，蛋生鸡"的问题，是个伪问题，本身没有意义。你对此如何看待？

参考范文

效率与公平并重

吕建刚　花爷

引材料+点明主题

关于"公平和效率"的争论一直不断，在我看来，效率和公平对于推动社会发展、增加社会总福利都具有不可替代的作用。社会发展，应效率与公平并重。

重效率有必要
社会发展的要求
❶ 科斯定律

首先，注重效率是社会发展的必然要求。社会资源的稀缺性决定了重视效率的必要性。任何一种资源都不是取之不尽，用之不竭的，想要让有限的资源发挥出最大的效用，创造出更多的价值，就要重视资源使用者的效率，同样的资源，谁用的好就归谁，将生产资源按"能"分配。

重效率有好处
促进社会总福利的提高

其次，注重效率能够促进社会总福利的提高。社会总福利是由生产力决定的，想要扩大生产力，就要专注于劳动生产率的提高，注重资源配置与社会分工。因此，重视效率能够"做大蛋糕"，增加整个社会可创造物质财富总量和整体经济福利。

重公平的必要
克服只注重效率的副作用
❶ 照顾弱势群体，避免马太效应

注重效率能够把蛋糕做大，但想要把蛋糕分好，就要重视公平。

公平能够克服只注重效率带来的副作用。马太效应告诉我们，先一步拥有更多资源的人，往往会有更多的发展机会，并可以利用已有资源获得更多利益。但"强者越强"侵蚀的是弱者的利益，只有在高效生产的同时做到分配公平，给予弱势群体以更多的照顾、更多的政策倾斜，弥补其在追逐机会时的先天缺陷，才能真正促进和谐社会的建设及社会总福利的提高。

重公平也需注意

当然，公平并不是平均主义，而是机会公平。机会公平的内涵是，能力相当的主体都应有参加与其能力相匹配的活动的权利，而不论其出身、性别、种族、身份和其他社会属性或自然属性。机会公平对于个人而言，就是有什么样的能力就应有什么样的机会。

重公平也需注意
并非平均主义，而是机会公平

因此，效率与公平并重才是最好的选择。效率，是指生产上要注重效率；公平，是指分配时要注重公平。公平与效率并重，才能做大蛋糕、分好蛋糕。

总结全文

------------------- 本文为 ABAB 式结构，全文共 665 字

（2）**给穷人提供福利**

论说文：根据下述材料，写一篇 700 字左右的论说文，题目自拟。

国家是否应该给穷人提供福利存在较大的争论。

反对者认为：贪婪、自私、懒惰是人的本性。如果有福利，人人都想获取。贫穷在大多数情况下是懒惰造成的。为穷人提供福利相当于把努力工作的人的财富转移给了懒惰的人。因此，穷人不应该享受福利。

支持者则认为：如果没有社会福利，穷人则没有收入，就会造成社会动荡，社会犯罪率会上升，相关的支出也会增多。其造成的危害可能大于提供社会福利的成本，最终也会影响努力工作的人的利益。因此，为穷人提供社会福利能够稳定社会秩序，应该为穷人提供福利。

参考范文

给穷人提供福利势在必行

吕建刚

针对是否应该为穷人提供福利这个问题，支持者和反对者各执一词，激烈争论。我认为，给穷人提供福利势在必行。

引材料 + 点明主题

首先，给穷人提供福利，有助于社会和谐稳定。穷人也是人，也有权利追求更好的教育、更稳定的工作、更满意的收入、更可靠的社会保障、更高水平的医疗卫生服务、更舒适的居住条件，等等。如果穷人的基本生

提供福利有好处（1）
有助于社会和谐稳定

活条件得不到满足，就容易埋下社会动荡的种子。因此，给穷人提供福利，减小贫富差距有助于社会稳定。

提供福利有必要（2）
有助于促进社会公平

其次，给穷人提供福利，有助于促进社会公平。穷人通常会因先天或后天上一些自身无法克服的原因，而无法得到和其他群体相同的竞争机会。如果能给他们提供一些福利、创造一些机会，给一些政策上的倾斜和照顾，弥补其在追逐机会时的先天缺陷，这种看似的条件"不平等"，才是达成了结果上的公平。

提供福利也有问题
① 降低企业利润
② 影响企业家劲头
③ 影响社会运行效率

当然，有人担心给穷人提供福利会带来一些问题。比如，所有的福利归根结底是来源于税收或其他形式的财富转移。这样就可能降低企业的利润空间，影响企业家创富的劲头，从而影响社会运行效率。

提方案
① 初次分配注重效率（价值最大化）
② 二次分配注重公平（给穷人提供福利）
③ 倡导三次分配（发挥慈善事业的力量）

但实际上，我们国家对这一问题进行了很好的顶层设计：

首先，初次分配注重效率。发挥市场这只"看不见的手"的作用，把资源分配给有能力的个人和企业，将资源的价值最大化，允许一部分人先富起来。

其次，二次分配注重公平。发挥政府这只"看得见的手"的作用，通过合理的制度安排，给穷人提供一定的福利，并保障穷人发展的机会，从而促进社会公平。

最后，倡导三次分配。引导高收入人群在自愿基础上，以募集、捐赠和资助等慈善公益方式对社会资源和社会财富进行分配，从而缩小社会差距，实现更合理的收入分配。

总结全文

综上所述，给穷人提供福利利大于弊，应该实行。

-------------------- 本文为正面提倡式结构，全文共 684 字

母题 32 高税负与减税降费

1. 命题方向

国务院总理李克强 2020 年 5 月 22 日在作政府工作报告时说，要加大宏观政策实施力度，着力稳企业保就业。加大减税降费力度，强化对稳企业的金融支持，推动降低企业生产经营成本，保障就业和民生，必须稳住上亿市场主体，尽力帮助企业特别是中小微企业、个体工商户渡过疫情难关。

2. 解题思路

针对"高税负与减税降费"这个主题，我们可以采取"非 A 推 B 式"的行文结构：高税负政策有弊端——减税降费有好处——做好减税降费工作（提建议）。

3. 结构导图

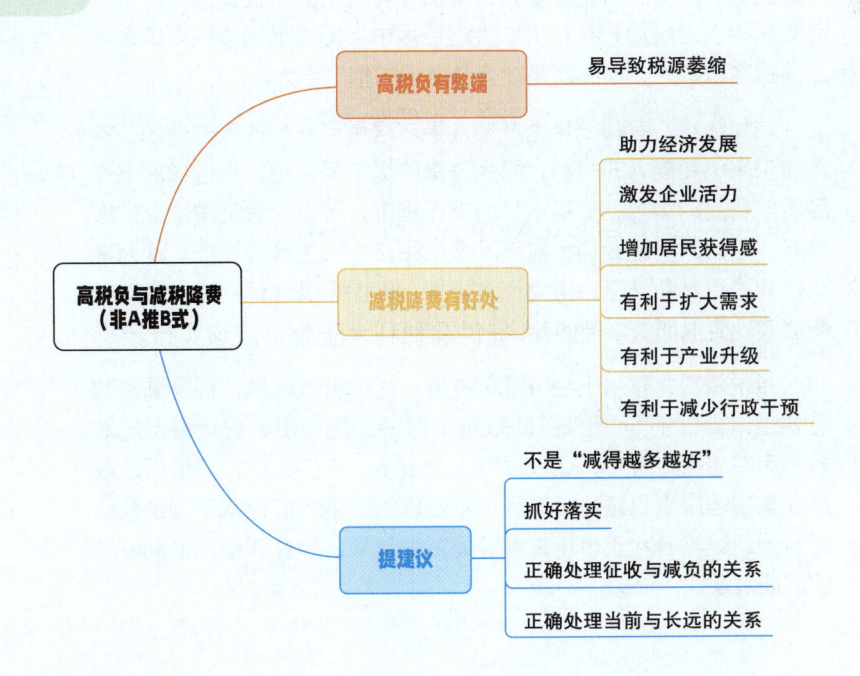

高税负与减税降费（非A推B式）

- 高税负有弊端
  - 易导致税源萎缩
- 减税降费有好处
  - 助力经济发展
  - 激发企业活力
  - 增加居民获得感
  - 有利于扩大需求
  - 有利于产业升级
  - 有利于减少行政干预
- 提建议
  - 不是"减得越多越好"
  - 抓好落实
  - 正确处理征收与减负的关系
  - 正确处理当前与长远的关系

4. 母段

结构	段落	母理或要点
高税负有弊端	高税率往往会产生"杀鸡取卵"的效果。过高的税率将会直接降低企业收入，挫伤企业家的积极性，由此导致税源萎缩。短时间看，提高税率虽然增加了"蛋"，但同时也伤害了生蛋的"鸡"。	导致税源萎缩
减税降费有好处/有必要	"减税降费"是目前经济形势下，我国的必行之策。在疫情防控常态化背景下，全球经济增速放缓，极大地影响了我国国际贸易的发展。而此时的"减税降费"政策，不仅可以使企业获利，更可以起到促进国内消费，拉动内需的作用，由此稳固"三驾马车"的经济助力效应。	助力经济发展
	减税降费，有利于激发企业活力。如今的减税政策，能明显地降低企业的成本，这将大大缓解一些企业的资金压力。资金压力较小的企业，则可以把这一部分节省下来的税金用于研发及扩大生产，进一步提升企业的竞争力、扩大整体收入，也使得国家的总体税收有所增加。	激发企业活力
	减税降费，有利于增加居民获得感。提高个人所得税起征点，其意义不仅仅在于减轻居民个人税负，提高居民消费能力，更重要的是可以让更多居民切切实实享受到减税的成果，让人民从经济发展中收获更多的"获得感"。	增加居民获得感
	减税降费，有利于扩大需求。减税降费，可增加企业和个人的可支配收入。企业可支配收入的增加，有利于扩大投资需求。个人可支配收入的增加，有利于扩大消费需求。无论是投资需求扩大还是消费需求扩大，最终都是社会总需求的相应扩大。	有利于扩大需求
	减税降费，有利于带动产业升级。居民可支配收入的增加，将直接带来消费能力的提高，居民消费的增加又会进一步增加对更高品质消费品的需求。更高水平的市场需求，不仅仅会刺激企业扩大生产，更会激励企业加大对高品质产品研发和生产的投入，从而带动行业进行产业升级，推动经济转型，确保经济在保持稳定的同时能够实现更高质量发展的目标。	有利于产业升级
	减税降费，有利于经济健康发展。降低行政收费，则意味着政府要过"紧日子"，把省下的钱用于保障民生支出，把社会财富更多地用在老百姓身上，让人民过上好日子。不仅如此，降低行政收费在某种程度上也意味着对经济不合理的、多余的行政干预也会随之减少，这将有利于市场在资源配置中起到决定性作用，推动经济的健康发展。	可以减少行政干预

32 高税负与减税降费

结构	段落	母理或要点
提建议	当然,"减税降费"也不是"减得越多越好",而是减免的力度、释放的红利与企业成长、公共服务和居民消费相互适应、彼此协调。同时,为避免某些企业借用政策牟利,政府也应制定规则制度,严惩投机取巧的行为,进而营造有法可依、违法必究的行商环境,保障守法企业的利益。	不是"减得越多越好"
	把减税降费这件大事办妥,需投入更多精力、下更大气力抓落实。一方面要继续加大减负力度,推动各项减税改革在经济和社会生活中落地。另一方面,要加大问责力度,防范政策落实不到位的情况。	抓好落实
	把减税降费这件大事办妥,需要正确处理征收与减负的关系。当前,税收在国家治理中的基础性、支柱性、保障性作用日益凸显。这就要求我们既要坚持组织收入原则,依法组织税收收入,为经济社会发展提供必要财力保障,又要坚决落实各项减税降费政策,努力做到应享尽享,持续释放政策红利。	正确处理征收与减负的关系
	把减税降费这件大事办妥,需要正确处理当前与长远的关系。实施更大规模的减税降费,从短期来看,会减少当前财政收入;但从长期来看,这对减轻企业负担,激发微观主体活力,促进经济持续健康发展具有重要意义。因此,对于减税降费工作需要提升站位、胸怀全局,不能只算眼前的、局部的小账,而要算长远的、整体的大账。	正确处理当前与长远的关系

5. 母题应用

(1) 减税降费

论说文:根据下述材料,写一篇700字左右的论说文,题目自拟。

近年来,减税降费成为政府施政的高频词。李克强总理在2020年政府工作报告中指出,2019年我国减税降费2.36万亿元,超过原定的近2万亿元规模,制造业和小微企业受益最多。但有人认为这会使得税收总额降低,减少政府公共服务质量。

"放水养鱼"而非"杀鸡取卵"

吕建刚

引材料+点明主题

在前几年国家就已出行"减税降费"政策，2019年以来力度越来越大，有人认为这会使得税收总额降低，减少政府公共服务质量。实则不然，从长远来看，此举是"放水养鱼"而非"杀鸡取卵"。

高税率有弊端
"杀鸡取卵"
① 降低企业收入
② 挫伤企业家的积极性
③ 税源萎缩

高税率往往会产生"杀鸡取卵"的效果。时至当前，中国经济正处于转型期，增长压力较大，市场主体活力亟待更大程度释放。只有市场主体有活力，才能增强中国经济的内生发展动力，进而稳固社会的稳定。而过高的税率将会直接降低企业收入，挫伤企业家的积极性，由此导致税源萎缩。短时间看，提高税率虽然增加了"蛋"，但同时也伤害了生蛋的"鸡"。

减税降费有好处
"放水养鱼"
① 为企业减负，增利
② 有利于国家总税收增加

"减税降费"实则是在"放水养鱼"。企业税费的减少，能直接减轻企业的负担，增加企业的营收，因而企业会有更多的资金用于研发及扩大生产，并进一步扩大整体收入，也使得国家的总体税收有所增加。所以，虽然"减税降费"看似放了"水"，实际上是为了养更多的"鱼"。

减税降费有必要
当前经济形势的要求
① 疫情影响国际贸易
② 拉动内需，刺激消费

另外，"减税降费"是目前经济形势下，我国的必行之策。我们知道，经济增长有三驾马车：投资、出口、消费。而当前的新冠疫情影响了我国进出口贸易的发展。此时的"减税降费"政策，不仅可以使企业获利，更可以起到促进国内消费，拉动内需的作用，由此稳固"消费"这驾马车的经济拉动作用。

提建议
① 适度减免
② 制定规则

当然，"减税降费"也不是"减得越多越好"。而是减免的力度、释放的红利与企业成长、公共服务和居民消费相互适应、彼此协调。同时，为避免某些企业借用政策牟利，政府也应制定规则制度，严惩投机取巧的行为，进而营造有法可依、违法必究的行商环境，保障守法企业的利益。

放水养鱼，还富于民。减税降费，减的是税费，增的是蒸蒸日上的美好未来。

总结全文

------------------ 全文共 663 字

（2）减税政策

论说文：根据下述材料，写一篇 700 字左右的论说文，题目自拟。

随着新一轮减税降费举措政策的密集落地，我国减税政策掷地有声，请你就此谈谈看法。

参考范文

减税降费促高质量发展

芦苇　江徕

我国经济已由高速增长阶段转向高质量发展阶段。"减税降费"着眼于降低企业经营负担，为企业转型升级创造良好外部条件，对于推动实现高质量发展具有特别重要的意义。

引材料＋点明主题

税负过高不利于企业的发展。因为，这会加重企业的负担，影响企业的利润。主要体现在以下两方面：一是可能影响企业家创富的劲头，二是减少了企业可以用于投入再生产的资金，这样就不利于提高劳动生产率。

高税负有弊端
不利于企业发展
① 影响企业家创富的劲头
② 减少了企业可以用于投入再生产的资金

减税降费有利于增加居民获得感。调高起征点和调整税率将释放减税效应，尤其是月薪两万以下收入群体的减税效应更加明显，这样会提高居民的生活水平，提高生活的满意度。而且，我们知道，经济增长有三驾马车：投资、出口、消费。减税之后，广大群众有更多的收入去消费，这在客观上会刺激国内消费的持续增长，从而拉动经济的增长。

减税降费有好处
增加居民获得感
① 提高居民生活水平
② 刺激消费，拉动经济

减税降费有利于缓解企业压力。如今的减税政策，能明显地降低企业的成本，这就大大释放了一些企业的资金压力。这会在两个方面产生利好：一方面，企业可以把这一部分节省下来的税金用于研发以及扩大生产，进

减税降费有好处
缓解企业压力
① 有利于投入再生产
② 有利于扩大税源

一步提升企业的竞争力、扩大整体收入；另一方面，企业有活力，发展得好，也有利于扩大国家的税收来源，有利于形成"降了税率，增了税收"的结果。

提建议
正确处理征收与减负的关系

把减税降费这件大事办妥，需要正确处理征收与减负的关系。当前，税收在国家治理中的基础性、支柱性、保障性作用日益凸显。这就要求我们既要坚持组织收入原则，依法组织税收收入，为经济社会发展提供必要的财力保障，又要坚决落实各项减税降费政策，努力做到应享尽享，持续释放政策红利。

总结全文

总之，减税降费改革如同"放水养鱼"，在全面建立一个更加公正、简明、高效税收制度的同时，也必将为高质量发展注入新活力。

------------------- 全文共 677 字

母题33 垃圾集中处理与分类处理

1. 命题方向

习近平总书记强调:"实行垃圾分类,关系广大人民群众生活环境,关系节约使用资源,是社会文明水平的一个重要体现。"近年来,我国加速推行垃圾分类制度,全国垃圾分类工作由点到面、逐步启动、成效初显,取得了一定的积极进展。

但与此同时,垃圾分类也面临着一些挑战和不足。例如,由于群众的垃圾分类意识尚未完全形成,无法正确地进行垃圾分类;部分企业嫌麻烦、省成本,不愿意参与到垃圾分类的行动中;甚至有部分地区,由于垃圾处理能力严重不足,垃圾乱堆乱弃、非法填埋或就地焚烧等乱象频发。这都说明,目前,我国垃圾分类覆盖范围还很有限,垃圾分类收运和处置设施依然存在短板,群众对垃圾分类的思想认识仍有不足。全面做到垃圾分类回收,实际上还有很长的路要走。政府需要加强引导、因地制宜、持续推进,企业和群众需要增强责任意识、形成环保观念、自觉主动践行,只有所有人同参与、共努力,才能让群众期盼的良好生态环境从蓝图落为现实。

2. 解题思路

"垃圾分类"这个母题,属于近年来的新兴热门话题,与"细节、诚信、创新"等传统母题相比,可以通用的实例素材和万能句式比较有限。如果采用"利大于弊式"或"现象分析式"的行文结构,很有可能由于素材积累有限而导致字数不达标或是论据不够有力。

与"垃圾分类处理"相对的是"垃圾集中处理",建议大家采用"非A推B式"的行文结构:垃圾集中处理有坏处(所以不能采用),而垃圾分类处理有好处(所以要实行),在垃圾分类的过程中也会遇到一些问题(如果字数够了,这一部分可以省略不写),然后提出建议、给出方案。

3. 结构导图

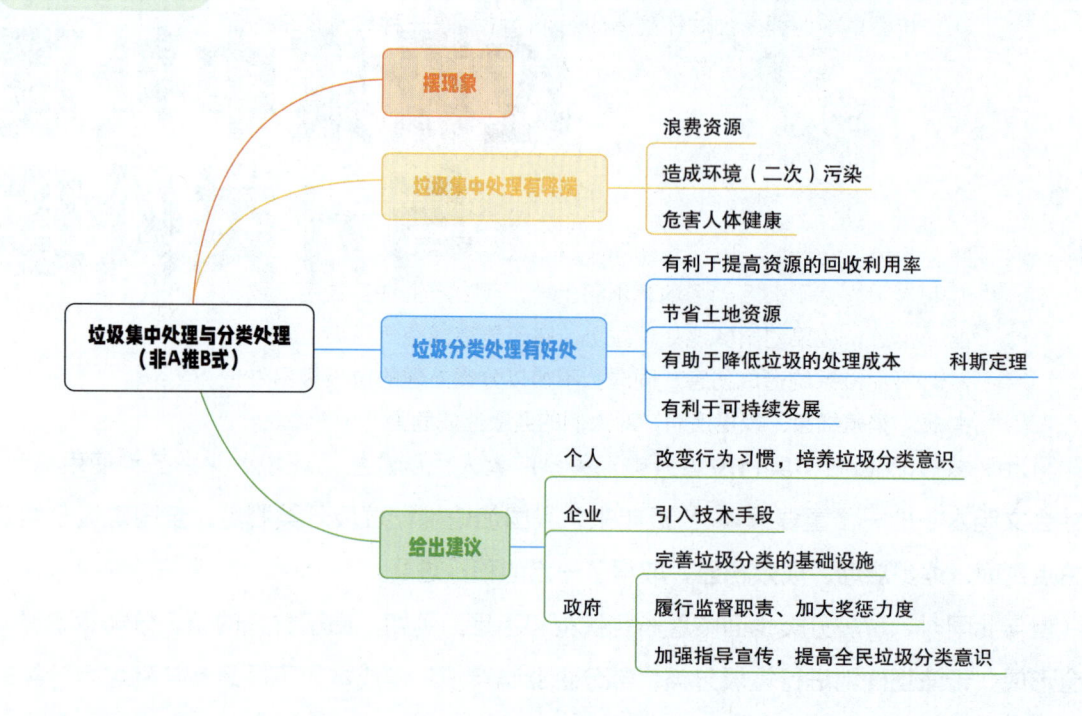

```
                            摆现象
                                            浪费资源
                            垃圾集中处理     造成环境（二次）污染
                            有弊端           危害人体健康

垃圾集中处理与分类处理                      有利于提高资源的回收利用率
（非A推B式）                                节省土地资源
                            垃圾分类处理    有助于降低垃圾的处理成本 —— 科斯定理
                            有好处           有利于可持续发展

                                      个人   改变行为习惯，培养垃圾分类意识
                                      企业   引入技术手段
                            给出建议            完善垃圾分类的基础设施
                                      政府   履行监督职责、加大奖惩力度
                                              加强指导宣传，提高全民垃圾分类意识
```

4. 母段

结构	段落	母理或要点
摆现象	近年来，我国已成为全球垃圾治理压力最大的国家之一。据住建部的调查数据显示，目前全国有三分之二以上的城市已经被垃圾包围，四分之一的城市已经没有合适的场所堆放垃圾。"垃圾围城"的现象愈演愈烈。旧垃圾尚未处理，新垃圾便在路上，如此垃圾越堆越多，使土地受到严重侵占和污染，环境状况每况愈下。	现象
垃圾集中处理有弊端	垃圾集中处理，会极大地浪费资源。1吨废塑料可回炼600公斤的柴油；1 500吨废纸，经回收重新利用后，可免于砍伐用于生产1 200吨纸的林木。生活垃圾中有30%~40%的资源可以回收利用，如果不进行分类处理、回收，这些珍贵的资源就会被视为垃圾，造成极大的资源浪费。	浪费资源
	垃圾集中处理，会造成严重的环境污染。垃圾中的有害成分易经雨水冲入地面水体，在垃圾堆放或填坑过程中，还会产生大量的有机污染物，同时将垃圾中的重金属溶解出来。垃圾直接弃入河流、湖泊或海洋，则会引起更严重的水资源污染。	造成环境污染

244

33 垃圾集中处理与分类处理

结构	段落	母理或要点
垃圾集中处理有弊端	垃圾集中处理，会对环境造成污染。垃圾是一种成分复杂的混合物，在运输和露天堆放过程中，有机物分解不仅会产生恶臭，还会向大气释放出大量的氨、硫化物等污染物，这些释放物中含有许多致癌、致畸物。此外，填埋的垃圾需要近百年才能降解，而焚烧垃圾所产生的颗粒物和残渣不仅无益于环境保护，还会造成二次污染。	造成环境污染
	垃圾集中处理，会对人体健康造成危害。垃圾填埋时，化学物质可能泄露，不仅污染了地下水和土地，还会产生许多致癌、致畸物；此外，如果利用焚烧处理垃圾，有可能造成空气污染，对人体的呼吸免疫系统造成伤害；同时，不加以分类处理的垃圾极易滋生蚊蝇、繁殖细菌、传播疾病，对人们的健康造成危害。	对人体健康造成危害
垃圾分类处理有好处	垃圾分类有利于提高资源的回收利用率。从前人们没有垃圾分类的意识，将有用的、无用的，有毒的、无毒的垃圾都丢在一起，使许多本可以变废为宝的物品难以被发现和回收。将垃圾分类，能增加材料回收利用的可能性和可行性，有助于实现由高能耗社会到低能耗社会的转型，提高资源的回收利用率。	提高资源的回收利用率
	垃圾分类可以有效地节省土地资源。垃圾填埋和垃圾堆放等垃圾处理方式，不仅占用了土地资源，而且垃圾中不易降解的有害物质，还会使土地受到严重侵蚀。将垃圾分类，去掉可以回收的、不易降解的物质，可以有效减少垃圾数量、减少垃圾占地面积，提高土地利用率。	节省土地资源
	垃圾分类有助于降低垃圾的处理成本。科斯定律有言："谁避免意外所付出的成本越低，谁的责任就越大。"个人和企业分拣少量垃圾所耗费的精力，要远远少于海量垃圾混合后再进行分类的时间。所以，个人和企业应该肩负起垃圾分类的主要责任。	降低垃圾的处理成本（科斯定理）
	垃圾分类的过程，就是保护经济社会发展潜力和后劲的过程。企业践行垃圾分类、环境保护，可以把生态环境优势转化成为经济发展的优势，有利于企业和社会的长远持续发展。	有利于可持续发展
给出建议	做好垃圾分类，转变垃圾处理观念是关键。垃圾分类的重难点，在于日常生活垃圾分类，这不但需要建立规范标准、提供设施保障，还需要群众改变长年累月形成的生活习惯。垃圾分类需要所有人同参与、共努力，只有每户家庭、每个人都能够养成自觉进行垃圾分类的行为习惯，才能保证垃圾分类处理链条的有序运行。	个人：改变行为习惯，培养垃圾分类意识

结构	段落	母理或要点
给出建议	想要更好地践行垃圾分类，需要引入技术手段。例如，要淘汰落后的生产技术，大力推进新技术应用和产能优化升级，扩大高科技手段在环保领域的应用，通过引入垃圾智能收集、分类系统等方式，推动垃圾分类工作由人工管理迈入智能化管理新时代，以科技创新引领环境保护。	企业：引入技术手段
	垃圾分类，需要政府尽快完善垃圾分类的基础设施。政府要尽快建成、健全全链条的垃圾分类处理系统，只有垃圾分类处理系统的各个主体都承担起垃圾分类的责任和义务，各环节协同一致，才能确保垃圾分类从投放、收集、中转贮存、清运到最终处理的每个环节都得到实现，从根本上落实垃圾分类。	政府：完善垃圾分类的基础设施
	做好垃圾分类，需要政府加强监管。政府要强化垃圾分类执法处罚，围绕垃圾未分类投放问题，实施全面覆盖的执法检查，促进企业和个人养成垃圾分类习惯。对于检查发现的问题，现场能整改的，督促社区、企业立即整改；不能现场整改的，责令限期整改，并严格落实分类指导和及时清运等前端管理责任，确保问题整改到位。对于屡教不改、恶意违法的个人和企业，坚决予以立案处罚。	政府：履行监督职责、加大奖惩力度
	做好垃圾分类，需要政府强化宣传。政府要多渠道、全方位地开展垃圾分类宣传活动，引导群众自觉参与生活垃圾分类工作，从源头上养成绿色生活习惯，减少垃圾产生量。	政府：加强指导宣传，提高全民垃圾分类意识

5. 母题应用

（1）上海实行垃圾分类

论说文：根据下述材料，写一篇 700 字左右的论说文，题目自拟。

上海实行垃圾分类以来，网友议论纷纷。支持者认为垃圾分类有助于环保，反对者认为垃圾分类给自己的生活造成了负担，还是应该集中处理垃圾。

垃圾分类，势在必行

吕建刚　花爷

上海推行的垃圾分类政策引发了广泛的讨论，有人大力支持，有人极力反对。在我看来，垃圾分类是污染管理的先行条件，垃圾分类，势在必行。

集中处理垃圾不可行。从前我们处理垃圾都是"一窝端"，将其大量填埋与焚烧，看似简单易行却祸根深种。填埋的垃圾需百年降解，而焚烧产生的颗粒物和残渣不仅无益于环境保护，更造成了二次污染。

垃圾分类有利于提高资源的回收利用率。从前人们没有垃圾分类的意识，将有用的、无用的，有毒的、无毒的垃圾都丢在一起，使许多本可以变废为宝的物品难以被发现和回收。将垃圾进行分类，能增加材料回收利用的可能性和可行性，有助于实现由高能耗社会到低能耗社会的转型，提高资源的回收利用率。

垃圾分类有助于降低垃圾的处理成本。这是因为，个人提前分拣少量垃圾所耗费的精力远少于海量垃圾混合后再进行分类的时间。而且，将垃圾分门别类后，就可以规模化处理，这就形成了规模效应，降低了垃圾处理的成本。

垃圾分类的推行阻力重重，大多是因为人们认为垃圾处理的工作与自己无关，每天花三分钟进行垃圾分类是不值当的行为。非也。"公共地悲剧"告诉我们，每个人的不作为将导致环境的大恶化。而小作为一开始看起来费时费力，但一旦度过学习期便会习惯成自然，从三分钟到三十秒也许只需要三天光景。

提建议	想要更正人们旧有的习惯，需要借助外部的力量辅助执行。政府应当制定清晰的标准和明确的规则，将社会大责任量化为个人小责任；环境部门也要履行自己的监督职责，实施合理的奖惩制度，让大家愿意分类、支持分类。
① 制定标准、明确规则	
② 做好监督、实施奖惩制度	
两句结尾	垃圾分类功在当代，利在千秋。垃圾分类，势在必行。

------- 全文共 646 字

（2）以垃圾分类引领的"绿色革命"

论说文：根据下述材料，写一篇 700 字左右的论说文，题目自拟。

2019 年起，全国地级及以上城市全面启动了生活垃圾分类工作。2020 年年底，基本建立了垃圾分类相关法律法规和标准体系，上海、宁波等多地紧锣密鼓立法推进，以垃圾分类引领的"绿色革命"转型已在路上。

参考范文

做好垃圾分类，推动绿色发展

吕建刚　花爷

引材料＋点明主题	近年来，我国垃圾分类治理按下了快进键，上海、宁波等多地紧锣密鼓立法推进。全国垃圾分类工作由点到面逐步启动，成效初显。垃圾分类，势在必行。
垃圾分类有好处（1）提高资源的回收利用率	垃圾分类有利于提高资源的回收利用率。从前人们没有垃圾分类的意识，将有用的、无用的，有毒的、无毒的垃圾都丢在一起，使许多本可以变废为宝的物品难以被发现和回收。将垃圾分类，能增加材料回收利用的可能性和可行性，有助于实现由高能耗社会到低能耗社会的转型，提高资源的回收利用率。
垃圾分类有好处（2）节省土地资源	垃圾分类可以有效地节省土地资源。垃圾填埋和垃圾堆放等垃圾处理方式，不仅占用了土地资源，而且垃圾中不易降解的有害物质，还会使土

地受到严重侵蚀。将垃圾分类，去掉可以回收的、不易降解的物质，可以有效减少垃圾数量、减少垃圾占地面积，提高土地利用率。

垃圾分类有助于降低垃圾的处理成本。科斯定律有言："谁避免意外所付出的成本越低，谁的责任就越大。"个人和企业分拣少量垃圾所耗费的精力，要远远少于海量垃圾混合后再进行分类的时间。所以，个人和企业应该肩负起垃圾分类的主要责任。

垃圾分类有好处（3）
降低处理垃圾的成本

做好垃圾分类，要从以下两个方面下手：
一要尽快完善垃圾分类的基础设施。政府要尽快建成、健全全链条的垃圾分类处理系统，只有垃圾分类处理系统的各个主体都承担起垃圾分类的责任和义务，各环节协同一致，才能确保垃圾分类从投放、收集、中转贮存、清运到最终处理的每个环节都得到实现，从根本上落实垃圾分类。

提建议
① 完善基础设施
② 制定清晰的标准和明确的规则

二要制定清晰的标准和明确的规则。政府要建立健全法律监督体系，让践行垃圾分类者得甜头、让逃避垃圾分类者吃苦头。通过法律法规的制定，提高对垃圾乱扔、垃圾未分类等违法违规行为的发现率、追溯率和处置率，进一步提升精准执法效能。

垃圾分类功在当下，利在千秋。做好垃圾分类，推动绿色发展，势在必行。

两句结尾

------------------ 本文为正面提倡式结构，全文共 726 字

249

附录
论证有效性分析
全 文 技 巧

第1章 论证有效性分析的全文结构

第1节 字数要求与结构安排

1. 字数要求

论证有效性分析要求写600字左右,但这个"600字"并不是实际字数。具体计算方式如下:

答题卡上的写作部分给的是格子纸,每行是20格。在第30行的右下角会有一个600字的提示。也就是说,我们只要写到了第30行,即够字数。去掉空格和标点,你实际需要写的字数约为540字~560字。

假定我们正好写了30行,其中标题占1行,开头占3行,结尾占2行,正文还需要写24行。

根据阅卷标准,考生需要找到并分析4个逻辑错误,这样即可评为二类卷或一类卷。因此,正文部分至少要写4段。当然,在不确定自己写的4点都正确的情况下,写5段可以提高容错率。

2. 四段式结构

四段式结构中,正文每段只需要写6行,也就是100~120字即可。当然,实际行文中不一定每段如此平均,稍微短一些或长一些,写5~7行均可。

正文的段首使用表示顺序的词语,如首先、其次、再次、另外;第一、第二、第三、第四;首先、次之、再次之、最后,等等。

结构如下表所示:

标题（如：一篇似是而非的论证）				
段落	内容	行数	字数
开头	上述材料的论证存在多处不当,分析如下:	2~3行	40~60字
正文1	首先,谬误1分析	6行	约110字
正文2	其次,谬误2分析	6行	约110字
正文3	再次,谬误3分析	6行	约110字
正文4	最后,谬误4分析	6行	约110字
结尾	综上所述,材料的结论难以成立。	1~2行	20~40字

3. 五段式结构

五段式结构中,正文每段只需要写5行,也就是80~100字即可。当然,实际行文中也可适当增减。

结构如下表所示：

段落	内容	行数	字数
标题（如：一篇似是而非的论证）			
开头	上述材料的论证存在多处不当，分析如下：	2~3 行	40~60 字
正文 1	首先，谬误 1 分析	5 行	约 90 字
正文 2	其次，谬误 2 分析	5 行	约 90 字
正文 3	再次，谬误 3 分析	5 行	约 90 字
正文 4	而且，谬误 4 分析	5 行	约 90 字
正文 5	最后，谬误 5 分析	5 行	约 90 字
结尾	综上所述，材料的结论难以成立。	1~2 行	20~40 字

4. 双方辩论式结构

如果出现双方辩论式材料，建议使用以下结构：

段落	内容	行数	字数
标题（如：岂能如此辩论）			
开头	上述材料中，甲、乙双方就……这一问题展开了针锋相对的辩论，然而，双方的辩论都存在一些逻辑漏洞。	2~3 行	40~60 字
正文 1	从甲方来看，主要逻辑问题有： 先将正方的逻辑漏洞分析如下：	1 行	20 字以内
正文 2	首先，甲方认为……，存在不当，因为……	5 行	约 90 字
正文 3	其次，甲方由……推出……，难以成立，因为……	5 行	约 90 字
正文 4	从乙方来看，主要逻辑问题有： 再看一下反方的逻辑漏洞：	1 行	20 字以内
正文 5	第一，乙方存在不当类比，……	5 行	约 90 字
正文 6	第二，乙方在概念的使用上也有混淆，……	5 行	约 90 字
结尾	综上所述，甲、乙双方的论证都存在谬误，其争论的有效性值得怀疑。	2 行	20~40 字

第2节 标题、开头与结尾的写法

本节讲授标题、开头和结尾的写作技巧。正文部分由于最为重要，本书将其独立成章，放在第 2 章中进行讲授。

1. 标题的写作技巧

1.1 疑问式标题

疑问式标题即找到全文的核心论点，直接对论点发出质疑。
标题公式为：

$$材料的论点 + 吗$$

例如：
《眼见未必为实吗》（2021 年管理类联考真题）
《冰雪运动中心一定赚钱吗》（2020 年管理类联考真题）
《金融业产生革命性变化了吗》（2020 年经济类联考真题）
《政府不必干预生产过剩吗》（2015 年管理类联考真题）
《治堵必须要迁都吗》（2011 年经济类联考真题）

1.2 未必式标题

未必式标题即找到全文的核心论点，中间用"未必"二字质疑即可。

例如：
《冰雪运动中心未必能赚钱》（2020 年管理类联考真题）
《治堵未必要迁都》（2011 年经济类联考真题）

1.3 万能式标题

万能式标题的优点是稳妥，缺点是太普通，难以在标题上"挣分"。要注意"万能"也是相对的，需要根据题目选择合适的标题。

例如：
《一份缺乏说服力的论证（计划/报告）》
《一个不严密的论证（计划/报告）》
《一份有待商榷的论证（计划/报告）》
《一份不严谨的论证（计划/报告）》
《经不起推敲的论证（计划/报告）》
《似是而非的论证（计划/报告）》
《如此建议未必可行》

1.4 拟题的常见问题

（1）标题过长

很多同学拟的标题超过了 14 个字，这显然太长了。建议标题尽量不要超过 12 个字。

例如：

《政府真的不应该干预生产过剩和生产不足问题吗》（21 字）

《洋快餐一定会成为中国饮食行业的霸主吗》（18 字）

其实，只要你平时练习写作时，坚持使用每行 20 个字的标准作文纸，就可以避免此问题，毕竟如果一个标题有十七八个字，一行都快放不下了，不是吗？

（2）提出观点

论证有效性分析不是驳论文或论说文，只要求质疑材料，不允许提出自己的观点。

例如：

《政府应该干预生产过剩问题》（提出了观点）

2. 首段的写作技巧

阅卷人在阅卷时，主要看你正文的四五个逻辑谬误的分析是否正确，首段阅卷人最多一扫而过，因此，首段写得简洁明了即可。

首段的写作公式如下：

①概括材料	②表达质疑
上述材料认为……	然而其论证犯了多处逻辑错误，分析如下：

首段的拓展公式如下：

上述材料 { 的作者认为……　旨在说明……　试图认证…… }，然而 { 认证过程存在多处不当　其认据有若干不妥之处　其认证存在多处逻辑漏洞　其认证出现多种逻辑谬误 }，分析如下：以致影响了其说服力。所以，其结论让人难以信服。因此，其结论值得商榷。故其观点难以成立。

根据上述公式，你可以排列组合出属于自己的首段。

例如：

上述材料的作者认为……，然而其论证过程中存在多处不当，故其观点难以成立。

上述材料旨在说明……，然而其论证存在多种谬误和漏洞，以致影响了其说服力。

上述材料试图论证……，然而其论据有若干不妥之处，因此，其结论值得商榷。

3. 结尾的写作技巧

论证有效性分析的结尾相当简单，只需要再次表明题干的论证缺乏有效性、题干的论点难以成立即可。建议将结尾控制在 40 个字以内。

结尾的写作公式如下:

> 总之,材料存在多处逻辑漏洞,……结论难以成立。
> 综上所述,由于材料的论证存在多处不当,……这一结论难以让人信服。
> 总之,材料犯了一系列逻辑错误,难以推出……这一结论。
> 总之,由于材料存在多处逻辑谬误,……的建议未必可行。

第 2 章 正文写法的三级进阶

第 1 节 正文的基本写法

1. 论证的识别

1.1 什么是论证

论证有效性分析的题干是一篇有缺陷的论证。论证就是用一些理由（论据）来证明自己的观点（论点）的过程。一个论证包括三个要素：论据、论点和论证过程。
即：

论据 ——证明→ 论点

例1.
石头哥哥给多位前女友都赠送了心形石头（论据），因此，石头哥哥不靠谱（论点）。

1.2 识别方法

1.2.1 内容识别法

（1）论据与论点
论据是用来证明论点的理由和证据。它一般包括两大类：一是事实论据，二是理论论据。
事实论据是对客观事物的真实的描述和概括，包括具体事例、概括事实、统计数字、亲身经历，等等。
理论论据是指那些来源于实践，并且已被长期实践证明和检验过，断定为正确的观点。它包括经典性的著作和权威性的言论，以及自然科学的原理、定律、公式等。
真题中出现的论据多数为事实论据。
论点就是论证者所持的观点，它代表了论证者对某一问题的看法、见解、主张、态度。论点表现为"有所断定"。

例2.
针对某种溃疡最常用的一种疗法可在 6 个月内将 44% 的患者的溃疡完全治愈。针对这种溃疡的一种新疗法在 6 个月的试验中使治疗的 80% 的患者的溃疡取得了明显改善，61% 的患者的溃疡得到了痊愈（论据：表示为一段事实描述）。因此，这种新疗法显然在疗效方面比最常用的疗法更显著（论点：表现为有所断定）。

（2）背景描述
论据表现为事实描述，但仅描述一段事实，并未从这段事实中推论出一个断定，那么这段事实就不是论据，而是一段背景描述。

论证有效性分析的第一段通常会先进行背景描述。

例3.（2012年经济类联考真题）

从今年开始，教育部、国家语委将在某些城市试点推出一项针对国人的汉语水平考试——"汉语能力测试（HNC）"。该测试主要考以汉语为母语的人的听、说、读、写四方面的综合能力，并将按照难度分为各个等级，其中最低等级相当于小学四年级水平（扫盲水平），最高等级相当于大学中文专业毕业水平。考生不设职业、学历、年龄限制，可直接报考。

【分析】

本段不是一个论证，它仅仅描述了汉语能力测试的基本情况，并未对此发表观点。

1.2.2 关联词识别法

论证中经常会有一些明显的标志词，用来提示语句间的关系、帮助读者理解语义及论证关系。

例4.

据统计，2008年民用航空飞机每飞行100万次发生恶性事故的次数为0.2次，而1989年为1.4次。由此看出，乘飞机出行越来越安全。

【分析】

此段是一个简单的论证。其中"据统计"是论据提示词，提示读者我的论点是有数据支持的；"由此看出"是论点提示词，后面跟的就是作者所主张的论点。

> 常见的论点标志词有：
>
> 因此……，所以……，可见……，这表明……，实验表明……，据此推断……，由此认为……，我认为……，这样说来……，简而言之……，显然……，等等。
>
> 常见的论据标志词有：
>
> 论据在标志词后：例如……，因为……，由于……，依据……，据统计……，等等。
>
> 论据在标志词前：……据此推断，……研究人员据此认为，……因此，等等。

2. 分析论证缺陷的基本方法

分析一个论证的缺陷，基本思路就是论据成立吗？论据能支持论点吗？论据能充分地支持论点吗？有不当假设吗？

2.1 论据成立吗？

论据是论证的依据，如果论据本身不成立（虚假论据），一个论证当然是站不住脚的。

例5.（2005年MBA联考真题）

我反对MBA教育的一个理由是：MBA教育试图把管理传授给某个毫无实际经验的人不仅仅是浪费时间，更糟糕的是，它是对管理的一种贬低。

【分析】

此例中的论据"MBA教育试图把管理传授给某个毫无实际经验的人"是虚假论据，因为

MBA 招生要求中明确规定考生需要具备相应的工作经验。

2.2 有隐含假设吗？隐含假设成立吗？

所谓隐含假设就是虽未言明，但是其论证要想成立所必须具备的前提。如果这一隐含假设不成立，该论证就不可能成立。

例 6.

曹操文治武功卓越（论据），因此，他是一代明君（论点）。

【分析】

此例中，该论证要想成立必须得有一个前提：曹操是君主。但是在历史上，曹操并没有做过君主，因此，这一论证是不成立的。

2.3 论据能支持论点吗？能充分地支持论点吗？

题干的论证中，论据能支持论点吗？如果论据能支持论点的话，是否可以充分地支持论点，使论点成立？

例 7.

康哥的眼睛很大（论据），因此，他是一个帅哥（论点）。

【分析】

"眼睛很大"确实可以算是帅哥的标准之一，但是，眼睛仅仅是一个人外表的组成部分，仅由"眼睛很大"并不能充分地说明康哥是个帅哥（PS. 毕竟康哥没头发）。

综上所述，论证缺陷的基本分析方法如下图：

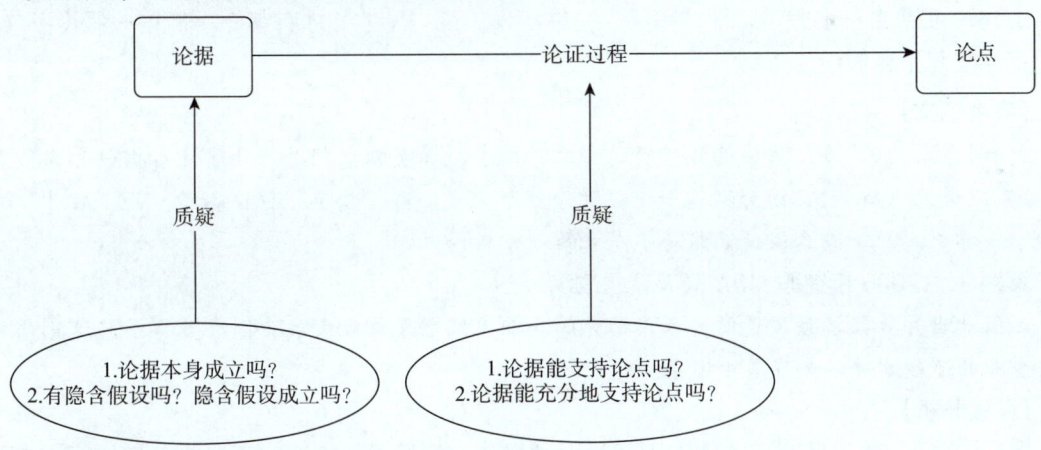

```
┌──────┐      论证过程       ┌──────┐
│ 论据 │ ──────────────────→ │ 论点 │
└──────┘                     └──────┘
   ↑                             ↑
  质疑                          质疑

 ╭─────────────────────╮   ╭─────────────────────╮
 │ 1.论据本身成立吗？   │   │ 1.论据能支持论点吗？ │
 │ 2.有隐含假设吗？     │   │ 2.论据能充分地支持   │
 │   隐含假设成立吗？   │   │   论点吗？           │
 ╰─────────────────────╯   ╰─────────────────────╯
```

3. 正文段落的基本写法

论证有效性分析的正文，就是要对材料中的论证缺陷进行分析，其基本的写法为：

$$\boxed{引 + 疑 + 析 + 结}$$

"引"即引用材料，告诉阅卷人你在质疑什么。

"疑"即表达质疑，指出材料存在逻辑谬误。

"析"是段落的核心，是对材料中的逻辑谬误的具体分析说明。

"结"是对该段的总结，但多数时候"结"可以不写。

注意： "引""疑"要简短，"析"要详细。

真题精讲

真题 1.（2015 年管理类联考真题）

生产过剩总比生产不足好。如果政府的干预使生产过剩变成了生产不足，问题就会更大。因为生产过剩未必会造成浪费，反而可以因此增加物资储备以应对不时之需。

【谬误分析】

锁定"因为"二字，可知"因为"后面的话是论据，前面的话是论点。但这一论证中的论据是不成立的，因此犯了"虚假论据"的逻辑谬误。

【参考范文】

材料认为"生产过剩可以增加物资储备以应对不时之需"，所以"生产过剩总比生产不足好"（引用），难以成立（质疑）。因为，第一，生产过剩是指产品的总供给大于总需求，物资储备的需求也是总需求之一；第二，物资储备是有计划有选择的，有些物资并不适合长期储备，如牛奶。如果这样的物资剩下了，就会造成浪费（分析）。

真题 2.（2008 年在职 MBA 联考真题）

俗话说："人无完人。"如果在选拔官员中拘泥于小节而不注意大局（将"孝"作为选拔官员的标准），就会把许多胸怀鸿鹄之志的精英拒之门外，而让那些守望燕雀小巢的庸才占据领导岗位。

【谬误分析】

上述论证隐含一个假设，即"精英"往往不孝，而"庸才"才有孝心。但这一假设不成立，该论证存在"不当假设"。

【参考范文】

材料认为，将"孝"作为选拔官员的标准，就会把精英拒之门外，让庸才占据领导岗位（引用），难以成立（质疑）。因为，这一论证隐含一个假设，即"精英"往往不孝，而"庸才"才有孝心、尽孝道。这一隐含假设显然是不成立的（分析）。

真题 3.（2006 年在职 MBA 联考真题改编）

A 国是世界上经济最发达的国家，曝光的企业丑闻数量却比发展中国家多得多，这充分说明 A 国企业的道德水平不如发展中国家。

【谬误分析】

"企业丑闻"是不是道德的影响因素？当然是的，但是仅凭这个并不能充分地说明"A 国企业的道德水平不如发展中国家"。因此，这一论证的"论据不充分"。

【参考范文】

材料认为"A 国比发展中国家曝光的企业丑闻数量多"，就说明其企业的道德水平不如发展中国家（引用），这一论据并不充分（质疑）。A 国曝光的企业丑闻数量多，有可能是因为其道德水平低下，但也有可能是 A 国企业的基数更大造成的（分析）。

习题精练

习题 1（2008 年 MBA 联考真题）
中医在中国有几千年的历史，治好了很多人，怎么能说它是伪科学呢？人们为什么崇尚科学，是因为科学对人类有用。既然中医对人类有用，凭什么说它不是科学？

习题 2
人类学家发现早在旧石器时代，人类就有了死后复生的信念。在发掘出的那个时代的古墓中，死者的身边有衣服、饰物和武器等陪葬物，这是最早的关于人类具有死后复生信念的证据。

【习题参考范文】

习题 1 参考范文

材料认为"中医对人类有用"，那么"中医就是科学"（引用），未必成立（质疑）。因为，这一主张依赖于一个假设，即"对人类有用的都是科学"，这一假设并不成立，比如文学、艺术对人类有用，你能说文学和艺术是科学吗（分析）？所以，仅仅依据中医对人类有用，并不能证明中医是科学（总结）。

（需要说明的是，现实生活中，中医当然是一门科学，老吕本人就经常看中医。但是，"中医是科学"这一事实无法从材料的论据中得到充分的证明，那就说明材料的论证是有缺陷的。可见，论证有效性分析仅仅是对一个论证是否符合逻辑进行分析，我们对材料的观点并不持支持或反对态度。）

习题 2 参考范文

材料认为古墓中有"衣服、饰物和武器等陪葬物"，就证明古人有"死后复生的信念"（引用），难以成立（质疑）。因为，陪葬物可能仅仅是死者生前的遗物，也可能是后人为了缅怀死者而将物品放入墓穴中的，还有可能是古人认为死后可以进入"阴间"继续使用这些物品，等等（分析）。因此，陪葬物不能证明古人相信死后可以复生（总结）。

第 2 节 正文的进阶技巧

论证有效性分析想要得高分，关键在于把正文写好。要想把正文写好，就要学会各种逻辑谬误的写作技巧。本节中，老吕将为你讲解各类逻辑谬误的分析技巧，这也是论证有效性分析的核心。

类型 1 概念型谬误的写作技巧

谬误 1 偷换概念

1.1 偷换概念的识别

偷换概念是指在论证过程中将一些似乎一样的概念进行偷换，实际上改变了概念的修饰语、适用范围、所指对象等具体内涵。

偷换概念在真题中表现为三种类型：

(1) AB 型

题干中出现两个概念 A 和 B，这两个概念从字面上来看就不一样（当然意思更不一样），但题干将其进行了等同，认为 A 等同于 B。

即，题干的论证会出现：

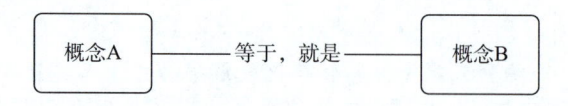

概念A ——等于，就是—— 概念B

例 1.

有的写作教材上讲，写作中应当讲究语言的形式美，我的看法不同。我认为语言就应该朴实，不应该追求那些形式主义的东西。

【分析】

此例中，语言的"形式美"与"形式主义"显然不是相同的概念。

(2) adj 型

有一些概念上加上形容词（adj）会改变这个概念的原意，就可能会犯偷换概念的逻辑错误。

即，题干的论证会出现：

形容词（adj）概念A ——等于，就是—— 概念A

例 2.

近年来，一些影星的艺德问题引发了种种讨论，对社会造成了不良影响。因此，对著名影星进行艺德教育很有必要。

【分析】

此例中，"影星"与"著名影星"不是相同的概念。

(3) AA' 型

有时候，两个在字面上看起来相同的词汇，但表达的含义却是不一样的，那么也犯了偷换概念的逻辑错误。

此类偷换概念，老吕称为"AA'型"偷换概念，即"A"和"A'"看起来一样，实际上表达的含义却不一样。图示如下：

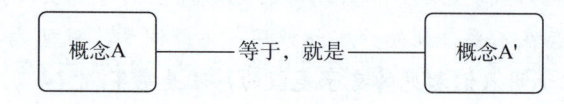

概念A ——等于，就是—— 概念A'

例 3.

象是动物，因此，小象是小动物。

【分析】

上述论证中，小象中的"小"和小动物中的"小"，字面虽然一样，但含义却不一样，前者指的是"年龄小"，后者指的是"体型小"。因此，此例犯了偷换概念的逻辑错误。

1.2 偷换概念的写作技巧

(1) 偷换概念的写作思路

既然偷换概念是把两个不同的概念当成了相同的概念，那么我们的分析思路就是要说明这两个概念是不一样的。所以，偷换概念的写作思路是：分别解释一下被偷换的两个概念，从而说明两个概念的区别。

(2) 偷换概念的写作公式

> 上述材料中＿＿A＿＿与＿＿B＿＿是两个不同的概念，前者的意思是＿＿＿＿＿，而后者的意思是＿＿＿＿＿。所以，材料的论述有偷换概念之嫌。

真题精讲

真题 1.（2014 年管理类联考真题）

从本质上来说，权力平衡就是权力平等，因此这一制度本身蕴含着平等的观念。平等观念一旦成为企业的管理理念，必将促成企业内部的和谐与稳定。

【谬误识别】

上述题干中，强行把"权力平衡"等同于"权力平等"，但实际上这两个概念并不相同，这就犯了偷换概念（AB 型）的逻辑错误。

【参考范文】

材料认为"权力平衡就是权力平等"，但二者并不是相同的概念。"权力平衡"是指权力的动态制约关系达到均衡，而"权力平等"则是指权力的平均分配。不能因为权力平衡这一制度中蕴含着平等的观念，就认为二者是等同的。

真题 2.（2021 年管理类联考真题）

我国古代哲学家老子早就看到了这一点。他说过，人们只看到了房子的"有"（有形的结构），但人们没有看到"无"（房子中无形的空间）才有实际效用。这也说明眼所见者未必实，未见者为实。

【谬误识别】

实际效用中的"实"与眼见为实的"实"涵义不同（AA'型偷换概念）。

【参考范文】

材料认为房子中有形的结构没有实际效用，而无形的空间才有实际效用，因此，"眼所见者未必实，未见者为实"，存在不妥。此处"实际效用"不等同于"眼见为实"中的"实"。房子的空间有实际作用，并不能说明人们看见的房子是假的，不是事实。

习题精练

习题 1（2015 年管理类联考真题）

经济运行是一个动态变化的过程，产品的供求不可能达到绝对的平衡状态，因而生产过剩是市场经济的常见现象。既然如此，那么生产过剩也就是经济运行的客观规律。因此，如果让政府采取措施进行干预，那就违背了经济运行的客观规律。

习题 2（2009 年管理类联考真题）

硕士、博士这些知识头衔的实际价值一再受到有识之士的质疑，道理就在这里。"知识就是力量"这一曾经激励了几代人的口号，正在成为空洞的历史回声，这其实是时代的进步。

习题 3（2011 年管理类联考真题）

如果你要从股市中赚钱，就必须低价买进股票，高价卖出股票，这是人人都明白的基本道理，但是，问题的关键在于如何判断股价的高低。只有正确地判断股价的高低，上述的基本道理才有意义，否则，就毫无实用价值。

由此可见，要从股市获取利益，第一是要掌握股价涨跌的概率，第二还是要掌握股价涨跌的概率，第三也还是要掌握股价涨跌的概率。掌握了股价涨跌的概率，你就能赚钱；否则，你就会赔钱。

【习题参考范文】

习题 1 参考范文

材料认为，生产过剩是市场经济的"常见现象"，说明它是经济运行的"客观规律"。实际上二者并不等同。"现象"是事物的外在表现，而"规律"是指现象背后的内在原因或联系。因此，不能由此认为政府干预生产过剩"违背了经济运行的客观规律"。

习题 2 参考范文

材料中，"知识头衔"与"知识"是两个不同的概念。一个人拥有某种"知识头衔"并不代表他拥有该头衔所对应的"知识"。所以，不能因为硕士、博士等"知识头衔"受到质疑，就认为"知识"无用了。

习题 3 参考范文

材料中，"股价的高低"和"股价的涨跌"并不是相同的概念。股价的高和低是对股票价格的静态判断，而股价的涨跌则是股价的动态变化。因此，材料的论证有偷换概念之嫌。

类型 2　对象型谬误的写作技巧

谬误 2　以偏概全

2.1 以偏概全的识别（对象 aA 型）

以偏概全又称为不当归纳，就是通过样本（调查、例证、个人见闻等）来总结出针对某个群体的结论。

此类谬误的典型特征是，论据中的论证对象的范围要小（对象 a），而论点中的论证对象的范围要大（对象 A），前者一般是后者的子集。如下图所示：

可见，我们可以形象地理解为"a"的范围这么小，怎么能概括"A"这么大范围的特征呢？

例 4.

《花与美》杂志受 A 市花鸟协会委托，就 A 市评选市花一事对该市的杂志读者群进行了民意调查，结果 60% 以上的读者将荷花选为市花，于是编辑部宣布，A 市大部分市民赞成将荷花定为市花。

【分析】

上述题干的论据是"60% 以上的读者将荷花选为市花"，论点是"A 市大部分市民赞成将荷花定为市花"。可见，论据的论证对象仅仅是论点的论据对象的子集。即：

（读者 市民）

那么这些读者的意见能代表 A 市大部分市民的意见吗？如果这些读者的数量太少（例如就调查了十几个读者）、广度不够（例如被调查者全是女性市民）或者不是随机选取（例如特意选择喜欢荷花者进行调查）的，就说明他们没有代表性，不能代表 A 市大部分市民。

2.2 以偏概全的写作技巧

（1）以偏概全的写作思路

以偏概全就是用一个小样本的情况，来概括一个更大的集体的情况。那我们的写作思路就是要指出为什么这个小样本无法覆盖或代表这个大集体。常从三个方面来分析：样本的数量不足、样本的广度不够、样本不是随机选取的。

（2）以偏概全的写作公式

> 材料通过对_____调查，认为_____，有以偏概全之嫌。因为，这些调查对象（数量不足、广度不够或不是随机选取），所以他们不一定能代表所有人的情况。

真题精讲

真题 1.（2005 年在职 MBA 联考真题）

该公司去年在 100 家洋快餐店内进行的大量问卷调查结果显示，超过 90% 的中国消费者认为食用洋快餐对于个人的营养均衡有所帮助。

【谬误识别】

论据中的调查对象是"洋快餐店内的消费者"，而结论中的论证对象是"中国消费者"，显然前者仅是后者的一部分（以偏概全），即：

（洋快餐的消费者 中国消费者）

【参考范文】

材料通过对"洋快餐店内的消费者"的调查，得出关于"中国消费者"的结论，有以偏概全之嫌。因为，在洋快餐店内的消费者一般来说是认同洋快餐的，故这些调查对象广度不够，所以他们不一定能代表所有人的情况。

真题 2.（2016 年管理类联考真题）

据报道，近年长三角等地区频频出现"用工荒"现象，2015 年第二季度我国岗位空缺与求职人数的比例均为 1.06，表明劳动力市场需求大于供给。因此，我国的大学生其实是供不应求的。

【谬误识别】

论据中的对象是"长三角等地区"，而结论中的论证对象是"我国"，显然前者仅是后者的一部分（以偏概全），即：

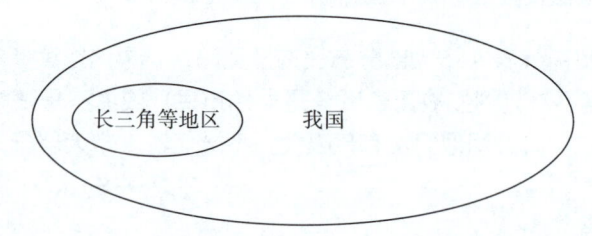

【参考范文】

材料通过对"长三角等地区"的调查，得出关于"我国劳动力市场"的结论，有以偏概全之嫌。因为，长三角等地区仅仅是我国的一部分区域，可能在劳动力需求上有其特殊性，故这些调查对象广度不够，所以他们不一定能代表所有人的情况。另外，"2015 年第二季度"的情况也未必能代表现在的情况。

习题精练

习题 1（2008 年在职 MBA 联考真题）

自古道"忠孝难以两全"。岳飞抗击金兵，常年征战沙场，未能在母亲膝下尽孝，却成了千古传颂的英雄。反观《二十四孝》里的那些孝子，有哪个成就了名垂青史的功业？孔繁森撇下老母，远离家乡，公而忘私，殉职边疆，显然未尽孝道，但你能指责他是个不合格的官员吗？

习题 2（2018 年管理类联考真题）

最近一项对某高校大学生的抽样调查表明，有 69% 的人认为物质生活丰富可以丰富人的精神生活，有 22% 的人认为物质生活和精神生活没有什么关系，只有 9% 的人认为物质生活丰富反而会降低人的精神追求。可见多数人认为物质生活丰富不会造成人的精神生活空虚。

【习题参考范文】

习题 1 参考范文

材料用岳飞、孔繁森等例子，来证明"忠孝难以两全"，有以偏概全之嫌。因为，这几个人的情况可能是特例，样本的数量不足，未必有普遍的代表性。而且，《二十四孝》是专门记录孝行的书籍，而不是记录功业的书籍，无法由此断定孝子们没有成就名垂青史的功业。

习题 2 参考范文

材料通过对"某高校大学生"的调查，得出关于"所有人"的结论，有以偏概全之嫌。因为，这些调查对象广度不够，并且其抽样范围、抽样方式、样本数量等关键信息不明确，所以他们不一定能代表所有人的情况。

谬误3 不当类比

3.1 不当类比的识别（对象AB型）

类比是根据两个或两类相关对象具有某些相似或相同的属性，从而推断它们在另外的属性上也相同或者相似。如果类比对象之间有差异，使得类比难以成立，说明犯了不当类比的逻辑错误。

此类谬误的典型特征是，论据中的论证对象是A，而论点中的论证对象是B，那么这种从A到B的推论正确吗？这就值得怀疑。如下图所示：

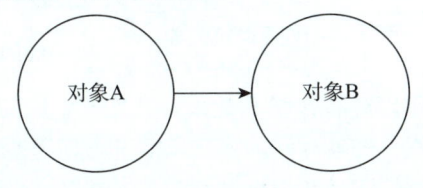

对象A → 对象B

例5.

实验发现，口服少量某种类型的安定药物，可使人们在测谎器的测验中撒谎而不被发现。测谎器对人们所产生的心理压力能够被这类安定药物有效地抑制。因此，日常生活中的心理压力也可以被这类安定药物有效地抑制。

【分析】

上述题干的论据是"测谎器对人们所产生的心理压力能够被这类安定药物有效地抑制"，论点是"日常生活中的心理压力也可以被这类安定药物有效地抑制"。可见，这一论证的论证对象出现了从A到B的变化，是一个类比论证，即：

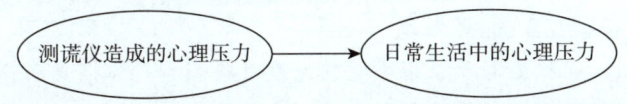

测谎仪造成的心理压力 → 日常生活中的心理压力

如果这两类心理压力存在本质差异（如生理机制不同、药理机制不同等），就会影响以上类比的成立性。

3.2 不当类比的写作技巧

（1）不当类比的写作思路

总结历年真题，可以发现不当类比常见以下几种类型：

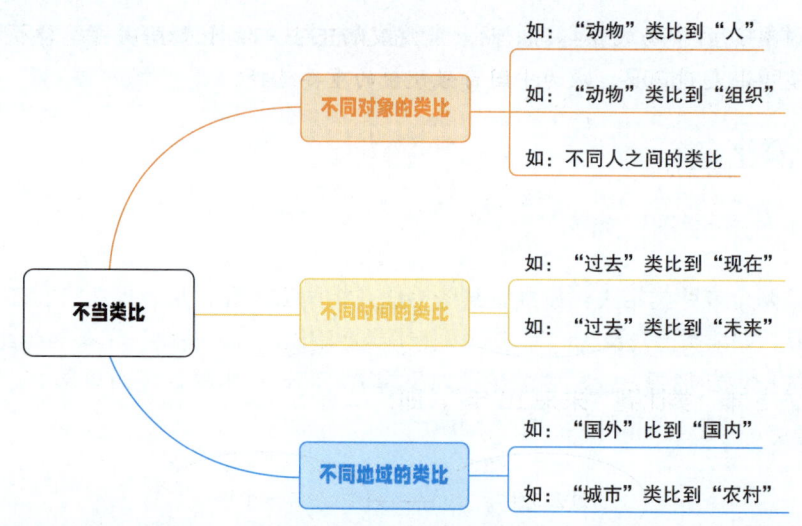

```
                                    ┌─ 如："动物"类比到"人"
              ┌─ 不同对象的类比 ──┼─ 如："动物"类比到"组织"
              │                     └─ 如：不同人之间的类比
              │
              │                     ┌─ 如："过去"类比到"现在"
  不当类比 ──┼─ 不同时间的类比 ──┤
              │                     └─ 如："过去"类比到"未来"
              │
              │                     ┌─ 如："国外"比到"国内"
              └─ 不同地域的类比 ──┤
                                    └─ 如："城市"类比到"农村"
```

不同对象的类比的写作思路：对象 A 和 B 之间存在差异，影响了类比的成立性。
不同时间的类比的写作思路：随着时间的变化，情况出现了差异，影响了类比的成立性。
不同地域的类比的写作思路：因为两个地域之间存在差异，影响了类比的成立性。
总之，不当类比的写作思路就抓住三个字——找差异。

(2) 不当类比的写作公式

> 材料论述由 __A__ 推出 __B__，难以成立。因为二者_____不同，_____不同，所以，由 A 的情况难以推论出 B 的情况，这一论证存在不当类比。

真题精讲

真题 1.（2010 年在职 MBA 联考真题）

猴群中存在着权威，而权威对于新鲜事物的态度直接影响群体接受新鲜事物的进程。市场营销也是如此，如果希望推动人们接受某种新商品，应当首先影响引领时尚的文体明星。如果位于时尚高端的消费者对于某种新商品不接受，该商品一定会遭遇失败。

【谬误识别】

材料中论据的论证对象是"猴群"，论点的论证对象是"人们"，存在不当类比，即：

猴群 ──→ 人们（市场营销）

【参考范文】

材料从猴群实验类比到市场营销，难以成立。首先，猴王对猴子的影响模式与文体明星对普通消费者的影响模式并不相同；其次，猴群的需求和消费者的需求也不相同；再者，猴群与人类社会的复杂程度也不相同；因此材料存在不当类比。

真题 2.（2005 年在职 MBA 联考真题）

过去 5 年中，洋快餐在大城市中的网点数每年以 40% 的惊人速度增长，而在中国广大的中小城市和乡镇还有广阔的市场成长空间;照此速度发展下去,估计未来10年,洋快餐在中国饮食行业的市场占有率将超过20%,成为中国百姓饮食的重要选择。

【谬误识别】

材料中有两处不当类比:

1. 由"大城市"类比到"中小城市和乡镇",即:

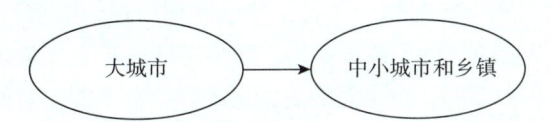

大城市 → 中小城市和乡镇

2. 由"过去5年"类比到"未来10年",即:

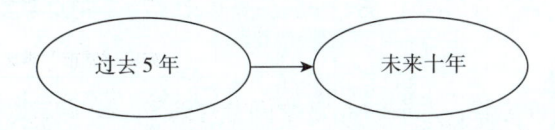

过去5年 → 未来十年

【参考范文】

材料中由洋快餐在"大城市"发展迅速推断洋快餐在"中小城市和乡镇"的发展情况,存在不当类比。因为,中小城市和乡镇的消费者的消费理念、消费能力、饮食习惯等与大城市不同,在大城市快速发展的洋快餐可能在中小城市和乡镇"水土不服"。另外,由于市场环境的变化,"过去5年"的快速发展状况也未必能在"未来10年"得以保持。

习题精练

习题1 (2007年MBA联考真题)

经济学和物理学、数学一样,所讨论的都是非常专业化的问题。只有远离现实的诱惑,潜心于书斋,认真钻研学问,才可能成为真正意义上的经济学家。

习题2 (2007年在职MBA联考真题)

为了解决"期界问题",日本和德国的企业对那些专业技能要求很高的岗位上的员工,一般都实行终身雇佣制;而终身雇佣制也为日本和德国企业建立与保持国际竞争力提供了保障。这证明了"终身制"和"铁饭碗"不见得不好,也说明,中国企业的劳动关系应该向着建立长期雇佣关系的方向发展。

习题3 (2010年管理类联考真题)

由于世界是平的,穷国可以和富国一样在同一平台上接收同样的最新信息,这样就大大促进了各国的经济发展,从而改善了它们的国际地位。

【习题参考范文】

习题1 参考范文

材料将经济学和物理学、数学进行类比,存在不当。因为,物理学、数学是自然科学,以理论研究为基础;但是经济学是社会科学,它研究的是社会经验的运行规律,因此,不能由物理学、数学的情况来推断经济学的情况。

习题 2 参考范文

材料认为日本和德国的"终身雇佣制"取得了成功,在我国也应该建立长期雇佣关系,存在不当类比。因为,我国的劳动者的就业观、价值观和社会文化与日本和德国都有差异,因此,日本和德国适用的方法,拿到中国并不一定适用。

习题 3 参考范文

材料由"穷国可以和富国一样在同一平台上接收同样的最新信息",推断出这会"促进各国的经济发展,改善它们的国际地位",并不妥当。即使在同一平台上接收同样的信息,由于穷国和富国处理、运用信息的能力不同,信息对经济的影响就存在不同,穷国未必能因此得以发展。

类型 3　条件型谬误的写作技巧

谬误4　强置充分条件

4.1 强置充分条件的识别（A→B型）

充分条件:有了 A 一定有 B,即 A→B,可以理解为"有它就行"。

充分条件的识别:题干中会出现"如果……那么……""只要……就……""一……就……""……一定……"等关联词。

强置充分条件:误把不充分的条件当作充分条件,即误认为有了 A 一定有 B,实际上并非如此。

例 6.

只要你成绩好,就一定能获得奖学金。

【分析】

除了成绩以外,能否获得奖学金可能还受到学生的综合素质、道德品质、社会实践等多方面因素的影响,"成绩好"只是获得奖学金条件之一,而不是充分条件。可见,题目误认为有了 A（成绩好）,就一定有 B（获得奖学金）,犯了强置充分条件的逻辑错误。

4.2 强置充分条件的写作技巧

（1）强置充分条件的写作思路

强置充分条件有两种分析思路:

思路 1:还需其他条件

材料认为只要有 A 就一定有 B,但实际上仅靠 A 并不充分,还需要 C、D、E 等其他条件。

思路 2:$A \wedge \neg B$

根据形式逻辑的知识 $A \to B$ 与 $A \wedge \neg B$ 矛盾,所以,我们只要说明在某些情况下,A 出现了,但是 B 没出现,就可以质疑题干。

（2）强置充分条件的写作公式

思路 1 的写作公式:

> 材料认为　A　是　B　的充分条件，存在不妥。因为　B　的成立还取决于　C　、　D　、　E　等多方面因素，　A　只是　B　的条件之一。

思路2的写作公式：

> 材料认为有了　A　一定有　B　，过于绝对了。因为，在　C　的情况下，有了　A　，也不会出现　B　。所以，　A　并非　B　的充分条件。

真题精讲

真题1.（2013年管理类联考真题）

由此可见，只要创作更多的具有本国文化特色的文艺作品，那么文化影响力的扩大就是毫无疑义的，而国家的软实力也必将同步增强。

【谬误识别】

锁定关联词"只要……那么……，必将……"，可知材料存在强置充分条件。

【参考范文】

材料认为"只要创作更多的具有本国文化特色的文艺作品，就能扩大文化影响力"，过于绝对。因为，文化影响力的扩大还取决于文化状况、文化传播途径、交流方式等多方面因素，创作更多文艺作品只是其成立的条件之一。同理，一个国家的软实力还包括教育、科技、卫生等各方面，所以文化影响力的提升并非国家软实力提升的充分条件。

真题2.（2014年管理类联考真题）

同时，以制衡与监督为原则所设计的企业管理制度还有一个固有的特点，即能保证其实施的有效性，因为环环相扣的监督机制能确保企业内部各级管理者无法敷衍塞责。

【谬误识别】

锁定关键词"保证……，能确保……"，可知材料存在强置充分条件。

【参考范文】

材料认为"环环相扣的监督机制能确保企业内部各级管理者无法敷衍塞责"，过于绝对了。因为，有制度是一回事，制度执行到位又是一回事。在制度执行敷衍了事的情况下，即使有了监督机制，也不能确保所有管理者不敷衍塞责，也无法证明以此原则设计的企业管理制度能保证其实施的有效性。

习题精练

习题1（2004年在职MBA联考真题）

企业经营首先要考虑的是如何战胜竞争对手，因为顾客不是选择你，就是选择你的竞争者，所以只要在满足顾客需求方面比竞争者快一点，你就能够脱颖而出，战胜对手。

习题2（2015年管理类联考真题）

首先，我国部分行业出现的生产过剩并不是真正的生产过剩。道理很简单，在市场经济条件下，生产过剩实际上只是一种假象。只要生产企业开拓市场、刺激需求，就能扩大销售，生产过剩马上就可以化解。

习题 3（2017 年管理类联考真题）

人的本性是"好荣恶辱，好利恶害"的，所以人们都会追求奖赏、逃避刑罚。因此，拥有足够权力的国君只要利用赏罚，就可以把臣民治理好了。

【习题参考范文】

习题 1 参考范文

材料认为"比竞争对手更快满足顾客需求"是"战胜竞争对手"的充分条件，存在不妥。因为企业能否战胜竞争对手还取决于内部管理、市场变化、国家政策等多方面因素，"更快满足顾客需求"只是其成立的条件之一。

习题 2 参考范文

材料认为只要生产企业"开拓市场、刺激需求"，就能"扩大销售"，"生产过剩马上就可以化解"，存在不妥。因为销售还取决于市场饱和度、社会购买力、社会消费心理等其他因素，所以生产企业开拓市场、刺激需求只是扩大销售的条件之一。

习题 3 参考范文

材料认为"利用赏罚"是"治理好臣民"的充分条件，存在不妥。因为臣民治理还受到政治、经济、文化、军事等方面的因素的影响，试想，即使赏罚分明，若连年灾荒、穷兵黩武，百姓自然要揭竿而起，又何谈治理好臣民呢？

谬误5 强置必要条件

5.1 强置必要条件的识别（¬A → ¬B 型）

必要条件：是指 A 对于 B 来说是必要的，没 A 就一定没 B，即 ¬A → ¬B。

必要条件的识别：题干中会出现"只有……才……""没有……就不能……"等关联词。要注意，如果题干中出现"如果要有 A，那么必须 B"，那么 A 是 B 的充分条件，B 是 A 的必要条件，即没有 B 就没有 A。

强置必要条件：误把不必要的条件当作必要条件，即误认为没有 A 就一定没 B，实际上并非如此。

例 7.

只有下雨，才会地湿。

【分析】

材料中出现"只有……才……"，是必要条件的关联词，即材料认为"不下雨，地就不会湿"，但实际上，不下雨，出现下雪、洒水等情况，地也会湿。因此材料犯了强置必要条件的逻辑错误。

5.2 强置必要条件的写作技巧

（1）强置必要条件的写作思路

材料认为，没有 A 就没有 B（没 A 不行），我们只需要说没有 A，在 C、D、E 等情况下也可以有 B 即可（没 A 也行）。

(2) 强置必要条件的写作公式

> 材料认为，只有有 __A__ ，才会有 __B__ ，过于绝对。实际上，__A__ 并非 __B__ 的必要条件。即使没有 __A__ ，通过 __C__ 、__D__ 、__E__ 等方式，也可以实现 __B__ 。

真题精讲

真题 1.（2010 年在职 MBA 联考真题）

市场营销也是如此，如果希望推动人们接受某种新商品，应当首先影响引领时尚的文体明星。位于时尚高端的消费者对于某种新商品不接受，该商品就不可能成功。

【谬误识别】

材料中出现"不 A，不 B"，即没有 A 就没有 B，故存在强置必要条件。

【参考范文】

材料认为"高端的消费者对于某种新商品不接受，该商品就不可能成功"，过于绝对。因为，高端消费者与普通消费者的消费需求和消费能力显然是有很大差别的，可能高端消费者更注重产品的品牌和品位，普通消费者更注重实用性和价格。所以，高端消费者不接受的产品，也存在成功的可能。

真题 2.（2011 年管理类联考真题）

如果你要从股市中赚钱，就必须低价买进股票，高价卖出股票，这是人人都明白的基本道理，但是，问题的关键在于如何判断股价的高低。

【谬误识别】

材料中出现"如果要有 A，就必须 B"，可以转化为"没有 B 就没有 A"，故存在强置 B 这个必要条件。

【参考范文】

材料认为只有"低价买进股票，高价卖出股票"，才能"从股市中赚钱"，过于绝对。即使不采用低买高卖的方式，股民通过股票的分红也可以获利。

习题精练

习题 1（2006 年在职 MBA 联考真题）

媒体上频频出现的企业丑闻也让我们有足够的理由怀疑是否该给大公司高管们支付那么高的报酬。企业高管拿高薪是因为他们的决策对企业的生存与发展至关重要，然而，当公司业绩下滑甚至亏损时，他们却不必支付罚金。正是这种无效的激励机制使得公司高管们朝着错误的方向越走越远。因此，只有建立有效的激励机制，才能杜绝企业丑闻的发生。

习题 2（2011 年在职 MBA 联考真题）

纳税者只有承担了纳税义务，才能享受纳税者的权利。如果没有纳税，人们对国家就会失去主人翁的责任感，就不可能有强烈的公民意识，也就会失去或放弃监督政府部门的权利。所以，为了培养全国民众的公民意识，为了缩小贫富差距，为了建设和谐社会，我们应该适当地降低个税起征点。

习题 3（2011 年经济类联考真题）

2010 年 9 月 17 日北京发生"惊天大堵"。当日，北京一场细雨，长安街东西双向堵车，继而蔓延至 143 条路段严重堵车，北京市交管局路况实时显示图几乎通盘红色。央视著名主持人白岩松以"令人崩溃""惨不忍睹"的字眼来形容。全国工商联房地产商会理事陈宝存在接受媒体采访时称，北京"首堵"已成常态，不"迁都"已经很难改变城市的路况。

【习题参考范文】

习题 1 参考范文

材料认为，只有"建立有效的激励机制"，才能"杜绝企业丑闻的发生"，过于绝对。因为通过其他方式，如法律的健全、舆论的监督等方式，也可以减少企业丑闻的发生。另外，再有效的措施恐怕也只能"减少"企业丑闻的发生，"杜绝"企业丑闻的发生恐怕只是一个美好的愿望。

习题 2 参考范文

材料认为，只有"纳税者只有承担了纳税义务"，才能"享受纳税者的权利"，存在不当。因为，"承担纳税义务"并不是"享受纳税者的权利"的必要条件，"政治权利"和"监督政府部门的权利"是宪法赋予公民的基本权利，和纳税没有直接关系。

习题 3 参考范文

材料认为"不迁都已经很难改变城市的路况"，把迁都当作改变城市路况的必要条件，过于绝对。因为，即使不迁都，通过减少私家车出行、完善公共交通系统、合理规划城市建设等其他手段，也可以改善城市的路况。

类型 4 因果型谬误的写作技巧

谬误 6 归因不当

6.1 归因不当的识别

材料中出现"归因不当"这一逻辑错误，前提是材料中必须存在"找原因"。找原因型的题干，基本结构有两种：

（1）先摆现象，再分析原因。结构图示如下：

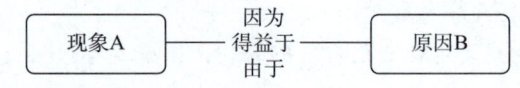

现象A ——因为/得益于/由于—— 原因B

例 8.

2021 年 7 月下旬，青岛市出现了持续一周的降雨，气象学家表示，这是台风"烟花"从华东地区登陆所致。

【分析】

"2021 年 7 月下旬，青岛市出现了持续一周的降雨"是现象，"台风'烟花'从华东地区登陆"是这一现象产生的原因，故这是个找原因型的题干。如果说这个原因找错了，就犯了归因不当的逻辑错误。

(2) 先说原因，再说结果。结构图示如下：

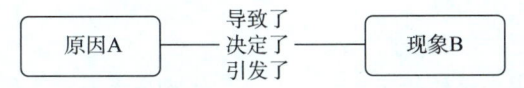

原因A —导致了/决定了/引发了— 现象B

例9.
十年如一日的刻苦训练，决定了杨倩在奥运赛场上勇夺两金的优异表现。
【分析】
锁定关键词"决定了"，说明这个关键词前面的"十年如一日的刻苦训练"是原因，这个关键词后面的"杨倩在奥运赛场上勇夺两金"是结果。

6.2 归因不当的写作技巧

(1) 归因不当的写作思路

归因不当简单来讲就是找原因时出现了问题，具体来说，可分为三种类型：找错了、搞反了、搞漏了。其分析思路如下表所示：

错误类型	谬误名称	例子	分析思路
找错了	归因错误	你和我分手，是因为我长得丑。	不对，是因为你长得矮。
搞反了	因果倒置	因为寂寞才想你。	不对，是因为想你才寂寞。
搞漏了	忽略他因	你和我分手，仅仅是因为我长得丑。	不仅仅因为你丑，还因为你矮。

通过上表我们可以发现，归因不当和忽略他因的写法很像，都可以指出现象的出现是因为其他原因，但二者又有区别，即：

谬误名称	写作思路
归因错误	现象A 不是因为原因B，而是因为原因C。
忽略他因	现象A 不仅仅是因为原因B，还因为原因C。

注意，因果倒置这一错误虽然在逻辑题中大量出现，但在论证有效性分析真题中从没出现过，不必作为备考重点。万一出现的话也很简单，表明B不是A的原因，而是A是B的原因即可。

(2) 归因不当的写作公式

归因错误的写作公式为：

> 材料认为，__现象A__ 的出现是因为 __原因B__，但是，__原因B__ 可能并不是 __现象A__ 的真正原因，真正原因可能是 __原因C__、__原因D__。

忽略他因的写作公式为：

> 材料认为，__现象A__ 的出现仅仅是因为 __原因B__，过于绝对。实际上，除了 __原因B__ 以外，__现象A__ 的出现可能是 __原因C__、__原因D__ 等共同作用的结果。

275

真题精讲

真题 1. （2019 年管理类联考真题）

选择越多，选择时产生失误的概率就越高，由于选择失误而产生的后悔就越多，因而产生的痛苦也就越多。有人因为飞机晚点而后悔没选坐高铁，就是因为可选交通工具多样而造成的。如果没有高铁可选，就不会有这种后悔和痛苦。

【谬误识别】

锁定关键词"是因为"，可知这个词前面是现象，这个词后面是原因。可思考材料是否存在归因不当。

【参考范文】

材料认为"有人因为飞机晚点而后悔没选坐高铁"是因为"可选交通工具多样"。但"选择多"可能并不是"后悔"的真正原因，这一痛苦的真正原因可能是"飞机晚点"。

真题 2. （2008 年 MBA 联考真题）

中医在中国居于主导地位的时候，中国人的平均寿命只有三十岁左右，现代中国人的平均寿命约七十岁，完全拜现代医学之赐。

【谬误识别】

锁定关键词"拜……之赐"，可知"现代医学"是原因，前面的现象是结果。锁定"完全"二字，可知此题存在忽略他因的逻辑错误。

【参考范文】

材料把中国人人均寿命的提高，完全归因于现代医学的发展，过于绝对。因为能够提高人均寿命的因素有很多，比如农业的发展带来的充足的营养、纺织业的发展使人摆脱衣不蔽体的境况、建筑业的发展带来的居住条件的改善，等等，未必仅仅是现代医学发展的功劳。

习题精练

习题 1（2006 年 MBA 联考真题）

中国将承担 A350 飞机 5% 的设计和制造工作。这表明中国经过多年艰苦的努力，民用飞机研发与制造能力得到了系统的提升，获得了国际同行的认可。

习题 2（2010 年管理类联考真题）

所谓"金砖四国"国际声望的上升，无不得益于它们的经济成就，无不得益于互联网技术的普及。

【习题参考范文】

习题 1 参考范文

材料认为，"中国将承担 A350 飞机 5% 的设计和制造工作"的出现是因为"民用飞机研发与制造能力得到了系统的提升"，过于绝对。有可能不是这个原因，而是空客公司想获取中国政府的支持、为了打入中国市场、中国的制造成本低等其他原因。

习题 2 参考范文

材料认为，"'金砖四国'国际声望上升"仅仅是因为其"经济成就"，过于绝对。实际上，除了该原因以外,"'金砖四国'国际声望上升"可能是由于诸如教育、科技、文化、卫生、体育等软实力的发展。

谬误 7 推断不当

7.1 推断不当的识别

根据现有的事实（原因），去评估这些事实对未来的影响（结果），这就是做推断。如果这种推断有误，就可以称为推断不当。

其基本结构是：

事实A —— 推断 —— 未来结果B

识别此类题的关键在于观察题干中有没有对未来的推断，题干常会出现诸如"会""将会""一定会"等表示推测的词。

例 10.
今天上午天阴得厉害，我认为中午的时候会下一场大雨。

【分析】
现在出现了一个事实："天阴得厉害"，我做出了一个对未来的推断"中午的时候会下一场大雨"。如果这一推断不正确，那么就是推断不当。

注意：
1. 前文所述的论证关系，也是从一些事实（论据）出发，从而做出一个断定（论点），很多时候，推断出观点和推断出结果很难区分，此时就不必区分，就说推断出的观点难以成立即可。
2. 题干中出现事实 A 到结果 B 的结构，可分两种情况：如果结果 B 已经发生，一般是在找原因；如果结果 B 尚未发生，仅仅是推断出结果 B 会发生，那么就是推断结果。

7.2 推断不当的写作技巧

(1) 推断不当的写作思路
推断不当有两种写作思路：
思路 1：存在他因（他因不果）。
即，因为存在其他原因，导致题干中的结果未必会发生。由于很多同学会把此处的这个"存在他因"，与前文中的"忽略他因"或逻辑中的"另有他因"混淆，因此，我们把"存在其他原因，导致题干中的结果未必会发生"人为的命名为"他因不果"。

图示为：

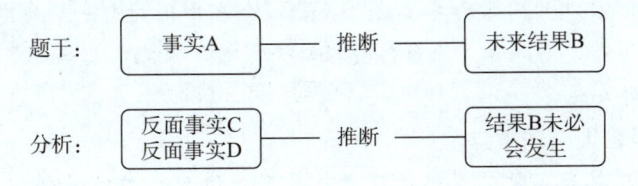

题干： 事实A —— 推断 —— 未来结果B

分析： 反面事实C / 反面事实D —— 推断 —— 结果B未必会发生

例 11.

李四得了癌症，他一定会快速死亡。

【分析】

科学的治疗（他因：存在其他原因）可能会极大地延长李四的寿命（不果：快速死亡这一结果未必会发生）。

思路 2：产生他果。

即，事实 A 可能会导致不同的结果。图示为：

题干： 事实A —— 推断 —— 未来结果B

分析： 事实A —— 推断 —— 可能出现结果C而不是B

例 12.

今天上午阴得很厉害，我认为中午一定会下雨。

【分析】

阴天未必会导致下雨，也可能会导致下雪。

（2）推断不当的写作公式

他因不果的写作公式为：

> 材料由 __事件A__ 推出 __结果B__ ，存在不妥。由于 __原因C__ 、 __原因D__ 、等因素的存在（他因）， __结果B__ 未必会发生（不果）。

产生他果的写作公式为：

> 材料由 __事件A__ 推出 __结果B__ ，存在不妥。因为 __事件A__ 也可能会导致 __结果C__ 、 __结果D__ 等，因此， __结果B__ 未必会发生（产生他果）。

真题精讲

真题 1.（2020 年管理类联考真题）

北京与张家口共同举办冬奥会，必然会在中国掀起一股冰雪运动热潮。中国南方许多人从未有过冰雪运动的经历，会出于好奇心而投身于冰雪运动，这正是一个千载难逢的绝好商机，不能轻易错过。

【谬误识别】

锁定关键词"必然会"，可知本题是对未来的推断，可质疑其"推断不当"。

【参考范文】

材料由"北京与张家口共同举办冬奥会"推出"会在中国掀起一股冰雪运动热潮"，存在不妥。由于冰雪运动对气候、场地等方面条件要求较为严格，仅靠冬奥会的带动就能"掀起冰雪运动热潮"的结果未必会发生。

真题 2.（2016 年管理类联考真题）

一个人受教育程度越高，他的整体素质也就越高，适应能力就越强，当然，也就越容易就业。大学生显然比其他社会群体更容易就业,再说大学生就业难就没有道理了。

【谬误识别】

本题由"受教育程度高"推断出"整体素质高、适应能力强",从而推断出"大学生就业并不难",存在推断不当的逻辑错误。

材料中出现形如"越A,越B,越C"的句式,我们也可称其为"滑坡谬误",即把一些可能性的结果,扩大为必然性,然后又进行一步又一步的推理。

【参考范文】

材料由"大学生受教育程度高"推出"其整体素质高、适应能力强",存在不妥。由于心理因素、社交因素、实践因素等都会影响大学生的整体素质及适应能力,故无法由此推断出"大学生就业并不难"的结论。

习题精练

习题1(2005年在职MBA联考真题)

已经喜爱上洋快餐的未成年人在未来成为更有消费能力的成年群体之后,洋快餐的市场需求会大幅度跃升。

习题2(2012年经济类联考真题)

汉语能力测试有一个科学的评测标准,可以帮助应试者了解其汉语水平在特定人群、地域中的位置。这样的测试一定会唤起大家对母语文化的重视。

习题3(2016年管理类联考真题)

只要根据市场需求调整高校专业设置,对大学生进行就业教育以改变他们的就业观念,鼓励大学生自主创业,那么大学生就业难问题将不复存在。

【习题参考范文】

习题1 参考范文

材料认为"已经喜爱上洋快餐的未成年人成年后,洋快餐的市场需求会大幅度跃升",未必成立。因为,未成年人长大后,其消费偏好、消费理念、饮食习惯、健康理念等都可能会产生变化,未成年时期喜欢洋快餐,长大后未必喜欢。

习题2 参考范文

仅仅通过汉语能力测试,就能唤起大家对母语文化的重视吗?母语文化的缺失,受到多种因素的影响,比如国外文化的冲击、全球一体化的冲击,等等。如果仅靠一个测试就能解决如此复杂的问题,那么现在有好多考试如高考、管理类联考等都要考语文,那这个问题不是早就应该解决了吗?又何需汉语能力测试呢?

习题3 参考范文

材料认为"只要调整高校专业设置,改变大学生的就业观念""大学生就业难问题将不复存在",过于绝对。因为,专业设置不佳和就业观念问题仅仅是大学生就业难的原因之一,可能还存在许多其他影响大学生就业的重要因素,如大学生数量过多,用人单位需求少等,因此,只靠材料中的措施未必能解决大学生就业难的问题。

【说明】本题中,锁定关键词"将不复存在"可知本题存在对未来结果的推断。但是,材料中也有关联词"只要……，那么……"，可知本题也存在强置充分条件的问题。可见，有时候一道题可以从不同角度分析，也就是说，论证有效性分析中一些谬误的答案并不唯一。

类型 5　矛盾反对型谬误的写作技巧

谬误 8　自相矛盾

8.1　自相矛盾的识别

两个相互矛盾的命题必有一真一假。不能两个都肯定，也不能两个都否定，否则就犯了"自相矛盾"的逻辑错误。

论证有效性分析的真题中，自相矛盾主要体现在材料的前后文中出现了观点的不一致。

例 13.

亲爱的，我爱你，为了你我可以赴汤蹈火，明天如果下雨，我就不来接你了，你打车回家吧。

【分析】

前文中说为了"你"可以"赴汤蹈火"，但后面却因为"下雨"不来接"你"，自相矛盾。

8.2　自相矛盾的写作技巧

（1）自相矛盾的写作思路

自相矛盾一般只需要列举出材料中的矛盾之处即可。

（2）自相矛盾的写作公式

> 材料一方面肯定了__A__，一方面又否定了__A__，岂不是自相矛盾？

真题精讲

真题 1.（2015 年管理类联考真题）

首先，我国部分行业出现的生产过剩并不是真正的生产过剩。道理很简单，在市场经济条件下，生产过剩实际上只是一种假象。只要生产企业开拓市场、刺激需求，就能扩大销售，生产过剩马上就可以化解。退一步说，即使出现了真正的生产过剩，市场本身也会进行自动调节。

其次，经济运行是一个动态变化的过程，产品的供求不可能达到绝对的平衡状态，因而生产过剩是市场经济的常见现象。既然如此，那么生产过剩也就是经济运行的客观规律。因此，如果让政府采取措施进行干预，那就违背了经济运行的客观规律。

【谬误识别】

在"首先"这一段，材料指出"生产过剩实际上只是一种假象""不是真正的生产过剩"。在"其次"这一段，材料又指出"生产过剩是市场经济的常见现象"。两处观点不一致，存在自相矛盾的逻辑错误。

【参考范文】

材料既说生产过剩"不是真正的生产过剩",又说"出现了真正的生产过剩";既说"生产过剩实际上是一种假象",又说"生产过剩是市场经济的常见现象",存在自相矛盾的逻辑错误。

习题精练

习题1（2011年管理类联考真题）

一般来说,要正确判断某一股票的价格高低,唯一的途径就是看它的历史表现。

再说,股价的未来走势充满各种变数,它的涨和跌不是必然的,而是或然的。我们只能借助概率进行预测。

习题2（2015年管理类联考真题）

我们应该合理定位政府在经济运行中的作用,政府要有所为,有所不为。政府应该管好民生问题。至于生产过剩和生产不足,应该让市场自行调节,政府不必干预。

【习题参考范文】

习题1 参考范文

材料一方面认为,判断某一股票的价格"唯一的途径就是看它的历史表现",另一方面又认为"只能借助概率进行预测",二者自相矛盾。

习题2 参考范文

材料一方面表示"政府应该管好民生问题",另一方面又说政府不必干预"生产过剩和生产不足"。而实际上,生产过剩和生产不足恰恰会影响人们的生活水平,恰恰是民生问题。所以,材料存在自相矛盾的逻辑错误。

谬误9 非黑即白

9.1 非黑即白的识别

黑色和白色是反对关系,而不是矛盾关系。因为,除了黑色和白色外,还有很多其他颜色,所以,不是黑色也并不一定是白色。黑色与白色的关系如下图所示:

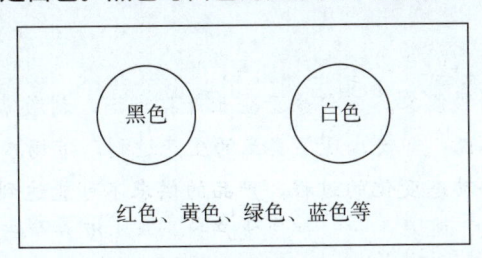

所以,非黑即白就是误把反对关系当作矛盾关系,误认为否定一方,就肯定了另外一方,也称为非此即彼或虚假二分。

非黑即白型的题目,其结构一般是"不是A就是B"。

例14.

你家的宠物不是猫就是狗。

【分析】

宠物不是猫，不一定是狗，也有可能是乌龟、仓鼠、鹦鹉等。

9.2 非黑即白的写作技巧

（1）非黑即白的写作思路

材料认为不是"黑"就是"白"，我们只要指出还有"红""黄""蓝"等其他颜色即可。

（2）非黑即白的写作公式

> 材料认为不是"__A__"就是"__B__"，未必成立，因为，还可能是"__C__""__D__""__E__"等情况。

真题精讲

真题 1.（2004 年在职 MBA 联考真题）

这个故事告诉我们，企业经营首先要考虑的是如何战胜竞争对手，因为顾客不是选择你，就是选择你的竞争者，所以只要在满足顾客需求方面比竞争者快一点，你就能够脱颖而出，战胜对手。

【谬误识别】

锁定关键词"不是，就是"，但除了这两种选择外消费者还有其他选择，可知此题犯了非黑即白的逻辑错误。

【参考范文】

材料认为"顾客不是选择你，就是选择你的竞争者"，未必成立。因为，顾客并非必须在企业和它的竞争者之间做出选择，如果顾客的需求在企业和它的竞争者那里都得不到满足，顾客可能会放弃购买，或者转向其他需求。材料犯了非黑即白的逻辑错误。

真题 2.（2017 年管理类联考真题）

既然依靠设置监察官的方法不合理，那么依靠什么呢？可以利用赏罚的方法来促使臣民去监督。

【谬误识别】

材料通过否定"设置监察官"，来肯定"赏罚"，但二者并非矛盾关系，故可知此题犯了非黑即白的逻辑错误。

【参考范文】

即使设置监察官的方法不合理，也不能由此论证"用赏罚的方法来促使臣民去监督"是合理的，二者并不是矛盾关系而是反对关系。

习题精练

习题 1

想成为富人，不是靠打工，就是靠理财。但是，靠打工是不可能成为富人的，试想，单靠那点死工资，你赚得再多终归是有数的。所以，想成为富人，就得学会理财，这就是所谓"你不理财，财不理你"的道理。

习题 2

要么发展经济，要么保护环境，这两条路我们必须要选一条去走。发展经济仅仅是眼前利益，而环境才是我们永恒的家园，所以，宁可不发展经济，也要把环境保护好。

【习题参考范文】

习题 1 参考范文

材料认为"想成为富人，不是靠打工，就是靠理财"，存在不妥。除了这两者之外，通过创业等其他方式也可能成为富人。而且，材料认为"靠打工不可能成为富人"也值得商榷，很多大型企业的职业经理人也会有不菲的收入。

习题 2 参考范文

材料认为"要么发展经济，要么保护环境"，二者必须择一，难以成立。因为我们可以在发展经济的基础上保护环境，寻求二者协同发展之路。

类型 6 数量关系型谬误的写作技巧

谬误10 平均值陷阱

10.1 平均值陷阱的识别

平均值陷阱：一个样本的平均值，不能代表某个或某部分个体情况。反之，某个或某部分个体的情况，也无法说明平均状况。

识别方法：看材料中是否出现平均值。

例 15.

布朗在一场 NBA 比赛结束后说："我和科比合砍了 82 分，平均每人得了 41 分。"可见，布朗的篮球水平很厉害。

【分析】

平均每人得了 41 分，并不能证明布朗的篮球水平很厉害，因为有可能是科比一人得了很高的分，而布朗得分很低（NBA 历史上，这场比赛的实际情况是科比得了 81 分，布朗得了 3 分，两人实际合砍了 84 分，但布朗计算错误，误认为合计 82 分）。

10.2 平均值陷阱的写作公式

> 材料试图以 __A__ 这一平均值，来论证 __B__ 这一个体值，存在不妥。因为，平均值仅仅用来表示一组样本的整体情况，难以代表每个个体的情况。

真题精讲

真题 1.（2004 年 MBA 联考真题）

目前，国内约有 1 000 余家专业公关公司。在不远的将来，若中国的人均公关费用达到日本的水平，中国公关市场的营业额将从 25 亿元增长到 300 亿元，平均每家公关公司就有 3 000 万元左右的营业收入。这意味着一大批本土公关公司将胜过外资公司，成为世界级的公关公司。

【谬误识别】

锁定关键词"平均"，可知材料存在平均值陷阱。

【参考范文】

材料认为，中国的公关公司"平均每家有 3 000 万元左右的营业收入"就说明将会有"一大批"本土公关公司成为世界级的公关公司，难以成立。因为，平均每家公司有 3 000 万的营业收入，并不意味着有很多公司达到这样的营业收入。较高的营业收入可能是由极少数行业巨头所创造的。

习题精练

习题 1

东升商城公关部职工的平均工资是营业部职工的 2 倍，因此，公关部职工比营业部职工普遍有较高的收入。

【习题参考范文】

习题 1 参考范文

材料试图以"东升商城公关部职工的平均工资"，来论证"公关部普遍工资"，存在不妥。因为，可能是由于少数人的工资特别高从而拉高了所有人的平均值，平均值仅仅用来表示一组样本的整体情况，难以代表每个个体的情况。

谬误 11 增长率陷阱

11.1 增长率陷阱的识别

增长率陷阱：根据基数和增长率，才能计算现值。反之，只知道基数或增长率，无法计算现值。

识别方法：看材料中是否出现增长率。

例 16.

今年和去年相比，张珊的收入增长了一倍，现在她成了一个富豪。

【分析】

收入增长率高，不代表收入高。如果张珊去年的总收入极低，那么即使今年增长了一倍，她今年的收入仍然会很低。

11.2 增长率陷阱的写作公式

> 材料认为 __A__ 的增长率很高，__A__ 的值就很大，并不妥当。因为要想衡量 __A__ 的值，不仅要看增长率，还要看其基数的大小。

真题精讲

真题 1.（2005 年在职 MBA 联考真题）

过去 5 年中，洋快餐在大城市中的网点数每年以 40% 的惊人速度增长，照此速度发展下去，估计未来 10 年，洋快餐在中国饮食行业的市场占有率将超过 20%，成为中国百姓饮食的重要选择。

【谬误识别】

锁定关键词"40% 的惊人速度增长"，可知材料中存在增长率陷阱。

【参考范文】

材料由"洋快餐在大城市中的网点数每年以 40% 的惊人速度增长"推断出"洋快餐的市场占有率将超过 20%"，难以成立。因为，我们不知道洋快餐销售额的基数如何，如果其基数特别小，即使其增长率高，也可能难以在短时间内创造较大的销售额。

习题精练

习题 1

在过去的 10 年中，由美国半导体工业生产的半导体增加了 200%，但日本半导体工业生产的半导体增加了 500%，因此，日本现在比美国制造的半导体多。

【习题参考范文】

习题 1 参考范文

材料由"过去的 10 年中，日本半导体工业的增长率为 500%，而美国半导体工业的增长率只有 200%"推断出"日本现在比美国制造的半导体多"，未必成立。因为要想衡量半导体的具体数值，不仅要看增长率，还要看其基数的大小。假如 10 年前日本半导体工业的生产量远低于美国，那么即使其增长率较高，也难以在短时间内超过美国。

谬误 12 比率陷阱

12.1 比率陷阱的识别

比率陷阱：根据分子和分母，才能计算比率。反之，只知道分子或分母，无法计算比率。

识别方法：看材料中是否出现市场占有率、利润率等比率。

例 17.

去年，A 国有二十多万人因新冠肺炎而死亡，而同期 A 国有三十多万人因流感死亡，可见，新冠肺炎并不比流感危险。

【分析】

要比较新冠肺炎和流感哪个更危险，不应该比较死亡人数，而应该比较死亡率。

12.2 比率陷阱的写作公式

> 材料试图判断 __比率A__ 的大小，但材料仅考虑了分子，没有考虑分母，难以准确断定该比率的大小。

真题精讲

真题1.（2005年在职MBA联考真题）

过去5年中，洋快餐在大城市中的网点数每年以40%的惊人速度增长，照此速度发展下去，估计未来10年，洋快餐在中国饮食行业的市场占有率将超过20%，成为中国百姓饮食的重要选择。

【谬误识别】

锁定关键词"市场占有率将超过20%"，可知材料中存在比率陷阱。

【参考范文】

材料由"洋快餐在大城市中的网点数每年以40%的惊人速度增长"推断出"洋快餐的市场占有率将超过20%"，难以成立。因为，洋快餐的市场占有率等于洋快餐的销售额除以中国餐饮业的销售总额，在不知道中国餐饮业的销售总额是否快速增长的情况下，难以判断洋快餐的市场占有率。

习题精练

习题1

广告：世界上最好的咖啡豆产自哥伦比亚。在咖啡的配方中，哥伦比亚咖啡豆的含量越高，则配制的咖啡越好。克力莫公司购买的哥伦比亚咖啡豆最多，因此，有理由相信，如果你购买了一罐克力莫公司的咖啡，那么，你就买了世界上配制最好的咖啡。

【习题参考范文】

习题1 参考范文

材料认为"克力莫公司购买的哥伦比亚咖啡豆最多"，其咖啡的品质就最好，难以成立。因为根据材料，判断咖啡品质的标准是"哥伦比亚咖啡豆的含量"，如果克力莫公司生产的配制咖啡数量过大，就可能拉低了其"哥伦比亚咖啡豆的含量"，从而拉低了其咖啡的品质。

老吕有话说

1. 老吕给的写作套路在考场上可以放心使用吗?

有些同学会误信一些学长学姐的"经验",认为作文不应该有套路,其实这些学长学姐的观点并不正确,尤其是对论证有效性分析来说。

首先,在考场上,我们必须在 25 分钟之内把论证有效性分析写完。完全没有套路的临场创作是不可能在短时间内完成这篇作文的。

其次,论证有效性分析是一篇有"参考答案"的文章。阅卷人依据"参考答案"来判断考生的谬误分析是否正确。而且,阅卷人评分时是按"得分点"来给分的,可见,论证有效性分析更像是一道逻辑分析题或者简答题,而不像一篇作文。因此,我认为,我们要尽量把文章写的跟参考答案一致,你觉得呢?

2. 公式必须套得一模一样吗?

不必一模一样,结构和意思大体一样就可以,其实老师给的范文也不是每段都完全一样。写作水平高的同学,可以按照自己的写作习惯略有变化。但写作水平低的同学,可以直接套用。